中国近现代文化思想学术文丛

中國哲學十講

李石岑 著

中国书籍出版社

图书在版编目（CIP）数据

中国哲学十讲/李石岑著.—北京：中国书籍出版社，2015.12
（中国近现代文化思想学术文丛）
ISBN 978–7–5068–5321–7

Ⅰ.①中… Ⅱ.①李… Ⅲ.①哲学–研究–中国 Ⅳ.①B2

中国版本图书馆 CIP 数据核字（2015）第 291446 号

中国哲学十讲
李石岑　著

图书策划	范洪军
责任编辑	刘　娜
责任印制	孙马飞　马　芝
封面设计	北京汇智泉文化传播有限公司
出版发行	中国书籍出版社
地　　址	北京市丰台区三路居路 97 号（邮编：100073）
电　　话	（010）52257143（总编室）（010）52257140（发行部）
电子邮箱	eo@chinabp.com.cn
经　　销	全国新华书店
印　　刷	三河市华东印刷有限公司
开　　本	710 毫米×1000 毫米　1/16
印　　张	23.5
字　　数	285 千字
版　　次	2016 年 2 月第 1 版　2016 年 2 月第 1 次印刷
定　　价	47.00 元

版权所有　翻印必究

出版者的话

十九世纪中叶以后，西方学术思想来到中国，并得到了广泛的传播，长期束缚国人的思想禁锢得到解放；至二十世纪初，随着清帝逊位，二千余年的封建帝制彻底宣告结束，中国进入一个崭新的时代——社会历史的新时代，也是思想学术的新时代。

在这个新的时代，随着海外留学的大力拓进、新学堂的纷纷建立、西学学理的广泛传播，国内各学术领域进入了一个空前繁荣时期，同时也造就了一批博古通今、学贯中西的大师。这些学术大师秉承"独立之精神、自由之思想，为后世学人表率"之旨，撰著了一批对当时及后世的中国学术发展与演进均产生巨大影响的经典学术著作。这些著作反映了中国近现代的学术研究成果，全面展示了中国现代学术体系建立及发展过程。这些大师级学人的经典著述，虽经岁月的磨洗，至今仍然璀璨生辉，在诸多学术领域发挥着广泛影响。

民国初叶处于历史激变时期的大师级学者，他们都有一个共同的特点：既受过中国传统思想文化的洗礼，国学功底深厚；同时又接受过西方先进学术思想的熏陶，能够熟练运用所学西方先进的学术理念和科学方法，研究国是，探求真知；更重要的一点，他们有着严谨治学的态度，精益求精的治学精神——他们令人叹为观止的学术成，正是建基于这种种主客观因素之上的。

还须指出的是，那一时期独立之精神、自由的思想与学术氛围亦十分重要，与孕育培养出学术大师、撰著出版学术经典密不可分。在今天的清华园中，陈寅恪先生为王国维纪念碑撰写的碑文，至今可谓金声玉振、振聋发聩："先生之著述，或有时而不章，先生之学说，或有时而可商，唯此独立之精神，自由之思想，历千载万祀，与天壤而同久，共三光而永光！"精神独立、思想自由，是王国维的学术品格，也是民国初叶众多学术大师所共有的学术风范。

二十世纪已经渐渐远去。那是个人才辈出的时代，也是个激变的时代，更是一个留下了自己深深印痕的时代。那个时代所产生的众多人文学术大师及其学术成果，当时是、现在是、也将永远是我们国家一笔丰厚的文化财富，值得后人珍惜、继承和研究。

编辑出版这套《中国近现代文化思想学术文丛》，我们存有一个素朴的心愿：既坚持学术性与可读性并重的原则，亦以弘扬这些人文大师们的学术经典为指归，来进一步展示这些学术经典是中华民族的文化之本；让广大读者从中体悟到，阅读经典可以帮助人们深入理解我国传统文化的深层结构与博大精深。经典愈悠久，就愈具有长期的重要历史影响与现实作用。

整理出版这套文丛，可为广大读者提供二十世纪初期以来的中国学术精品。这些著述以历史、文学、哲学为主，不仅是近代各新学科的开山之作，亦是典范之作，业已经历时间检验，学术界对其有一定的肯定。如胡适的《白话文学史》、蔡元培的《中国伦理学史》、陈青之《中国教育史》等，皆为轰动当时并影响至今的经典学术著作，有些著作更是近年来第一次整理出版。

本次编辑整理这些著作，均以民国时期的初版为底本，用现代汉语标点符号标点，采用横排简体的形式出版。本着尊重原著的原则，对原书中一些词汇，包括人名、地名、书名及其译名皆仍其旧，不做改动，一般只做技术性处理。

盛世多撰述，盛世出好书，盛世重藏书。在今天这个中华民族最接近伟大复兴的时代，推出这套文丛，其嘉惠时人、流传后世意义不言而喻，出版者和广大读者当以此目标共勉。

中国书籍出版社
2016年2月

目录 Contents

自 序 …………………………………………………………… 1
第一讲 中国哲学和西洋哲学的比较研究 ……………………… 1
  一、从发展过程观察中国哲学和西洋哲学 ………………… 1
  二、从思想实质观察中国哲学和西洋哲学 ………………… 20
第二讲 儒家的伦理观 …………………………………………… 30
  一、儒家思想的社会背景 …………………………………… 30
  二、儒家伦理思想的特质 …………………………………… 35
  三、儒家和新儒家 …………………………………………… 56
第三讲 墨家的尚同说及其实践精神 …………………………… 61
  一、墨家思想的社会背景及"墨"字的含义 ……………… 61
  二、墨家思想产生的旁因 …………………………………… 67
  三、墨子的根本思想——尚同说 …………………………… 71
  四、墨子的形式论理 ………………………………………… 79
  五、墨家的实践精神 ………………………………………… 83
  六、墨家思想在中国社会的潜势力 ………………………… 89
第四讲 道家的宇宙观 …………………………………………… 94
  一、《老子》的产生年代及其思想的来源 ………………… 94
  二、道家的自然主义 ………………………………………… 96
  三、道家的辩证法 …………………………………………… 111
  四、道家思想的社会背景及略评 …………………………… 123
第五讲 名家之观念论的辩证法与形式论理 …………………… 127
  一、名家和别墨的不同 ……………………………………… 128

二、两种辩证法 ·· 133
　　三、观念论的辩证法与形式论理 ····························· 137
　　四、惠施、公孙龙及其他辩者的观念论的辩证法与形式论理
　　　　·· 147

第六讲　《中庸》的哲理 ·· 160
　　一、《中庸》和《孟子》二书的关系 ····························· 161
　　二、《中庸》的基础理论 ·· 164
　　三、《中庸》的修养法 ··· 177
　　四、《中庸》的影响 ·· 183

第七讲　禅家的哲理 ··· 190
　　一、佛法与禅 ··· 190
　　二、《参同契》 ·· 202
　　三、《五位颂》与《四料简》 ······································· 208
　　四、禅家对唐宋以后思想界的影响 ························· 213

第八讲　什么是理学 ··· 221
　　一、宋代思想发生的背景 ·· 221
　　二、晦庵思想体系的概说 ·· 223
　　三、晦庵思想的批判 ··· 268

第九讲　体用一源论 ··· 275
　　一、船山思想的体系 ··· 275
　　二、船山的有和动 ·· 278
　　三、船山的性论 ·· 287
　　四、船山对理和欲的看法 ·· 295
　　五、船山思想略评 ·· 311

第十讲　生的哲学 ·· 314
　　一、清代思想发生的几个原因 ································· 314
　　二、王颜两氏给予戴东原的影响 ····························· 317
　　三、戴东原的"生的哲学" ·· 334

自 序

　　这是民国二十一年在福建教育厅暑期讲学会的讲演稿，承林声甫、黄君扬两君为我当场速记，后又经过一番整理，邮寄上海，这样的盛情，是使我心中感觉得很不安的。二十二年秋，担任暨南大学哲学讲座，仍取此稿掺杂讲述，内容略有更易，又承暨大学友多人为我分别笔记；如夏炎德、吴仲林、杨荣春、邱焕斌、伍啸田诸君，均分出许多精力，为我搜集、整理、编制、誊抄，这都是应该十二分地铭谢的。尤其是大夏大学旧学友车铭深君，所出助力更大。本书第八、第九、第十各讲，几全成于车君之手。谨在此深致不忘之意。余尚当编著《中国哲学史》一书，本讲中不无粗疏之处，当于哲学史中分别补正。

民国二十三年六月，石岑记于上海

第一讲

中国哲学和西洋哲学的比较研究

此次承福建教育厅的盛意，嘱作长期讲演，并以中国哲学为题。兄弟接到这种任务的时候，心中十分愉快，同时也十分惶恐。愉快的是能和诸位聚首一堂，又能借这机会赏鉴福建的自然之美；惶恐的是中国哲学很不易谈，中国哲学比西洋哲学更难于研究，恐怕不免有许多遗误的地方。我现在把这回讲演，分作十次，名为"中国哲学十讲"。单选择中国哲学重要的部分，作一种概括的说明，希望诸位不客气地加以批评和指教。

一、从发展过程观察中国哲学和西洋哲学

在我们研究中国哲学和西洋哲学之史的发展过程上，有一件事是值得我们注意的，便是中国哲学从成长期到发展期的各个阶段，就形式上讲，竟和西洋哲学发展的各阶段有极相同的地方。由于历史条件所决定的哲学思想，在同一个时期内，我们可以从形式上，从各家思想的总汇上，找到它们的一致的倾向。这样，我们拿来作一回比较研究，绝不是一件没有意义的事。

为研究便利起见，把中国哲学和西洋哲学的发展过程，同样划分为三时期。每一时期举出几个哲学家的思想作为代表，同时把它们的社会背景加以简单的说明，然后寻出它们的异同，作我们研究的指针。

第一，成长期　中国哲学成长期（公元前3世纪以前）

西洋哲学成长期（公元前4世纪以前）

第二，嬗变期　中国哲学嬗变期（公元前3世纪至17世纪中）
　　　　　　　　西洋哲学嬗变期（公元前4世纪至17世纪初）
第三，发展期　中国哲学发展期（17世纪中至现在）
　　　　　　　　西洋哲学发展期（17世纪初至现在）

现在依次将各期哲学思想分别比较如下：

（一）第一期"成长期"的比较

中国哲学的成长期，完成在秦代以前的一个时期里，亦即完成在封建制度一个完整时期里。封建制度的核心，是建筑在地主对农民的经济剥削基础上。从西周以后，这种剥削关系，日甚一日，春秋战国以后，因商业资本的发达，虽然给封建制度一个打击，如自然经济的破坏，土地私有及土地买卖的促成等等，是其最显著的征象，可是封建制度并不因而破坏；它的整然的体系即地主对农民剥削的体系，仍是存在的。这种体系不仅存在，而且更巩固一步。在自然经济时代，生产的目的只在满足自己的要求，所以剥削的程度尚有一定的制限；及至商业资本发展以后，地主的奢侈的欲望，无形中一天一天地增高，因之对农民的剥削遂一天一天地加重。这不是剥削的体系更巩固一步么？政治上的情形正复如此。所以政治上主要的力量总在封建地主阶级的手中。就讲到从秦朝以后一直到近代的政治，又何莫不然？不过自秦以后，封建社会的形态发生多少变化而已。在秦代以前，既为封建制度的完整时期，又经过商业资本的发达，因此反映在哲学思想中，遂有维护封建和反封建的两种思想，是为中国哲学成长期的大概情势。

西洋哲学的成长期完成在亚历山大时代。那时因希腊和波斯战争，得到最大的胜利，获取了大量的奴隶，遂促成以仅仅九万的雅典市民镇压三十六万的奴隶的局面。在那种局面之下，当然形成以奴隶生产为基础的奴隶社会。而那时候的经济形态，便是奴隶劳动的农业经济。伴着奴隶生产的发展，商工业亦因而呈现相当的进步。因此反映在哲学思想中，便是立于"农业——种姓"的基础之上的旧秩序和立于"商业——货币"的基础之上的新秩序，乃至立于二者之间的折中思想。是为西洋哲学成长期的大概情势。西洋哲学成长期的社会背景是奴隶制度，中国哲学成长期的社会背景是封建制度，这两种社会背景本质上虽不同，但在统治阶级对被统治者的剥削一点是相同的，因此，反映在思想上，正决定两个相同的倾向。

以上是把当时的社会背景加以概括的说明，现在举出几派重要的哲学思想作一比较。

1. 儒家和观念派

（A）孔子和苏格拉底　孔子是春秋时代一个伦理学家。春秋时代是封建制度外形上开始动摇的时代，孔子是维护封建制度最热切的一个人，所以他的思想的出发点，就在于提供一个维护的方法。

中国封建制度有一种特色，便是以宗法制度为经，封建制度为纬，将贵族稳固地安放在农业社会之上，而组成一种严密的阶级制度。封建制度尚不过是政治上之表面的组织，若宗法制度乃是使这种组织深入于社会内层而筑成一种牢固不拔的基础的东西。孔子为了要维护这特殊组织的封建制度，遂提出了一个"正名"。而正名定分的思想，遂成为中国社会一般生活的指针。孔子说道：

> 名不正，则言不顺；言不顺，则事不成；事不成，则礼乐不兴；礼乐不兴，则刑罚不中；刑罚不中，则民无所措手足。

可见"正名"在孔子思想上的重要。"正名"成为一切政治、道德的基础，从这段谈话中，是显而易见的。

在封建社会中，"名"便是统治阶级一种绝大的精神武器，一种最有效的支配工具，一种最灵验的麻醉剂，孔子特别地提出一个"正名"，可谓善于维护封建制度者。

我们再看苏格拉底（Socrates）是怎样地维护奴隶社会。这真奇怪，他和孔子的用心一样，便提出一个"概念"。他以为事物的本质可以用概念表明，认识便是事物的概念的确定，换句话说，真正的知识便是概念的确定。因为概念是具有普遍性的，是具有永久不变性的。

苏格拉底所以提出概念，主要的在应用到道德上，因此昌言：知识即道德。意思是说知识是普遍的，是永久不变的，所以道德也是普遍的，是永久不变的。在当时希腊征服波斯以后，忽然间增加无量数的奴隶，非有一种普遍的概念以范围人心，维系社会，势必陷于溃散不可收拾之地。苏格拉底的思想本是倾向贵族政治的，故极力倡导概念的正确和知识的尊严。概念具有上抑下、尊凌卑的潜力。譬如说："天王圣明，臣罪当诛"，非个别的天王皆圣明，乃概念的天王皆圣明。概念在社会上的作用，比任何物质上的权威还大。它可以入人于不觉，慑人于隐微。苏格拉底看透了这点，所以极力倡导知德一致的思想，这对于奴隶社会的维护是具有很大的功效的。

苏格拉底倡导概念的正确，孔子提出正名，这东西两圣人，在当日的阶级制度下，是何等的用心之苦啊！孔子为对抗当时的"邪说暴行"，所以提出"正名"；苏格拉底为对抗当时的哲人派（Sophists），所以倡导概念的正确。又孔子为说明"名"的功用，所以自称"无知"，而提出"叩两端而竭焉"的方法；苏格拉底为说明概念的普遍性，所以亦自称"无知"，而提出一种"产婆法"（Maieutic Method）。这东西两圣人，在当日的复杂环境下，又是何等的用力之勤啊！可见他们的努力正有相同的特征，便是维护统治阶级的企图。

（B）孟子和柏拉图　孟子虽不是孔子的直属弟子，也不是孔子同时代的人，但他的思想是承继孔子的。孟子比孔子大约晚生一世纪有半，那时封建制度外形上的动摇更加剧烈，孟子既以"学孔子"为夙愿，当然对于封建制度的维护，非加一番更大的努力不可。于是反映春秋末年封建社会的孔子正名论，到了孟子手里，便更体系化深刻化了。我们现在单从他的根本思想去检讨。

孔子当然是个观念论者，但他的观念论的思想并不如何的显明，一到了孟子手里，这观念论的本质便完全暴露无遗了。我们可以从《孟子》里面找到不少的证据，姑选几条说明。

万物皆备于我矣。

仁义礼智根于心。

仁义礼智非由外铄我也，我固有之也。

耳目之官不思而蔽于物，物交物，则引之而已矣。心之官则思，思则得之，不思则不得也。

孔子提出一个"名"，孟子便提出一个"我"，一个"心"。单就"名"说，还是知识论上的见解，若就"我"说，或就"心"说，便含有形上学的见解了。孟子想在观念论上筑成一个巩固的基础，所以提出这样一个口号，便是"万物皆备于我"。观念论者认宇宙万物都从"我"出发，都从"心"出发。一切都"根于心"，而为"我固有"。这无论是柏拉图（Plato）、贝克莱（Berkeley）、马赫（Mach）、阿芬那留斯（Avenarius），都是如此。由"心"便产生理性，所谓"心之官则思"。但"心"的根原是什么呢？这就不得不归之于"神"了。所以《孟子》书上这样大书特书着：

圣而不可知之之谓神。

所存者神。

孔子的观念论，到了孟子手里，便体系化了，深刻化了。封建统治阶级得了这样一扇障壁，可以高枕无忧了。孟子的论理（按，疑应为伦理）哲学、政治哲学乃至教育哲学，都是从这种根本思想推衍出去的，暂且勒住，以后再详。

那么，柏拉图又是怎样的呢？苏格拉底提出一个概念，他便提出一个"观念"或"理念"（Idea），是把苏格拉底的概念改造而成的。柏拉图将苏格拉底的知识论，加以严密的组织，予以超越的存在，遂成为一种形上学。柏拉图认宇宙万物都是"观念"的幻影，一切都在模仿"观念"，思慕"观念"。他在《斐多》（Pheado）一部书上说："观念之来也，则万物产生；观念之去也，则万物消灭。""观念"为宇宙万物的本质，而为理性认识的对象。由于理性之知的直观，便有

"观念"；由于悟性的论证，便有概念；由于感性的信念和臆测，便有万物和心像。这样，便把苏格拉底的概念论体系化、深刻化了。无论概念或"观念"都属于观念界，而观念界之至高无上的绝对者，便是神。关于神，柏拉图有单数和多数之别。因把创造主叫做永远的神，而认直接被创造的星辰和天界的灵体为诸神。这么一来，观念论者的论据充实了。在希腊的奴隶社会中，得了这么一种精神武器做支配的工具，希腊的统治阶级也可以无忧无患了。这样看来，孟子的用心和柏拉图的用心是一致的。

观念论者的特殊本领便是将宇宙万物作一种系统的说明，但所谓系是心的系统，或是神的系统。就心的系统说，则观念论常变成"唯我论"（Solipsism）；就神的系统说，则观念论常变成"有神论"（Theism）。但心的系统和神的系统每每联成一气，因为要这样，才可以为统治阶级作成一个天衣无缝的理论。而不幸我们的孟子和柏拉图，便成了这样的一个御用学者。

（C）荀子和亚里士多德 孔子提出一个"名"来，荀子便特别在"名"字上着力，而有《正名篇》之作。他以为"名守慢，奇辞起，名实乱，是非之刑不明，则虽守法之吏，诵数之儒，亦皆乱"。他把"名守"看得非常的重要，以为乱之所以发生，就由于不看重"名守"。他在《富国篇》里面，说得很明白：

> 人之生不能无群，群而无分则争，争则乱，乱则穷矣。故无分者人之大害也，有分者天下之本利也。而人君者所以管分之枢要也……古者先王分割而等异之也，故使或美或恶，或厚或薄，或佚或乐，或劬或劳，非特以为淫泰夸丽之声，将以明仁之文，通仁之顺也。

荀子所谓"名守"，即是"分"。有贵贱之分，有尊卑之分，推而至于美恶、厚薄、佚乐、劬劳之分；而"管分之枢要"的，便是"人君"。这是何等显明的为统治阶级作成宝塔式的阶级思想。他以为人生而有"欲","欲"即是"性",我们必须化"性"起"伪",才能发生礼义。礼与名的关系是相需为用的。正名以定分,守分则崇礼。如果礼不立,则一切纷争便无由遏止。荀子因此订出"三本"的礼。他在《礼论》上说:

> 礼有三本:天地者生之本也;先祖者类之本也;君师者治之本也。无天地恶生?无先祖恶出?无君师恶治?三者偏亡焉,无安人。

在特殊组织的中国封建社会里,提出礼的"三本",而以"天地""先祖""君师"为主题,荀子的法术确实比孟子又进了一步。这种宝塔式的阶级思想,无论在封建制度上或宗法制度上,无论在横的组织中或纵的组织中,都是精义入神,盛水不漏的。

亚里士多德(Aristotle)正具有同样的特征。亚里士多德在哲学上最大的贡献,便是他的形质论。他根据苏格拉底、柏拉图的观念论作成一个实体。他以为实体非个物,亦非普遍性,乃是含藏普遍性的个物。换句话说,实体在个物生成变化之中实现自己,发展自己。他把个物的生成变化名为"运动"。而运动所以成立的原因共有四种:一、物质因;二、形式因;三、动力因;四、目的因。但二、三、四三因可以归纳为一因,即形式因。质言之,宇宙运行便由于物质和形式,即所谓形质。亚里士多德认世间没有无形式的物质,亦没有无物质的形式,二者是互为联系的。但二者的本质有不同,形式是主动的东西,物质是受动的东西。不惟如此,形式之上,还有第一形式,物质之下,还有第一物质。第一形式是最高级的东西,任对何物,不承受物质的待遇;第一物质是最低级的东西,任对何物,没有做形式的资格。我们看,亚里士多德所砌的宝塔,不会比荀子所砌的宝塔难看吧!亚里士多德想把统治阶级体系地稳固地安放在奴隶社会之中,因而造出第一形式第一物质种种名目,这并不是论理学上的游戏,而是他对奴隶社会维护的一种可怜的企图。

由上面的比较，我们可以看到儒家在中国哲学史上的地位和观念派在西洋哲学史上的地位正同。这并不是偶然的暗合，而是它们的社会背景正有相同的因素。所谓相同的因素便是统治阶级对被统治阶级的剥削，因此反映到哲学思想上，便有维护统治阶级的观念派和儒家。

2. 墨家、名家和主不变派

（A）墨子和巴门尼德　墨子也是封建统治的维护者。不过他和儒家所用的方法不同。他生于孔子之后，孟子之前，正是封建制度外形上日趋动摇的时候。他看到孔子从宗法思想维护封建社会，以为这种方法不适用，结果只有"靡财贫民"，"伤生害事"，非改用别一种方法不可。因此提出尚同说，以与孔子的等差说相对抗。墨子所谓尚同，乃上同于天，上同于天子。他在《尚同中》说道：

是故选择天下贤良圣知辨慧之人，立以为天子，使从事乎一同天下之义。……曰凡国之万民上同乎天子而不敢下比。天子之所是必亦是之，天子之所非必亦非之。……举天下之万民以法天子，夫天下何说而不治哉？

墨子的根本思想是"上同于天子"，"举天下之万民以法天子"，完全是统于一尊，定于一尊的看法，没有儒者那样亲疏贵贱的分别。这不是很干脆地承认统治者的权威，而被统治者只须"法天子"就好了吗？在统治者的权威之下，大家不分彼此，是谓"一同天下之义"。墨子的尊天明鬼说都在这上面发生重大的作用，而他的兼爱非攻说，更在这一点增加推行的效率，这是很值得注意的。

墨子想从拥护已经动摇的民间宗教入手，去维护封建社会，所以认天鬼是实有的，这种用心比儒家更来得深刻。封建社会和宗教是息息相关的。封建社会的领主就成为宗教上的神，所以宗教在封建社会成为主要的动力。封建社会没有宗教作精神上的支配工具，那只有日趋于崩溃一途。儒家何尝没有宗教思想？不过它想把自然崇拜的宗教思想运用到祖先崇拜上面去，以完成它的一种宗法上的业绩而已。中国古代本是神权政治的国家，鬼神术数的思想又异常地发达。墨子特从天鬼实有的主张以扶植当时渐形暗淡的封建社会，不是比儒家的用心更来得深刻些吗？所以尚同说和天志说，在墨子思想中成为二而一的东西。

西方的巴门尼德（Parmenides）也正有和墨子相同的特征。巴门尼德是"爱利亚学派"（Eleatic School）的主要代表。"爱利亚学派"的创始人是色诺芬尼（Xenophanes）。色诺芬尼便是一神论的建立者。巴门尼德即根据色诺芬尼的一神论发展而为"有论"。巴门尼德认"有"（Being）是不变不动、不生不灭、无始无终、不可分割又与思维不相离异的总体。所谓"有"即已完全自足，无求于外。质言之，巴门尼德的"有"即是"一"，即是完全除去差别性之后所剩下的"同"。因此，巴门尼德看"有"是静的，不是动的；是一的，不是多的；是同的，不是杂异的。固然巴门尼德的"有论"，不必和墨子的尚同说都相暗合，然而"有论"为希腊奴隶社会的基础理论和尚同说为中国古代封建社会的基础理论，正有相同处。因为都是"定于一"的思想。进一步说，都是"一因论"的思想。墨子尚同而不尚异，尚兼而不尚别；巴门尼德则主静而不主动，主一而不主多，这不过是名词上的不同，他们的用心却是遥相映照的。巴门尼德从一神以阐明本体，墨子由天志而归本尚同，这样的暗合，都是由社会的背景所决定的。

墨家主"二有一"，重在"以名举实"（说明俱见第五讲），也即是巴门尼德"思维即实在"之意。观念论者每从思维看实在，以为思维可以决定实在，因此，完全趋重概念的研究。于是墨子之后有惠施、公孙龙，巴门尼德之后便有芝诺。

（B）施、龙和芝诺　惠施、公孙龙虽然和墨家有很深切的关系，却并不是墨家，这在第五讲中我当说明。惠施、公孙龙都是观念论的辩证法家，和希腊芝诺（Zeno）的地位，正不谋而合。惠施的思想比公孙龙有系统，难怪章太炎先生极力推崇惠施。惠施站在肯定矛盾的立场谈辩证法，公孙龙的主张便颇不一致。然而在辩护"同"的一点上，是没有什么差异的。

芝诺也是观念论的辩证法家，他自身没有什么主张，只是辩护巴门尼德的"有"，即辩护巴门尼德的"一"，认杂多和变动二观念都不能成立，当然他是站在否定矛盾的立场的。芝诺是巴门尼德的弟子，以阐明师说为惟一任务。他不从积极方面证明师说，而从消极方面摧破敌锋以补充师说，不用直接的证明，而用间接的证明，这是他的苦心所寄的地方。因此他的辩证法便分为难杂多论、难变动论二大类（参看拙著《西洋哲学史》第一卷）。他说杂多是不能存在的，因为在量上说，多是无限大，同时又是无限小。这是多的本身矛盾之暴露。自身矛盾的事物不能谓为存在，故杂多不能存在，只有整个的"一"才存在。他说运动也是不可能的，他举出"二分说""阿喀琉斯追龟说""飞箭不动说"三个例子作证明。他的结论是说运动本身充满了矛盾，所以运动也不存在。他所举的例子，和公孙龙的二十一事有许多相契合的地方。

芝诺有"飞箭不动说"。意思是说人见飞箭前进，实则飞箭并不前进。因为飞箭不过是每一个时候在一个地方。我们任取一刹那，飞箭只在某一定点而静止。由是推到第二刹那、第三刹那，乃至无穷刹那，莫不取某定点静止而并未前进。这和公孙龙的"飞鸟之影未尝动也"，"镞矢之疾，而有不行不止之时"，不是一样的论证法吗？除此而外，芝诺又有"二分说"，这是说运动不能开始，即谓运动不能发生。欲运动到一定的距离，必先经过其中分点，欲达到此中分点，必先经过此中分点的中分点，如此推求至尽，结果只经过无数的点，并没有运动。这和上例的用意是完全相同的。

芝诺还有"阿喀琉斯追龟说"。阿喀琉斯（Achilles）是希腊一个最著名的善走的人。为什么说他追不上乌龟呢？假如龟先走十步，阿喀琉斯开始追逐，何以会永远追赶不上呢？这是因为观念上阿喀琉斯不能追上乌龟。譬如阿喀琉斯追到十步时，乌龟又前进十步之几分之几了。其后阿喀琉斯追到十步之几分之几时，乌龟又前进已走的路程之几分之几了。在观念上乌龟永远在前，没有被阿喀琉斯追到之时。

这和公孙龙的"一尺之棰，日取其半，万世不竭"，是一样的看法。因为在观念上是"日取其半，万世不竭"的，他们从观念看世间一切事物，当然是如此的。

由上面的比较，我们又可以看到墨家、名家在中国哲学史上的地位，和主不变派在西洋哲学史上的地位相同。这也是由于社会背景的决定。关于墨子的思想，一般人忽视了他的一因论的主张，所以有种种不同的说法。经过了这样的比较说明之后，或者不至于发生许多无谓的争执吧！

3. 道家和主变派

（A）庄、老和赫拉克利特　《老子》这部书是大可怀疑的，我认为是战国末年的作品；至于这部书是何人作的，我也以为大有问题，决不容易断定为老聃作，或为李耳作，或为太史儋作。我恐怕是战国末年杨朱、庄周之后辈所编纂而成之者（说明见第四讲和第六讲）。所以现在单提《老子》这部书。庄子在道家的地位，在我看来，应该是很重要的。有《庄子》书然后有《老子》书，决不是有《老子》书才有《庄子》书。关于这些地方，都容以后讲明，现在单说说庄子、《老子》的根本立场。我以为《庄子》《老子》书中所表现的思想，都是辩证法的自然观。第一，他们看重客观的自然界，认人类也是客观的自然界之一种。庄子在《齐物论》上说："天地与我并生，万物与我为一。"这两句话，一面打破时间，一面又打破空间，是道家宇宙观的整个表现。第二，他们所看的自然界的发展过程，都是辩证法的。庄子的"道行之而成"，《老子》的"周行而不殆"，都认宇宙是流动的。又庄子的"一与言为二，二与一为三"，《老子》的"道生一，一生二，二生三，三生万物"，都是一种辩证法的精神（关于这点，容在第四讲详细说明）。合上两点言之，庄子、《老子》的辩证法的自然观，是显而易见的。

赫拉克利特（Heraclitus）在希腊是辩证法的自然观之创始者。他特重客观的自然界之阐明，而且认定宇宙是流动变化的，所以说"人不能两次立足于同一河流之中"。又他认宇宙的现象都是相对的、矛盾的、斗争的，所以说"斗争为万物之父，万物之王"。矛盾、斗争、反对，在他看来，是万物转化的总枢纽。他以为有矛盾必然地发生"矛盾的统一"，用他的譬喻说来，宇宙就是混合酒，宇宙就是一种反对之流。这不是"道生一，一生二，二生三"的思想吗？在这里我们可以看到赫拉克利特之辩证法的自然观之丰富的思想。

道家的"道"和赫拉克利特的"逻各斯"（Logos），更是一个绝好的对照。"道"即是轨道、过程、法则的意思。这当然和儒家所谓"道"完全不同。儒家的"道"，是"道"的范围小，"人"的范围大，所以说"人能弘道"。道家的"道"，是"道"的范围大，"人"的范围小，所以说"人法地，地法天，天法道"，这即是"人"法"道"。赫拉克利特的"逻各斯"，也有法则的意思。他认为无物不有"逻各斯"，宇宙就是一个"逻各斯"。于是庄子、《老子》的"道"，成为庄子、《老子》的辩证法，赫拉克利特的"逻各斯"，成为赫拉克利特的辩证法。庄子、《老子》的"道"影响中国人的生活态度，赫拉克利特的"逻各斯"，也影响西洋人的生活态度。"道"与"逻各斯"本质不必相同，但它们在哲学史上所发生的意义却是同样重要的。

（B）杨子和普罗泰戈拉　杨朱的思想亦不易谈，据《孟子》上记载的材料，我们知道杨子是"取为我"，知道杨子是抱"为我"主义。但"为我"应作如何的解释呢？我以为当以"贵己""重生""全性保真"为"为我"的正解（关于杨朱的思想，待第四讲详细说明）。一言蔽之，杨子为显明的个人主义，这是毋庸置疑的。在希腊则普罗泰戈拉（Protagoras）是个人主义的首创者。他特重主观，且崇感觉，和杨子"贵己""重生"之旨正相会通。经验派哲学家称普罗泰戈拉的思想为唯名论（Nominalism），顾西曼（Cushman）在他所著的《西洋哲学史》上曾引证其说。确实地，普罗泰戈拉便是唯名论之祖。唯名论又可名假名论，因为只认名是人造的称谓，不认名是实在的东西。所以唯名论与个人主义关系最为密切。杨子大概也是想把他的个人主义建筑在名理上，所以《庄子·骈拇》篇里面称他"游心于坚白同异之间"。而伪《列子·杨朱》篇竟这样记载着杨子的话："实无名，名无实,名者伪而已矣。"然则杨子在当时也许有一种唯名论的思想,以坚其个人主义的主张?这样看来,杨子的思想岂不又和普罗泰戈拉不谋而暗合?

以上说明了道家思想的大概。道家思想重自然,重自由,重自我,大概是当时自由小农社会的反映。在战国时候商品经济相当的发展,而他们既敌不过当时激烈竞争的社会潮流,又看不起历来专事剥削的封建形态,故反抗的情绪,尤其是反封建的情绪,特别昂奋。他们的思想产生于战国,不是无前因可寻的。

就在希腊的主变派,也未尝没有一种特殊的社会背景。希腊社会虽是奴隶生产的农业经济,可是在小亚细亚一带,商工业异常发达,爱菲塞(Ephesus)便是商业的中心。赫拉克利特即产生于此地。经济界变动的事实常常摆在他的前面,因此发生他的辩证法的思想。后来奴隶劳动开始呈动摇的征象,一面为防止波斯的侵入,不能不常作民族独立的防卫,因而自我意识日渐发达,遂有普罗泰戈拉的思想的产生。西洋哲学的社会背景比中国哲学的社会背景容易探求,因为西洋古代的哲学家都经过了一番考证,而且有许多也已成为定论,不像中国的老子、杨子,其人其书,都大有问题。所以我们想确切地决定他们的社会背景,是颇不容易的。

(二) 第二期"嬗变期"的比较

中国哲学的嬗变期,是指秦初到明末一个长时期而言。这时期仍属于封建社会形态,本质上并没有多大变化。在某种意义说,这时期里面的封建剥削,比之第一期反而加甚。即就封建制度言,某种封建制度仍旧在中国社会中大肆其威力。可惜在这次演讲中不能细说。一般人认为春秋、战国以后,因商业资本的发展,无形中破坏了封建制度,并且肯定地说,秦朝的政权是商业资产阶级的政权,其实这种理论是完全不顾事实的。上面已经说过,商业资本并不能破坏封建制度。因为它并不代表一定的生产关系,它只不过是完成生产流通过程一种媒介作用而已,所以认为秦朝以后封建制度消失,甚至认为秦朝以后封建社会转变了成为商业资本主义社会的理论，是不值一驳的。

况且在中国封建制度中操着特殊作用的宗法制度，也并不见得在秦朝以后减少了它的作用。儒家的"孝"和"礼"，都在秦、汉以后发生重大的作用，这是一种很明显的事实。秦、汉以后，如果不是封建社会，则新儒家的朱晦庵和王阳明，又哪有由伦理的孔子抬高到宗教的孔子的可能？我总觉得孟德斯鸠（Montesquieu）有一段话，很可以告诉我们：中国从古以来究竟是怎样的一种社会。他在《法意》上说：

> 东方之国，有支那焉，其风教礼俗，亘古不迁者也。其男女之防范最严，以授受不亲为礼。不通名，不通问，阃内外之言语不相出入，凡如是之礼俗，皆自孩提而教之，所谓少仪内则是已。文学之士，其言语仪容，雍容闲雅，此可一接而知者也。守其国前贤之懿训，而渐摩之以严师，故一受其成，终身不改，此礼俗之所以不迁也。

我们看他这段文字，描写着中国社会为"亘古不迁"，虽然他的观点并不怎样正确，但也足见封建社会这一阶段在中国整个社会发展史上绵延之长了。谓秦、汉以后中国社会变了质，不是封建社会了，这是何等地说谎？

封建社会必然地和宗教结不解缘，上面已经提到这一层。中国不是无宗教的国家，而是宗教思想最庞杂的国家。秦、汉以后，宗教思想杂然并起，墨子的天鬼观念，遂在中国社会操了很重大的作用，一直到现在不衰，谁说墨家的思想在秦朝以前便已中绝了呢？墨家本来是拥护宗教的，到了秦、汉以后，儒、道两家也变成宗教，于是儒家变成儒教，道家变成道教。宗教在社会上既发生了重大的作用，封建形态遂益趋于牢固而不可拔。

正在这个当儿，佛教遂由印度闯入了中国。最初是佛教各家教理并驾齐驱，其后因中国封建形态日趋尖锐，而"一超直入"的禅宗，遂得因缘而据思想的主营，为宋、明哲学的导引。于是中国嬗变期的哲学，遂舍宋、明哲学外，无一足当真正哲学之目。

西洋哲学嬗变期则指公元前4世纪至17世纪初，这时期由奴隶社会转变为封建社会。奴隶社会以奴隶制度为社会劳动的中枢，封建社会以农奴制度为社会劳动的中枢。至农业经济占产业的主要地位，在两种社会里面，并没有什么差异。封建领主——俗界的领主和僧界的领主——在这时期成为惟一的主人翁。随着封建领主的独占生产手段加剧而宗教意识便强盛起来。中世纪哲学所以成为宗教的附庸，这便是主要原因。

基督教就在这时候发挥它无上的魔力。基督教是犹太一个苦木工约瑟之妻在未婚前的私生子耶稣所创的。它一面巧妙地教化了罗马人，一面更机警地征服了日耳曼人。后来权威一天天地扩大，竟支配了封建主义鼎盛期的全欧罗巴。在这种状况之下，哲学和科学都失去了它们的地位，哲学和科学都充了"神学的下婢"（Ancilla Theologiae）。于是基督教的教义成为哲学的中心，因有所谓"经院哲学"（Scholastic Philosophy），做了西洋哲学嬗变期的柱石。

关于嬗变期的社会背景，已约略地说明，现在将两方面的哲学怎样嬗变而来，和哲学的主要代表作一比较。

1. 儒佛混合和二希混合

自李翱作《复性书》，开了儒、佛混合的端绪，于是中国哲学上着了很浓厚的印度哲学的色彩。宋、明哲学家表面上是儒，里面却是佛。他们都是拿孔、孟、荀做招架的幌子，实际上在发挥佛教禅宗的要义。于是石头希迁的《参同契》，洞山良价的《五位颂》，临济义玄的《四料简》成为嬗变期哲学的主要内容。在这时候，孔、孟、荀的哲学反成了禅学的工具。譬如孔子的"忠恕"，不过是就日用人伦上着眼，而朱熹却把"忠"解作"由一本而万殊"，"恕"解作"由万殊而一本"，这样，孔子的"忠恕"，便成为禅学的注脚了。嬗变期的中国哲学完全变了颜色，大率如此。

西洋哲学的嬗变期，正有相同的情形。上面提到二希混合，所谓

"二希"，即希腊主义（Hellenism）和希伯来主义（Hebrewism）。自从希伯来主义伸进到欧洲之后，西洋哲学上便着了很浓厚的希伯来主义的色彩。中世纪的经院哲学便是专说明代表基督教的希伯来主义的。经院哲学不在真理的探求，而只是对于教会所给予的信条加以证明和解释，便是使自己的意识附合于信条，成为哲学的主要任务。在这时候柏拉图、亚里士多德的哲学都成为基督教教义解释的工具，和孔、孟哲学在禅学上的地位正同。于是嬗变期的西洋哲学又复变了颜色。

佛教闯入了中国，成为中国哲学嬗变期，基督教闯入了西洋，成为西洋哲学嬗变期，这样的暗合，又须从社会的背景上才能得到正确的解释。封建社会是需要宗教做最后的台柱的，则表现在事实上，便自然地呈现这样一种结果。

2. 朱熹、王守仁和托马斯·阿奎那、邓斯·司各特

宋、明哲学以朱晦庵、王阳明为主要的代表。朱晦庵主性即理，王阳明主心即理；朱晦庵讲心外求理，即求理于天地万物，王阳明讲心内求理，即求理于吾心。表面上一个主知，一个主行，似乎见解不一，实则各人发挥各人所见的禅理，与儒家无关。从禅宗的见地说，两家哲学可同时并存，因为一近北渐，一近南顿。但从儒家的见地说，两家哲学都与真正的儒家不同。

经院哲学以托马斯·阿奎那（Thomas Aquinas）、邓斯·司各特（Duns Scotus）为主要的代表。托马斯·阿奎那认为宇宙一切都是阶段的发展，发展达到绝顶，便是神。神虽从"无"创造世界，但在创造之先，必经过一番审慎的思维，就无数可能的世界中，选择一种最良的世界而创造之，所以神创造世界是受善的观念之决定。其说属于一种决定论（Determinism）。但邓斯·司各特不以为然。他以为神创造世界并不受善的观念之决定，乃出于神的意志。并不是因为是善，所以出以神的意志，乃是因为是神的意志，所以是善。如果否认神的自由，那么，神的本质岂不和一切事物的本质一样，受必然的结果所决定吗？邓斯·司各特之说属于一种非决定论（Indeterminism）。就两说观之，托马斯·阿奎那主"知"，邓斯·司各特主"意"，也似乎见解不同，

其实都在发挥基督教的教理，和柏拉图、亚里士多德的哲学也没有如何密切的关系，虽然两家都标榜为柏拉图、亚里士多德哲学的阐述者。

儒家孔、孟讲中庸，讲理，讲性，讲良知，所以朱晦庵、王阳明便拿禅宗教义讲中庸，讲理，讲性，讲良知，使中国哲学完全流入禅悟。观念派柏拉图、亚里士多德讲实在，讲普遍，讲发展，所以托马斯·阿奎那、邓斯·司各特便拿神学解释实在、普遍和发展，使西洋哲学完全流为神话。可见他们的作伪心劳，如出一辙。单就经院哲学方面言之，譬如他们解释教会，说教会不是个人的集合，乃是一个独立的普遍的实在。亚当的堕落，不是"一个人"的亚当的堕落，乃是普遍的实在——人类——的堕落。推而至于天父、神子、圣灵等，都成为普遍的实在。这不是想把哲学问题完全变成神话吗？这种神话式的哲学，只有在封建形态尖锐化的时候才出现的。

(三) 第三期"发展期"的比较

中国哲学发展期，是指从清代到现在。这时期封建形态一样地存在，所不同的，便是外国资本主义的侵入。这时期所受的是两重的剥削，即国内封建地主的剥削和国外资本主义的剥削。但因外国资本主义的侵入，所以国内农村经济一天天地破产，而城市商工业倒一天天地发展起来（不过商工业资本的发展，在国际资本主义的约束之下，也有一定的制限），外形上似有回到战国末年的情势。因此反映到哲学思想上便是解放运动，也可说是一种文艺复兴。哲学思想的发展，在这时期便异常地迅速。

西洋哲学发展期，也开始于 17 世纪。不过就社会背景说，西洋的封建社会，已随着产业革命而转变为资本主义社会。因此反映到哲学思想上，便有各种硬性派和软性派之不同。不过在这期之初，也同样地作过一种解放运动而已。

在这期的比较研究上，却颇困难。我们不能举出许多相当的代表，我们不能在这期中国哲学上，举出培根（Bacon）和笛卡尔（Descartes），更不能举出康德（Kant）和黑格尔（Hegel），尤其不能举出马克思（Marx）、恩格斯（Engels）和伊里奇（Ilitch）。我们只能在大体上描写几种相同的轮廓而已。

1. 回到先秦和回到希腊

上面所提到的解放运动，实际上是一种复古运动。梁启超在他所著的《清代学术概论》上说："综观二百余年之学史，其影响及于全思想界者，一言蔽之，曰以复古为解放。第一步，复宋之古，对于王学而得解放；第二步，复汉、唐之古，对于程、朱而得解放；第三步，复西汉之古，对于许、郑而得解放；第四步，复先秦之古，对于一切传注而得解放；夫既已复先秦之古，则非至对于孔、孟而得解放焉不止矣。"这段话描写清代学术发展的情形实很正确。清初顾炎武倡"经学即理学"之说，已开复古之端，乾隆以后，惠栋、戴震诸人更进一步，专为经学而治经学；嘉庆、道光以后，治经者再进一步，由经古文学而至经今文学；其复古的情绪更炽。迨至光绪末年，康有为张大"托古改制"之说，于是所谓复古，遂全集中于先秦，回到周、秦之际学术研究的盛况。这是发展期一个特征。

西洋的学术界，在17世纪的前后，正复如此。这时正是所谓"文艺复兴"时期，也是以复古为解放。第一步，复罗马之古，对于古代罗马的著作，争相研讨，即所谓"新拉丁之复兴"。第二步，复希腊之古，不过这时还只注意亚里士多德以后的希腊哲学。如里普士（Joest Lips）代表斯多亚学派，伽桑狄（Gassendi）代表伊璧鸠鲁学派皆是。第三步，复希腊观念派哲学之古，这时研究柏拉图、亚里士多德的学派很发达，努力于观念派哲学的注释与阐明。第四步，复希腊主义之古，特别着重现世生活，爱美，重自由，重个性。总之，他们的复古，不单在古典的复兴，而实在希腊主义的复兴。这样看来，和中国清代复古的运动，正有相同的意义。

不过所谓复古，当然不是一切和周、秦古代一样，或和希腊古代一样，而是含有进一步发展的意义的，便是由于怀疑精神和实证精神的发达。

2. 怀疑和实证

宋儒已开疑古之端,至清代学术界则此风益炽。胡渭的《易图明辨》,阎若璩的《古文尚书疏证》,都是疑古的著作中最有影响之作。尤其今文学者,对古籍几乎无所不疑,对《诗》则疑《毛传》,对《书》则疑《古文尚书》,对《礼》则疑《周官》,对《易》则疑费氏,对《春秋》则疑《左传》。清儒有姚际恒者著有《古今伪书考》,更充满着疑古的精神。他们一面辨伪,更一面求真。而求真的方法,便是凭依证据。梁启超在《清代学术概论》上记正统派的学风,首列四条:"一、凡立一义,必凭证据;无证据而以臆度者,在所必摈。二、选择证据以古为尚,以汉、唐证据难宋、明,不以宋、明证据难汉、唐;据汉、魏可以难唐,据汉可以难魏、晋,据先秦、西汉可以难东汉。以经证经,可以难一切传记。三、孤证不为定说,其无反证者姑存之,得有续证则渐信之,遇有力之反证则弃之。四、隐匿证据或曲解证据,皆认为不德。"我们从他这段话,可以想见清代学者一种实证的精神。清代学者如顾炎武、阎若璩、戴震、钱大昕、段玉裁、孔广森、崔述等人,便是最富于这种精神者。

西洋经院哲学正盛时,即有唯名论发生,唯名论便满含着怀疑的要素。其后经过布鲁诺(Bruno)、蒙田(Montaigne)诸人,更进于积极的怀疑论。在他们的影响之下,遂产生两个怀疑派的巨子,便是培根和笛卡尔。笛卡尔即以"我疑故我在"为哲学的出发点,其怀疑的精神之炽烈,可以想见。再后又达于休谟(Hume)而至孔德(Comte)。至论到实证的精神,则自哥白尼(Copernicus)以后,而伽利略(Galilei),而牛顿(Newton),大有一发而不可遏之势。至孔德时,则有实证哲学,蔚为一种哲学上的主潮。密尔(Mill)、达尔文(Darwin)、赫胥黎(Huxley)、斯宾塞(Spencer)诸人,都成为实证哲学的柱石。19世纪下半期的哲学,完全为实证哲学所独占。

怀疑和实证是互为因果的,所以这两种精神都表现于发展期中。不过中国清代学者的怀疑与实证,是由宋学到汉学,由汉学到诸子学;西洋近世哲学的怀疑与实证,是由神学到玄学,由玄学到科学。研究的对象，虽不一致，但研究的精神，是约略相同的。

3. 理和欲

宋、明儒严天理和人欲之界，谓吾人当存天理去人欲，这种理欲二元的看法，到清代便发生一个绝大的变化。清代学者大部分是站在理欲一元的立场的。王船山、颜习斋、戴东原（即上面所说的戴震）三人，是显然的代表。王船山很显明地说："欲即是理"，"天下之公欲，即理也"，"食色以滋生，天地之化也"。戴东原更把理欲一元的思想组成一种系统的主张。他的《原善》和《孟子字义疏证》各书，正表现着很丰富的理欲一元的思想。这在近代的哲学史中，是很可注意的一个转向。

西洋近代哲学，也集中于理欲一元的主张。康德的哲学，便将纯粹理性和实践理性并举。康德以后，如叔本华（Schopenhauer），如尼采（Nietzsche），都是站在理欲一元的立场。尼采更倡大理性和小理性之说，谓"理智是由肉体所创造的小理性，肉体和它的本能乃是大理性"。并且这样说道："在你的肉体中有更大的理性，强过你的最聪明的智慧。"总之，近代哲学，大抵偏重理附于欲，绝不承认一个超绝的理。也可说是西洋近代哲学上一个转向。

以上关于中国哲学和西洋哲学之形式的比较，大体讲完了。从形式上看，中国哲学和西洋哲学，确有许多相同的地方，可是谈到实质，便有许多不同了。现在我们再讲第二段。

二、从思想实质观察中国哲学和西洋哲学

上面已经将中国哲学和西洋哲学分作三个时期说明，从这说明里面，可以看到中国的社会背景，自从17世纪以后，便渐渐地和西洋不同。这一不同，反映到思想上，便发生实质上的差别。又就第一期而论，西洋为奴隶社会，中国则正在封建社会和宗法社会双管齐下之中，当然所反映的思想亦未必相合。严格地说，即在第二期中，西洋属于封建社会的阶段，中国亦属于封建社会的阶段，然而我们仍不能说它们所反映的思想便全相合。但是事实上竟有许多派别都走于相同的倾

向，这是什么缘故呢？那我上面已经说过，便是因为统治阶级对被统治者的剥削一点相同的缘故。然而这里正要注意，所谓相同，只是倾向相同，并不是实质相同，所以只是形式上的比较，并不是实质上的比较。现在请从三点作一种实质上的比较，然后决定双方哲学的评价。

（一）从辩证法方面观察

凡是一个伟大的思想家，我们便可以从他的思想中，多少找到辩证法的要素，无论他的思想本身为辩证法的或为反辩证法的。辩证法是颇不容易说明的，今天也无法讲明辩证法，这须另行讲述，当作一个专题来讲。现在只用辩证法的观点观察中国哲学和西洋哲学所含辩证法的内容是怎样的不同。先讲儒家。儒家的开祖是孔子，孔子虽然是一个维护封建社会的伦理学家，但他的伦理学正是运用辩证法去讲的。他标榜一个"仁"字做他学说的中心标帜，但如何才能达到"仁"的地步呢？他便提出一个"己立立人，己达达人"的方法。这便是拿辩证法去讲"仁"一个例。孔子阐明忠恕，而特别在恕字上着力，便是"己立立人，己达达人"的意思。孔子罕言性与天道，注全力于日用人伦，运用辩证法的思想阐明人伦，是孔子思想的核心。在人群社会中，对立的现象便是人与己，所以孔子用辩证法说明处己处人之道。还有，根据《中庸》所载，谓孔子"执其两端，用其中于民"，也未尝不含有一种辩证法的思想。儒家表现哲学思想最浓厚的著作，便是《中庸》和《易传》。我们在《中庸》和《易传》中，正可寻得不少的辩证法的要素，这些留在第六讲中来讲明。

道家的《庄子》《老子》，所含辩证法的内容更丰富。《庄子》一书，便是充满着辩证法的认识论的。庄子的方生之说，所谓"方生方死，方死方生，方可方不可，方不可方可，方是方非，方非方是"，这不是辩证法的认识论吗？《老子》书中，这样的辩证法的思想，也触处皆是。所谓"祸兮福所倚，福兮祸所伏"，所谓"有无相生，难易相成，长短相较，高下相倾，音声相和，前后相随"。像这类的词句，正充满了全书。此外凡与道家有关系的著作，都蕴藏着不少的辩证法的词句，这些都留在第四讲中详为说明。

名家的思想，似乎以发挥观念论的辩证法为惟一的职志。里面可分两种：一种是肯定矛盾的辩证法，一种是否定矛盾的辩证法。肯定矛盾是承认实在界和现象界都是矛盾的，否定矛盾是否定现象界的矛盾，肯定实在界的非矛盾。惠施是前者的立场，公孙龙的辩证法，则颇类于后者。不过都脱不了观念论的束缚。

墨家的思想便很少辩证法的因素。墨家尚同主兼，立于一因论之上，几乎是反辩证法的思想。况且它标榜"以名举实"，似完全立足于形式论理之上。神学者用形式论理辩护上帝，是丝毫不足奇怪的。形式论理的根本命题是"甲是甲"，神学者便拿这个命题运用到上帝身上，便是"上帝是上帝""天是天"，因为上帝的本身是无法说明，亦不许说明的。墨子用形式论理讲天志，讲尚同，是极便利的事。

宋、明哲学家对辩证法的本身，却是极富于研究的兴味的，虽然他们是做的儒表佛里或儒表道里的工夫。然而正因为他们是做的儒表佛里的工夫，所以从佛教禅宗学得许多辩证法的观察法；又因为是做的儒表道里的工夫，所以又从道家学得许多辩证法的观察法。他们能够说明形式和内容的关系，本质和现象的关系，用他们自己的用语，是理和气的关系，心和意的关系，乃至天地之性和气质之性的关系。这些在他们都是讨论得很起劲的。不过他们的立场，都陷入于观念论的深渊里。

中国的思想家大部分是知道运用辩证法的，可是并非显明地或意识地把辩证法当作一种方法论，当然更谈不上运用到认识论及认识的历史。他们知道用辩证法说明宇宙观，却很少知道辩证法即是宇宙观。

在这点，西洋思想家便进了一步。我们看，希腊赫拉克利特不是倡导客观的辩证法最早的一人么？然而他即把辩证法当作宇宙观。他的"逻各斯"是说明宇宙变化的法则，然而也即是他的宇宙观的表现。因此开展后来的黑格尔。

黑格尔运用赫拉克利特"逻各斯"的观念，把它的内容充实起来。"逻各斯"在赫拉克利特的哲学上，是阐明"矛盾的统一"的法则的，黑格尔根据这一点，作一种体系的说明。他以为"逻各斯"是从抽象的范畴次第进于具体的范畴，从"纯有"经过否定而达于最具体的"绝对理念"，这比赫拉克利特的"逻各斯"便充实多了。在这意味上，"逻各斯"是黑格尔的论理学，也即是黑格尔的宇宙观。

黑格尔以后有马、恩、伊诸人将黑格尔的辩证法更充实到认识论方面。他们不以黑格尔的观点为满足。尤其不满意并且扬弃他的观念论的观点。他们不认为从抽象的范畴到具体的范畴一个简单的程序便是认识的全程。他们以为认识从直观开始，即从离开意识而独立之具体的现实性的直观开始，由此直观而移于最普遍最一般化的抽象的范畴，更由此抽象的范畴进展到具体的现实性的思维。总之，他们的方法有二重意味，和黑格尔的方法不同。一、黑格尔的方法，是"由思维的'抽象'向'具体'的移行"，他们则认为"由思维的'抽象'向'具体'的移行"，即是具体的现实性本身的创造过程。二、黑格尔以为从直观到抽象的认识程序非真的认识，他们则以为正是真的认识，否则便不免和康德陷于同样的弊病，将历史的东西和论理的东西分开。认识是以人类之社会的历史的实践为发展的基础的，正未可忽视直观这一点。他们所认定的认识的程序是这样：从生动的直观到抽象的思维，再到实践。这便是真理的认识、客观的实在性的认识之辩证法的程序。总之，他们和黑格尔的不同点，是认历史的东西和论理的东西不分开的，事实的辩证法和概念的辩证法不分开的，辩证法和认识的历史不分开的。

西洋哲学的进步，着实可惊。就发展的现阶段说，他们是认辩证法、认识论、宇宙观，根本是一件东西，这在中国哲学中何曾谈得到这点？比较进步的道家哲学，也不过看到辩证法和宇宙观是二而一的东西，然而道家的辩证法就谈不到历史的一点，正如它的认识论谈不到历史的一点一样。等而下之，如儒家的思想，如新儒家（指宋明哲学家）的思想，那更不必论了。

（二）从唯物论方面观察

中国哲学大部分是观念论的。从先秦到清末，我们只能找到几个唯物论的倾向，不能找到真正唯物论的思想。就令是机械论的唯物论，亦殊不易寻求。就这一点，已足证明中国从先秦到清末为长期的封建社会而有余，因为封建社会所反映的哲学思想很少是唯物论的。西洋哲学则情势完全不同，这便是由于它的社会背景不同。现在就两方的哲学作一种唯物论的考察。

唯物论这个"物"字，包括的范围非常广阔。譬如要答复"什么是物质"这个问题，就很不容易。普列汉诺夫（Plekhanov）的定义这样写着："物质就是独立于我们意识之外的而又作我们感觉源泉的东西。"用这个定义观察中国哲学，则唯物的成分就更少了。儒家言物的很少。孔子仅言人事，未尝涉及心物的问题，正和苏格拉底的地位相仿佛。孟子虽言物，所谓"耳目之官不思而蔽于物，物交物则引之而已矣"，然而他对于物，并没有显明的界说。荀子论礼，似认定外物所及于内心的影响。如《礼论》篇说：

> 故说豫、娩泽、忧戚、萃恶，是吉凶忧愉之情发于颜色者也；歌谣、謸笑、哭泣、啼号，是吉凶忧愉之情发于声音者也；刍豢、稻粱、酒醴、饘粥、鱼肉、菽藿、酒浆，是吉凶忧愉之情发于食饮者也；卑绖、黼黻、文织、资粗、衰绖、菲繐、菅屦，是吉凶忧愉之情发于衣服者也；疏房、檖貊、越席、床笫、几筵、属茨、倚庐、席薪、枕块，是吉凶忧愉之情发于居处者也。

在这段话里面，所谓"发于颜色""发于声音""发于食饮""发于衣服""发于居处"，似乎认外物足以决定"吉凶忧愉之情"，然而仍旧没有说明外物，不过指示外物上几个处所而已。墨家亦很少谈物，仅在论知识或论名实异同之处而间及之。真正论到物的本身和万物的来源的，我以为只有道家。

道家以前的儒墨，都保持着"天之生物"一个成见，但道家却不如此。道家认物是无所待而常自然的东西，并不由于造物的天，即《老子》"夫莫之命而常自然"之意。庄子在《齐物论》上说：

> 道行之而成，物谓之而然。恶乎然，然于然；恶乎不然，不然于不然。物固有所然，物固有所可。无物不然，无物不可。

"道行之而成，物谓之而然"这两句话，是道家哲学的纲领。道何以成？行之而成；物何以然？谓之而然。这即是说，行之之中见道，谓之之中见物。宇宙之流行，万象之流动变化即是道；人间的称谓，世俗的名言区别即是物。换句话说，无名言区别即是道，有名言区别即是物。所以《老子》说"无名，天地之始；有名，万物之母"。道和物根本是一件东西，不过一无名言区别，一有名言区别而已。物既由名言区别而定，则亦可由名言区别而乱之，故曰："恶乎然，然于然；恶乎不然，不然于不然。"但名言区别毕竟有名言区别的作用，这便是所谓"约定俗成"。所以说"物固有所然，物固有所可"。然而名言区别，毕竟不过是名言区别而已，却并不是物的本身，即康德所谓"物自体"。在这里便当透彻"以名遣名"的道理。所以说"无物不然，无物不可"。我们从上面这些说明，可以知道物的本身即是道，即是流动变化的东西，这与"天之生物"的物是完全不同的。

新唯物论以为物的本身经过一度人的制造，便变成"我们的物"了。道家不然，道家以为物的本身，经过一度名言区别，便变成我们的物了。表似相同而实不同，便是道家缺乏实践一层工夫。道家以后，谈物的便很少了。宋儒明儒好言"格物"，根本上是些名词的游戏，无非拿禅家的道理敷说一番，换上一些儒家的名词而已。所谓"无心外之物"，"无性外之物"，这些说素，如何够得上唯物论之一驳呢？

我们换一个方面，看看西洋唯物论发展的情形。朗格（Lange）在他的《唯物论史》（*Geschichte des Materialismus*）上一开始便这样说道："唯物论和哲学一样古旧，不会比它更古旧。"这句话至少可以使我们知道，自有哲学，便有唯物论。希腊哲学开祖的泰勒士（Thales），便是唯物论者，同时又是无神论者。自从德谟克利特（Democritus）的原子论产生，唯物论在哲学上的领域便开始扩大。他能说明原子的世界是离开我们的感觉而独立的，同时又为我们感觉的源泉。不仅如此，他还能说明原子的性质是相同的,即无异说明世界是物质的整一性,而一切观念论的要素便无法溷入其中。又能说明物质不灭,即无异说明物质的生灭增减,并不是物质本身的消灭,而是形态的转换,即物质常在结合和分离的转换形态之中。自经他这样一度说明,于是十六七世纪英国的唯物论,18世纪法国的唯物论,19世纪德国的唯物论,遂相继而起,并以方兴未艾之势而发展,这在中国的哲学界,是绝对梦想不到的。

就中18世纪法国的唯物论,是很值得我们注意的。他们虽然从力学出发,用力学的观点观察自然的全体,因此不免自陷于机械论的物质观,可是比中国人的名言的物质观却是进步多了。他们虽然不能说明物质的发展,可是他们的唯物论所含反抗的要素实很丰富,为当时新兴阶级对封建关系厉行革命之精神的武器。这些都是狃于封建惯习的中国思想家所想象不到的。

唯物论和无神论是互为因果的。一个唯物论者要贯彻他的唯物的主张的时候,必然地会走上无神论。因为唯物论从物质本身说明宇宙的起源,说明生命的真因,不须凭借自身以外之物作说明的帮助,因此,用不着神的假设。并且在这点,又表明唯物论和物活论(Hylozoism)不同,即是物活论不能单凭物质说明物活,唯物论却可以单凭物质说明物活了。这样看来,唯物论对有神论加以摈弃,成为必然的结果。西洋的唯物论者几乎都成为无神论者,德谟克利特是这样,18世纪法国的唯物论者也是这样。若在中国的哲学界便不如此。中国哲学本谈不上真正的唯物论,自然无神论的思想亦无从发生。儒家祖先崇拜的思想是无神论吗?墨家天鬼崇拜的思想是无神论吗?董仲舒天人合一的思想,乃至曹思文、萧琛、沈约等难神灭论的思想,又是无神论吗?在这里,又使我们不能不想起道家。因为道家在古代毕竟是最进步的思想的表现。所谓"天地不仁",所谓"其鬼不神",这样带有无神论色彩的议论,恐怕除站在唯物观点的道家以外,是不容易得到的。

（三）从辩证法的唯物论方面观察

由上面的说明，我们知道中国哲学有辩证法，也有仅少的唯物论，然则有没有辩证法的唯物论的思想呢？那只有一个"否定"的答复。因为辩证法的唯物论，绝不是辩证法和唯物论的总和。就令是黑格尔的辩证法和费尔巴哈（Feuerbach）的唯物论相加，也绝不能说便是辩证法的唯物论。中国的哲学现在将要开始走上辩证法的唯物论的步式，这固然有其他的社会背景，也不能说不是西洋哲学之赐。辩证法的唯物论是古来各派哲学的大集成，也是古来各派哲学的总清算。我们不妨在这里单叙述辩证法的唯物论几个根本要素。

辩证法的唯物论研究的对象，是整一性的物质体，它以为所研究的范围，只有这一物质体的世界，此外不承认有任何世界。当然不承认有所谓理念界，或其他超绝的世界。既以这整一性的物质体为研究的对象，则这对象呈现于我们的前面，明明白白地是流动变化的。在所谓理念界或其他超绝的世界，也许可以假想它是不流动变化的，但在这现实的世间，却无法否认流动变化的事实。质言之，这现实的世间便是一种过程。既无法否认流动变化的事实，试问流动变化何以发生？这便是由于矛盾作用，即由于对立的统一和统一的分裂。在这里，便是把现实的世间看作一种发展的过程。既谈到发展，便有两种见地：一种是把发展当作量的增大或减小，仅由于一种外的动机；一种是把发展当作质的变化，乃由于矛盾之内的合法则性。前者是机械论的见解，后者是辩证法的见解。后者认宇宙一切事物，是对立的统一，同时又是统一的分裂，即认宇宙事物是统一而分裂的过程，是统一和分裂的相互关系。明白地说，对立的统一是相对的，统一的分裂是绝对的。也就是说，矛盾本身即为物质体自己运动的源泉，亦即为一切发展的起动力。这便是辩证法的唯物论理论的核心。

上面已经提到量和质的问题。在发展过程内有量和质相互移行的法则。没有有量而无质的，也没有有质而无量的，质发生同时量便增大。量增大到某种规定性，即发生新质。这便是量向质的移行。当量向质移行的瞬间,有一定的瞬间,其质量全被保存;在其时过程中断,由一质量向全相异的他质量移行,即由一合法则性向他一合法则性而作一次飞跃。飞跃见之于客观的诸现象,也见之于人类的思维。飞跃并不是不可思议的现象。将要达到飞跃之际,意识间无意识间,或迟或速地,须作一定的准备。水在成为水蒸气之际,须经过温水一个阶段。封建社会在成为资本主义社会之际,须依凭商品交换一定的量之增大。不仅如此,由于质的不同,而飞跃的方法有不同,飞跃的形态和速度亦有不同。水对于冰之飞跃,在一瞬间之内即有可能。封建社会对于资本主义社会之飞跃,则或需数百年之久,甚或需千余年之久,殊无一定。在这里,便须明白飞跃的特殊性并须进一步明白这特殊性是非常重要的。观念论派或机械论派的学者,每每忽视这点,所以对宇宙发展终于不能说明。

在上面所述的两个根本要素——对立的统一,统一的分裂的法则和质与量相互移行的法则——之外,还有一个根本要素,便是否定的否定的法则。这个法则是使"对立的统一"而具体化的东西。在矛盾的一个发展阶段,是新矛盾(质和量)对从前矛盾的否定,迨至其次的新矛盾成熟之际,便把曾经否定的矛盾再来一次否定,这便是矛盾发展的法则。譬如一粒麦种,这麦种当发芽生茎之际,便自身腐烂,而遭受一次否定,迨至新麦含穗,长成数十粒乃至数百粒的麦粒之时,则其麦枯朽,便又遭受一次否定。于是由一粒的麦粒向数十粒乃至数百粒的麦粒而发展。此外如米,如粟,乃至其他植物,虽其形态、环境等有不同,而所以根据这种法则以遂其发展之道则一。不仅植物如此,动物亦如此。譬如一条蚕种,是对于此前的卵的否定而产生。迨经三五夜以后,便制成茧巢,而变为蛹,于是又作第二次否定的蛾的准备。这第二次否定蛾,得产数千颗乃至数万颗的卵。于是由一颗的卵向数千颗乃至数万颗的卵而发展。此外如牛马猫鼠之类,亦莫不如此。这样看来,否定的否定的法则,几遍动植物界而皆然。但观念论派或机械论派的学者每每把这种法则看作和黑格尔的三段式(Triad)相同。结果不是二次否定,而是三次否定。譬如上面所举的蚕种的例子，单从外面的形式的方面去考察，便有这样的变化，即是卵—蚕—蛹—蛾，这不是二次否定，而是三次否定。这便是由于不理解否定的否定的法则所产生的结果。否定的否定的法则之真正的意味，是由一矛盾向他矛盾转化，即由一合法则性向他一合法则性转化。否定卵的蚕—蛹—蛾的变异阶段，并不含有新的合法则性，迨达到蛾产卵的阶段时，始有新的合法则性之产生。这点不能理解，其不能获得正确的观察，乃势所必然。我们观察否定的否定的法则，不可凭依外面的形式，而须根据内部的矛盾的进展。否则便不免陷于图式主义，而认否定的否定的法则与黑格尔的三段式相同。我们绝不能说昆虫被鸟吃掉，鸟又被猛兽吃掉，是否定的否定的法则。这只是三段式的机械看法，而不是辩证法的否定。这在研究辩证法的人是应该特别注意的。

上面所述三个根本要素，是现代唯物论的理论阶段，这不仅中国哲学谈不到这步，即西洋哲学亦未必都理解到这点。不过单就哲学的基础说，它的发展可能性是比较地大。因为辩证法的思想和唯物论的思想，它都能得到平均的发展；有了这样的基础，要走上辩证法的唯物论，自然比较容易。况且自然科学的发达，如进化论、相对论、发生学、细胞学等等的发生和发展，都是促进这种新哲学发展的旁因。那么，西洋哲学确实比中国哲学要有希望的了。不过新哲学的发展，并不完全依据固有哲学的基础，而社会的发展阶段，自亦为其要因。照这样说，中国哲学在最近的将来究竟发展到如何的程度？这并不决定于已往的收获，而只决定于我们现在的努力。我们正不必一切从已往推测未来，也不必为未来而抹杀既往，我们只要把握住辩证发展的法则，就随时随地都可以确定我们研究的指针。

第二讲

儒家的伦理观

上回已经把中国的哲学讲述了一个大概,今天单讲儒家。儒家的哲学偏重伦理,孔子实际上是个伦理学家,孟子、荀子都是绍述孔子的伦理思想的。所以我就把今天的讲题,叫做儒家的伦理观。

一、儒家思想的社会背景

在第一讲中已经说过:"中国封建制度有一种特色,便是以宗法制度为经,封建制度为纬,将贵族稳固地安放在农业社会之上,而组成一种严密的阶级制度。"这在西周初年,确乎有这样一种情形。西周鉴于前代的兴亡在于当时诸侯的向背,因此分封同姓子弟和异姓功臣于各要害之区。一方面用以拥护中央的王室,一方面借以控制旧日的诸侯。这是就封建制度方面说。西周又鉴于前代政治的隆替在于神权的利用与否,因此特别提高敬祖报本的观念,以替代神权的运用,使中央王室与同姓诸侯形成一个模范的大家族。这是就宗法制度方面说。西周有了这样的一种严密的组织,于是中央集权制遂告成功。而文、武、周公之德,也在各种史籍上特笔记载,成为一般人所认定的隆盛之世。

封建制度是自足自给的农业经济,生产的目的在满足自己的要求。第一讲曾经说过,封建制度的核心,是建筑在地主对农民的经济剥削基础上。我们在《诗经》上可以看到那时候的剥削情形,是很明显的。譬如《魏风·伐檀》章这样写着:"坎坎伐檀兮,置之河之干兮,河水清且涟猗！不稼不穑，胡取禾三百廛兮；不狩不猎，胡瞻尔庭有悬貆兮；彼君子兮，不素餐兮！"这是当时地主对农民的剥削。又譬如《魏风·葛屦》章说："纠纠葛屦，可以履霜。掺掺女手，可以缝裳。要之襋之，好人服之。好人提提，宛然左辟，佩其象揥。维是褊心，是以为刺。"这是当时地主对妇女的剥削。当时所谓"君子"，所谓"好人"，正是十足的地主阶级；而被剥削的小人与妇女的地位，就由这些君子与好人的欲望增高，至于被剥削无以自存，且遭一般士大夫的白眼。孔子说："唯女子与小人为难养也，近之则不孙，远之则怨。"谓女子与小人之"难养"，是明明白白地说地主阶级不容易畜养他们，但又何曾顾到他们之无以自养呢？实则照当时的情形说，正是地主阶级难养，并不是女子与小人难养，因为女子与小人是当时的生产者，是女子与小人养地主阶级，并不是地主阶级养女子与小人。正是孟子所谓"无野人莫养君子"的意思。养之而反被剥削，是地主阶级之难养，并不是女子与小人之难养。一篇很明白的道理，却被孔子故意歪曲，并且在社会上发生广大的作用，这是什么缘故呢？

原来，封建社会的士大夫们，是向来不理生产事业的，而且鄙视生产事业的。不信，请看下面的一段记载：

> 樊迟请学稼，子曰："吾不如老农。"请学圃，曰："吾不如老圃。"樊迟出，孔子曰："小人哉！樊须也。"

孔子对生产事业的鄙视，由这段话可以完全看出来。学稼学圃，在当时农业经济发展的社会中，正是很需要的，为什么孔子倒板着面孔，对樊迟加以拒绝呢？这我在上面已说过，封建社会的士大夫们是不理生产事业的，即是不懂生产事业的。因为不懂，所以加以鄙视。无怪当时荷蓧丈人遇着子路，便责孔子以"四体不勤，五谷不分"的话。你看，以"四体不勤，五谷不分"的人，遇着学稼学圃的问题，又哪能答复得出来呢？以"四体不勤，五谷不分"的人，对于生产事业，又哪能不加鄙视呢？实际上，孔子的鄙视，由于个人之不懂生产事业，其关系还小；由于维护封建社会，而故意把君子和小人划出一条鸿沟，其关系却大。而不幸我们的孔子，却十足地做了这样一个封建社会的维护者。

君子和小人在当时是一种对立，是消费者和生产者的对立，是剥削者和被剥削者的对立。但欲掩饰剥削者剥削的痕迹，不得不高唱唯心论的论调，所以孔子对于樊迟学稼的问题，便用这样的话去折服他：

> 上好礼则民莫敢不敬，上好义则民莫敢不服，上好信则民莫敢不用情。夫如是，则四方之民襁负其子而至矣，焉用稼？

用"好礼""好义""好信"去答复一个问学稼学圃的人，已经有点奇特，况且最后还申明一句："焉用稼？"意思是说不须学稼，而稼穑园艺之事都会有人给你弄好，不消你管得，你只须作内心的修养便足，这不是十足的唯心论的论调么？孔子为欲掩饰剥削者的痕迹，每每提出这样的论调。譬如他说：

> 君子谋道不谋食。耕也，馁在其中矣；学也，禄在其中矣。君子忧道不忧贫。

君子不能自食其力，而美其名曰"谋道不谋食"，"忧道不忧贫"，以养成一种安贫乐道的态度，后世更从而赞美之称为儒家的态度，于是所谓儒家的态度者成为剥削者最好的装饰品，最适合的虚伪的外观。不耕者可以得食，耕者反不能得食，当然会达到"耕也，馁在其中矣；学也，禄在其中矣"的结论。但在当时的士大夫们却认为这种结论是当然的。我们在《孟子》书中更可看到他们的系统的议论，《孟子·尽心上》说：

> 公孙丑曰："《诗》曰：'不素餐兮。'君子之不耕而食，何也？"孟子曰："君子居是国也，其君用之，则安富尊荣；其子弟

从之，则孝弟忠信。不素餐兮，孰大于是。"

又《滕文公下》说：

> 彭更问曰："后车数十乘，从者数百人，以传食于诸侯，不以泰乎？"孟子曰："非其道则一箪食不可受于人，如其道则舜受尧之天下，不以为泰，子以为泰乎？"曰："否，士无事而食，不可也。"曰："子不通功易事，以羡补不足，则农有余粟，女有余布，子如通之，则梓匠轮舆，皆得食于子。于此有人焉，入则孝，出则悌，守先王之道以待后之学者，而不得食于子，子何尊梓匠轮舆，而轻为仁义者哉？"曰："梓匠轮舆，其志将以求食也。君子之为道也，其志亦将以求食与？"曰："子何以其志为哉？其有功于子，可食而食之矣。且子食志乎，食功乎？"曰："食志。"曰："有人于此，毁瓦画墁，其志将以求食也。则子食之乎？"曰："否。"曰："然则子非食志也，食功也。"

在《滕文公上》孟子有一段议论，发挥得更露骨：

> 陈相见许行而大悦，尽弃其学而学焉。陈相见孟子，道许行之言曰："滕君则诚贤君也，虽然，未闻道也，贤者与民并耕而食，饔飧而治，今也滕有仓廪府库，则是厉民而以自养也，恶得贤？"孟子曰："……然则治天下独可耕且为与？有大人之事，有小人之事，且一人之身，而百工之所为备，如必自为而后用之，是率天下而路也。故曰：或劳心，或劳力。劳心者治人，劳力者治于人；治于人者食人，治人者食于人。天下之通义也。"

从这几段话里面，我们可以认识几点：一、君子不耕而食的理由，是"其君用之，则安富尊荣；其子弟从之，则孝弟忠信"。这是说明君子的地位应该占优胜。因为君子可以从封建领主享到"安富尊荣"，而封建领主又可以从君子取得"孝弟忠信"。有剥削之实，而无剥削之名；有不耕而食之利，却不蒙不耕而食之讥。这是君子之所以为君子。二、梓匠轮舆用他们的劳力以得食，倒可以不必尊重，而"后车数十乘，从者数百人，以传食于诸侯"的君子，因为他为封建诸侯提倡封建道德之故，却万万不宜轻蔑。这是很显明地尊重"传食诸侯"的有闲阶级，尊重"无事而食"的士，而将梓匠轮舆的"功"和有闲阶级的"功"混同，都认为"可食而食之"。三、分人类为治者与被治者：治者劳心，被治者劳力；被治者食人，治者食于人。而所谓治者大都是富"有仓廪府库""厉民以自养"的人。不惟如此，所谓治者必高于被治者，认为是"大人之事"，反之，被治者便认为是"小人之事"。于是治者得因其地位之高，以尽其"厉民自养"之能事。由上三点观之，孟子的根本主张，直与孔子"耕也馁在其中矣，学也禄在其中矣"一语相暗合，可见当时的士大夫们对封建地主的效劳，是怀着一致的态度的。经过孔、孟这样的说明，于是不出劳力者得居社会的最高级，而出劳力者反居社会的最下级。不出劳力者和出劳力者遂成为贵者和贱者的别名。孔子说：

> 君子怀德，小人怀土；君子怀刑，小人怀惠。(《论语·里仁》)

> 君子喻于义，小人喻于利。(《论语·里仁》)

照孔子的看法，君子和小人的距离已经很远，可是，后来到了荀子的时候，君子和小人的距离，更同天渊之别，荀子说：

> 君子之学也，以美其身；小人之学也，以为禽犊。(《劝学篇》)

> 君子以德，小人以力。力者德之役也。(《富国篇》)

> 化师法，积文学，道礼义者为君子；纵性情，安恣睢，而违礼义者为小人。(《性恶篇》)

孔、孟、荀对君子和小人原是一致的看法，不过荀子更把小人压迫到最低贱的地位；而生产事业遂益发为社会所轻，而儒家的伦理观遂得风行于中国，至于到现在而不衰。以上是从儒家所处的社会背景观察儒家的伦理思想，我们现在更可以从儒家的伦理思想证明中国所处的社会背景。

二、儒家伦理思想的特质

儒家既以拥护封建组织为职责，当然不能不提出它的十足的唯心论，用它的唯心论以掩盖其对小人羁縻和剥削的痕迹，正如希腊时代的三哲人用他们的观念论来掩盖其对奴隶羁縻和剥削的痕迹一样。希腊的三哲人专在概念上做工夫，用概念为统治奴隶的工具，中国的儒家其用意正复如此。孔子主张正名，孟子主张定于一，荀子则更将这两种思想发扬而光大之，以形成儒家初期伦理思想的体系。现在为叙述方便起见，分别说明于后。

（一）孔子的伦理思想

孔子目睹当时封建组织之日趋动摇，现实转变之有加无已，因发而为拥护封建道德的根本主张，于是提出一个正名主义。"名"正是希腊三哲人所倡导的概念，是统治一切无知民众最良好的工具。举凡政治、道德、风俗、习惯的基础，都可由"名"建立起来。名正则社会秩序可以维系久远，名乱则人伦纪纲可以隳于一旦。所以《论语》上郑重地揭出孔子正名的主张。

> 子路曰："卫君待子而为政，子将奚先？"子曰："必也正名乎！"子路曰："有是哉？子之迂也，奚其正？"子曰："野哉由也！君子于其所不知，盖阙如也。名不正，则言不顺；言不顺，则事不成；事不成，则礼乐不兴；礼乐不兴，则刑罚不中；刑罚不中，则民无所措手足……"（《子路》）

在孔子当时的社会实况，是"邪说暴行有作，臣弑其君者有之，子弑其父者有之"。然则封建道德之维护，在当时乃刻不容缓之举。所以孔子认"正名"为"为政"之先。中国的封建制度是与宗法制度并力而趋的，一面注重封建制度之维护，一面又注重宗法制度之维护。所以孔子对齐景公之问政，便爽直地说："君君，臣臣，父父，子子。"（《论语·颜渊》）正名是正名分，君有君的分，臣有臣的分，父有父的分，子有子的分，如果各依其分以尽其道，是谓"君君，臣臣，父父，子子"。如果各违其分以非其道，是谓"君不君，臣不臣，父不父，子不子"。君臣父子之义，是儒家伦理思想的基本要件，即是封建组织的基本要件，这便是正名主义的核心。其他道德上的节目，都于是起义。不了解孔子正名主义的核心，而妄谈孔子的伦理思想，便成为枝叶的枝叶。所以在说明孔子的"仁"以前，应充分地具有这么一种认识。

苏格拉底主张"知识即道德"，知识即是一种普遍的概念，无异于说普遍的概念即道德。概念具有普遍的效力与威权，因之道德即具有普遍的效力与威权。孔子的"名"，正是苏格拉底的概念，即具有普遍的效力与威权。君具有君的普遍的效力与威权，父具有父的普遍的效力与威权。某甲的知识与人格虽不足以为君父，而一经做了实际的君父，他便具有君父的普遍的效力与威权，他可以随时羁縻人，可以随意生杀人。因为他据有君父的"名"。某乙的知识与人格，虽超过于为人臣，为人子，而一经做了实际的臣子，他便应当尽一般的臣子的职责，他应当知道"天王圣明，臣罪当诛"，应当知道"事父母几谏，见志不从，又敬不违，劳而不怨"。因为他拥有臣子的"名"。由此可知"名"对于社会安宁之维系是有绝大的功用的。孔子提出一个"正名"的口号，欲无形中减少社会上许多篡弑争夺之事，不能说不是一个封建组织之善于维护者，不能说不具有一种认识。

正名的口号提出了之后，一切道德的节目才有着落。才能说到孔子的孝悌忠恕。中国的封建组织是用宗法制度做核心的，因此孝在伦理上的地位异常重大。因此儒家认孝为百行的源泉。孝是忠之本，所

谓"孝慈则忠",所谓"求忠臣必于孝子之门"。但孝也即是仁之本,孝是达到仁的基本条件。《论语》云:

> 有子曰:"其为人也孝悌,而好犯上者,鲜矣。不好犯上,而好作乱者,未之有也。君子务本,本立而道生。孝悌也者,其为仁之本与!"(《学而》)

所谓孝悌,目的并不在孝悌,而在不犯上作乱。在家庭中养成了一种孝悌的性习,将来到社会上自然不会轻易犯上作乱。所谓孝是忠之本,这段话是解释得再明白没有的。但孝也即是仁之本,仁的范围很大,下面当说明。做了一番孝的基本工夫,就建筑了仁的基础了,这即是"本立而道生"之意。我们现在且把孔子所讲孝的内容去加以分析。

甄克思(Jenks)在《社会通诠》上解释宗法社会有三个特征:一、男统,这时候始注重族姓;二、婚制,这时候始严夫妇之别;三、家法,这时候始奉父为一家之统治者。我们根据这三个特征,便可以知道孔子提倡孝的本意。孔子是宗法社会的产物,他既以封建组织的维护自任,当然不能不特别地提高宗法的意义。因此重父权,尚男统,严婚制。《论语》云:

> 子曰:"父在观其志,父没观其行。三年无改于父之道,可谓孝矣。"(《学而》)

从这段话里面可以看到孔子是如何尊重父权的,又是如何尊重男统的。难道母在便不可以观其志,母没便不可以观其行吗?父没之后,还要"三年无改于父之道",则父之权威更可想而知。《论语》上还有一段记载,也是论述孔子之尊重父权的。

> 曾子曰:"吾闻诸夫子,孟庄子之孝也,其他可能也,其不改

父之臣，与父之政，是难能也。"（《子张》）

在《论语》上关于宗法的伦理思想，是记载得很多的，可见孔子在当日一番宗法维护的苦心。孟德斯鸠说：

> 支那立法为政者之所图，有正鹄焉，曰：四封宁谧，民物相安而已。彼谓求宁谧而相安矣，则其术无他，必严等衰，必设分位，故其教必谛于最早，而始于最近共有之家庭。是故孝之为义，不自事亲而止也，盖资于事亲，而百行作始。彼惟孝敬其所生，而一切有近于所生，表其年德者，将皆为孝敬之所存。则长年也，主人也，官长也，君上也，且从此而有报施之义焉；以其子之孝也，故其亲不可以不慈，而长年之于稚幼，主人之于奴婢，君上之于臣民，皆对待而起义。凡此之谓伦理，凡此之谓礼经，伦理礼经，而支那之所以立国者胥在此。（严复译《法意》第十九卷）

由这段话里面，我们可以想见孔子所以提倡孝的一番深意。孔子以为封建组织欲求完备，当令一切人的生活全从孝的惟一观念引申而出。正是孟德斯鸠所说的，"资于事亲，而百行作始"。我们明白了这点，就可以谈到孔子的"仁"了。孔子的仁，是赅括一切生活的，一切生活都须从孝的惟一观念引申而出，即无异于说仁须从孝的惟一观念引申而出了。有子说："孝弟也者，其为仁之本与！"正说明了孝与仁的因果关系。孔子更郑重地这样说道：

> 入则孝，出则弟，谨而信，泛爱众，而亲仁。（《学而》）

孝在最初，仁在最后，孝是仁的基础，可以想见孝与仁的关系之大。反过来说，如果不孝，也许不能做到仁的地步了。所以宰我欲废三年之丧，孔子便这样地责骂他：

第二讲 儒家的伦理观

予之不仁也。子生三年,然后免于父母之怀。夫三年之丧,天下之通丧也,予也有三年之爱于其父母乎?(《阳货》)

宰我欲废三年之丧,孔子便责以不仁,更可以看到孝与仁的因果关系。孔子以为在个人立身是如此,推而至于为政所谓治国、平天下,亦莫不如此。所以《论语》上这样记着:

君子笃于亲,则民兴于仁;故旧不遗,则民不偷。(《泰伯》)
慎终追远,民德归厚矣。(《学而》)
或谓孔子曰:"子奚不为政?"子曰:"《书》云'孝乎惟孝、友于兄弟,施于有政'。是亦为政?奚其为为政?"(《为政》)

孝与仁有这么一种因果的关系,则孔子的仁,便不难于说明了,以下便把孔子的仁作一番检讨。

关于仁的解释,议论纷纭,有的拿"成人"去解释,有的拿"同情心"去解释,有的更拿《易·系辞》"寂然不动,感而遂通天地之故"去解释,各有各的主张。其实都没有着眼到孔子所处的是什么社会,孔子的根本主张是要维持什么社会。仁字在孔子的全部思想里面是这样的重要,难道没有他的根本用意么?我以为不从孔子的社会背景去说明孔子的仁都是头痛医头、脚痛医脚的看法。《论语》中论仁的有五十八章,讲到仁的有百余处。孔子并没有给仁字下一个剀切概括的定义,他总是随事指点,随处发挥,有时对学生质问,总是按照学生的程度、性格等等随意答复,难道我们可以根据某种的答复,看作孔子的仁的全般意义么?所以我们说明孔子的仁,非通观全局不可。在家族本位的封建社会中,需要一种对已对人的诚实谨愿的美德,这便是所谓忠恕。忠是尽己,恕是推己及人。所谓仁须赅括忠恕。所以曾子说:

夫子之道,忠恕而已矣。(《论语·里仁》)

在封建社会的个人就该尽忠恕之道，在封建社会的统治阶级更应该一本忠恕之怀。前者求如何所以为仁者，后者求如何所以体仁心、行仁政。我们现在且分作两方面来说明。

1. 《论语》上关于个人修养方面的，发挥得很多，大约计之。如：

> 孝弟也者，其为仁之本与？（《学而》）
> 巧言令色，鲜矣仁。（《学而》）
> 刚毅木讷，近仁。（《子路》）
> 颜渊问仁，子曰："克己复礼为仁。一日克己复礼，天下归仁焉。为仁由己，而由人乎哉？"（《颜渊》）
> 仲弓问仁，子曰："出门如见大宾，使民如承大祭。己所不欲，勿施于人。在邦无怨，在家无怨。"（《颜渊》）
> 司马牛问仁，子曰："仁者其言也讱。"（《颜渊》）
> 樊迟问仁，子曰："居处恭，执事敬，与人忠，虽之夷狄，不可弃也。"《子路》）
> 夫仁者，己欲立而立人，己欲达而达人。能近取譬，可谓仁之方也已。（《雍也》）
> 惟仁者能好人，能恶人。（《里仁》）
> 不仁者不可以久处约，不可以长处乐。（《里仁》）
> 仁者不忧。（《子罕》）
> ……仁者乐山……仁者静……仁者寿。（《雍也》）
> 当仁，不让于师。（《卫灵公》）
> 苟志于仁矣，无恶也。（《里仁》）
> 我欲仁，斯仁至矣。（《述而》）

以上都是关于个人修养方面的话。有关于对己的，有关于对人的，换句话说，有关于忠的，有关于恕的。就以上引用的句子看来，孔子似特重恕道的修养，所谓"己所不欲，勿施于人"，所谓"己欲立而立人，己欲达而达人"，都是就恕道立论。恕道出发于"恻隐之心",有"恻隐之心",才能做到"己所不欲,勿施于人",才能"己立立人,己达达人"。所以孟子说"恻隐之心,仁之端也"(《公孙丑上》),又说"恻隐之心,仁也"。因为"恻隐之心,人皆有之",这即是所谓"人心"。

孔子的仁,纯就心体言,孟子用"人心"释仁,确有深意。何以"巧言令色,鲜矣仁",因为这种人内心修养有不足;何以"刚毅木讷,近仁",因为这种人内心修养充实。都是从心体方面立论的。孔子以为心体是静的。故有"仁者乐山……仁者静……仁者寿"的话。如果从心之体发而为心之用,便不是静的了。孔子着重从心之体发而为心之用,所以说到孔子的仁,总是生趣盎然的。《中庸》说"力行近乎仁",就很能说明这个意思。

孔子以为在封建社会的个人,应该先养成一种好仁恶不仁的性习。所以他在《论语》上关于这种议论是很多的。他说:

> 我未见好仁者,恶不仁者。好仁者,无以尚之;恶不仁者,其为仁矣,不使不仁者加乎其身。有能一日用其力于仁矣乎!我未见力不足者。盖有之矣,我未之见也。(《里仁》)

这是一番恳切地勉人为仁的设教。以为只要用力于仁,仁便可以自致。所以说:"仁远乎哉?我欲仁,斯仁至矣。"又说:"苟志于仁矣,无恶也。"又说:"当仁,不让于师。"为仁的工夫,又应当从个人做起,所以孔子对颜渊说:"为仁由己,而由人乎哉?"不把仁特别提倡起来,便不容易建立封建社会伦理的基础,这是孔子的苦心所寄之处。

2.《论语》上关于封建社会统治阶级如何推行仁政,发挥得也不少。如:

> 民之于仁也,甚于水火;水火吾见蹈而死者矣,未见蹈仁而死者也。(《卫灵公》)

子张问仁于孔子，孔子曰："能行五者，于天下为仁矣。"请问之，曰："恭、宽、信、敏、惠。恭则不悔，宽则得众，信则人任焉，敏则有功，惠则足以使人。"（《阳货》）

人而不仁，如礼何？人而不仁，如乐何？（《八佾》）

樊迟问仁，子曰："爱人。"问知，子曰："知人。"樊迟未达。子曰："举直错诸枉，能使枉者直。"樊迟退。见子夏，曰："乡也，吾见于夫子而问知，子曰：'举直错诸枉，能使枉者直。'何谓也？"子夏曰："富哉言乎！舜有天下，选于众，举皋陶，不仁者远矣；汤有天下，选于众，举伊尹，不仁者远矣。"（《颜渊》）

如有王者，必世而后仁。（《子路》）

这是专为封建社会统治阶级设教的，以为封建社会统治阶级应有一种仁爱的心。这种仁爱的心，在好的方面的解释，是"爱民犹子"，是"视民如伤"；若在坏的方面的解释，便是缓和民众的反抗心，扶植民众的生产力，得以遂其剥削的私愿，满足其更高的欲求。从历史上的事实考察，从封建社会的形态探求，统治阶级只有倾向于后者，而不倾向于前者。表面上看来，民众确实要求这种仁政，所谓"民之于仁也，甚于水火"，骨子里民众并不要求这种麻醉的工具。可是儒家为贯彻麻醉民众的目的起见，都是很热烈地倡导着。譬如孟子，他便注全力于这点。我们从《孟子》一书里面可以看到很露骨的文句：

今王发政施仁，使天下仕者皆欲立于王之朝，耕者皆欲耕于王之野，商贾皆欲藏于王之市，行旅皆欲出于王之涂。天下之欲疾其君者，皆欲赴诉于王，其若是孰能御之？（《梁惠王上》）

以力假仁者霸，霸必有大国；以德行仁者王，王不待大。汤以七十里，文王以百里。以力服人者，非心服也，力不赡也；以德服人者，中心悦而诚服也。（《公孙丑上》）

行仁政而王，莫之能御也。（《公孙丑上》）

孔子曰："仁不可为众也。"夫国君好仁，天下无敌。今也，

欲无敌于天下，而不以仁，是犹执热而不以濯也。(《离娄上》)

民之归仁也，犹水之就下，兽之走圹也。(《离娄上》)

三代之得天下也，以仁；其失天下也，以不仁……天子不仁，不保四海；诸侯不仁，不保社稷；卿大夫不仁，不保宗庙；士庶人不仁，不保四体。(《离娄上》)

是以惟仁者宜在高位，不仁而在高位，是播其恶于众也。(《离娄上》)

仁言不如仁声之入人深也。(《尽心上》)

仁者以其所爱及其所不爱，不仁者以其所不爱及其所爱。(《尽心下》)

封建社会统治阶级的仁爱之心，就是要使士农商旅归化，使受麻醉者根本不觉其麻醉，反从而讴歌颂扬之，"犹水之就下，兽之走圹"，这便是"心服"之道。这是孔子保育政策之充分的发挥。孟子虽没有超出孔子思想的范围，却是比孔子说得更露骨些、更透彻些。质言之，所谓仁政，便是《中庸》上所说的"劝百姓，劝百工，柔远人，怀诸侯"的政策。我们可以看到孔子的仁，在统治阶级一方面，又是何等的重要。

仁的概念是非常广泛的，几乎是一切道德的总纲领。孔子的礼乐，是极其重要的德目，然而不本着仁心，去行礼乐，那就礼乐亦无所用。所谓"人而不仁，如礼何？人而不仁，如乐何？"他如恭、宽、信、敏、惠，也只是仁的节目，所以孔子说："能行五者，于天下为仁矣。"总之，仁在孔子心目中，是封建社会中麻醉民众惟一的工具。

孝与仁的因果关系，即是伦理与政治的因果关系，孔子谋孝与仁的结合，即是谋伦理与政治的结合，亦即是谋宗法组织与封建组织的结合。我们从《论语》里面看到孔子对孝与仁讨论得特别致密详尽，也就可以知道孔子的用意所在。

孔子是一个淑世主义者，也即是一个人文主义者，我们由他对周室的憧憬，与对周公的怀念，可见他是如何地崇拜周代的典章文物。

《论语》上记述孔子对周室憧憬的有好几处：

> 周监于二代，郁郁乎文哉！吾从周。（《八佾》）
> 甚矣吾衰也！久矣吾不复梦见周公。（《述而》）
> 如有用我者，吾其为东周乎？（《阳货》）

周代是典型的封建组织，孔子的崇拜是当然的结果。因为这样，就决定以后孟、荀二氏思想的路向，并决定以后中国人的生活。

（二）孟子的伦理思想

孟子所处的时势，比孔子所处的时势更混乱，宝塔式的封建组织，更无法维持，加以民众的阶级意识又有觉醒的模样，而上层阶级对于下层阶级的横征暴敛，有加无已。且在当时杂说并兴，"杨朱、墨翟之言盈天下，天下之言不归杨，则归墨"。这些现象，都使孟子对于封建社会之维护，对于孔子学说之解释，不能不严整阵容，以加强自身的力量而坚定民众的信仰。于是孟子更走入唯心论的深处，比孔子更进一步，发挥其精透的唯心论的主张。

原来，孔子只在伦理学上提出一个"名"来，只欲以概念为维护封建的武器，到了孟子的时候，便想在形而上学的领域内，建立思想的体系，另提出一个"心"来。他对孔子的关系，正如柏拉图之对苏格拉底。于是在孟子的伦理思想中，无处不把纯粹的内心界和复杂的外物界分开，重视精神上的慰安，而贱视物质上的享乐。他以为不是这样，不足以转移当时的世道人心，不足以挽救日见动摇的封建组织，因此，把孔子的思想更体系化了，更唯心化了。同时，为迎合民众心理起见，更发出许多尊重民权的议论，以肆其更巧妙的诱惑手段，而和缓一般无产大众的反抗情绪，这是他和孔子主要不同的地方。

因为他的思想，是全从"心"出发，故特别提出一个"我"来。他在《尽心》章这样呐喊着：

第二讲 儒家的伦理观

> 万物皆备于我矣。

唯心论走到极端，便成为唯我论，这在西洋的哲学家，像贝克莱（Berke－ley）、费希特（Fichte）诸人都是如此。认"我"即是实在，一切万物都只是"我"的观念，成为主观的唯心论。所以孟子说了"万物皆备于我矣"一句话之后，就继续地说："反身而诚，乐莫大焉。""反身而诚"，就是从"我"的观念去用功夫。"诚"是"我"的观念的产物，这个"诚"字，在孟子的形上学上是极其重要的。孟子说：

> 诚者，天之道也；思诚者，人之道也。至诚而不动者，未之有也，不诚，未有能动者也。

诚是天之道，思诚是人之道，这是孟子的宇宙观之表白。这种宇宙观影响到后来的《中庸》（在第六讲中详细说明）。孟子以为人之道就在"思诚"。"思"是心之所之，是心志上的努力，这是心的主宰，所谓"心之官则思"。"思诚"和孔子所谓"欲仁"、"志于仁"的意思相同。因为要"思诚"才可以得到诚，所谓"思则得之，不思则不得也"；有了诚就可以收动人的效果。诚是充满宇宙的，和柏拉图的"理念"相类似。孟子注重"思诚"，柏拉图便注重对理念的思慕。柏拉图的"爱洛斯说"（Eros）便是这样发生的。爱洛斯即思慕憧憬之意，吾人欲脱去感觉世界而复归于理念世界，即原于爱洛斯。用孟子的话说明，便是"耳目之官不思，而蔽于物；物交物则引之而已矣。心之官则思；思则得之，不思则不得也"。所以"思诚"的"思"，在孟子的学说上是极其重要的。孟子以为耳目之官是养小体的，心之官便是养大体的。因此说：

> 体有贵贱，有小大。无以小害大，无以贱害贵。养其小者为小人，养其大者为大人。（《告子上》）

孟子因为注重养大体，所以特别看重"志"。因为看重"志"，所以又看重"诗"。在心为志，发言为诗。即言可以观心，即诗可以观志。孟子说：

> 夫志，至焉，气，次焉。故曰：持其志，无暴其气。(《公孙丑上》)

所谓"志，至焉"，可以想见志的重要。有一回王子垫问孟子，说道："士何事？"孟子说："尚志。"孟子认为"尚志"即是"大人之事"。所以"尚志"即是养大体的方法。这种议论，都是从他的主观的唯心论发展出来的。

上面已经说明了孟子思想体系的大概，现在要进一步说明他的仁义。孔子注重仁的说明，孟子便注重义的说明，但都是以孝为出发点的。在《论语》上我们可以看到孔子所谈的义，大半是与利对举。在《里仁》章里面这样记着：

> 子曰："君子喻于义，小人喻于利。

又孔子论君子九思，有"见得思义"之语，和子路论成人，有"见利思义"之语，都是拿义和利对举而言的。"义者事之宜"，这应当是义字比较正确的解释。有一回子路问孔子，说道："君子尚勇乎？"孔子说："君子义以为上。君子有勇而无义为乱，小人有勇而无义为盗。"这都是就"事之宜"立论的。又孔子论君子，有"义以为质，礼以行之，孙以出之，信以成之"的话，认义在礼、孙、信之上，也是看重在"事之宜"。到了孟子的时候，义的含义便扩大了许多了。他把宗法的意识和封建的意识扩大到义字上面去，而将仁义并举。说到仁义，就把父子、君臣两伦都赅括无遗了。譬如他对梁惠王的发问，便这样答复：

第二讲 儒家的伦理观

> 未有仁而遗其亲者也，未有义而后其君者也。王亦曰：仁义而已矣，何必曰利。（《梁惠王上》）

把仁义赅括封建社会的伦理，是孟子倡导仁义的主眼。所以孟子见梁惠王、齐宣王等人，总是拿仁义去说服他们。有一回宋牼想"以利说秦、楚之王"，孟子期期以为不可，便赶快提出仁义之说去折服他。孟子说：

> 先生以仁义说秦、楚之王，秦、楚之王悦于仁义，而罢三军之师，是三军之士乐罢而悦于仁义也。为人臣者怀仁义以事其君，为人子者怀仁义以事其父，为人弟者怀仁义以事其兄，是君臣、父子、兄弟去利怀仁义以相接也，然而不王者，未之有也，何必曰利。（《告子下》）

孔子虽然拿义利对举，可是没有孟子那样致密的说明，也不曾像孟子那样着重封建的意识。这是很显明的，孟子唯心论的倾向，比孔子更进一步。孟子说了"未有仁而遗其亲，未有义而后其君"的话，又说了"仁之于父子也，义之于君臣也"的话，似乎总是把仁归到事亲一方面，把义归到事君一方面，可是他对仁与义的解释，甚至对礼与智的解释，有时纯从宗法方面着眼。譬如他说：

> 仁之实，事亲是也；义之实，从兄是也；知之实，知斯二者，弗去是也；礼之实，节文斯二者是也；乐之实，乐斯二者；乐则生矣，生则恶可已也，恶可已，则不知足之蹈之，手之舞之。（《离娄上》）
>
> 亲亲，仁也；敬长，义也。（《尽心上》）

以事亲从兄，亲亲敬长说明仁义，专从宗法的观点解释仁义，这也有孟子的一番苦心。因为要推行仁义，还须从孝做起。我们看《孟

· 47 ·

子》里面关于孝的议论，是抱有何等的决定的态度：

>   不得乎亲，不可以为人；不顺乎亲，不可以为子。(《离娄上》)

>   事孰为大？事亲为大；守孰为大？守身为大。不失其身而能事其亲者，吾闻之矣；失其身而能事其亲者，吾未之闻也。孰不为事？事亲，事之本也；孰不为守？守身，守之本也。(《离娄上》)

孟子和孔子是抱着同样的态度，认孝为百行的源泉。所以在五伦之中，必拿父子一伦，放在第一位。譬如说：

>   父子有亲，君臣有义，夫妇有别，长幼有序，朋友有信。(《滕文公上》)

这分明是孟德斯鸠所说的"资于事亲，而百行作始"。所以父子放在五伦之首。这样看来，孟子的思想，似乎处处都表现一种严密的组织。

孟子好言仁义礼智。他以为仁义礼智都是从他的主观的唯心论出发的。譬如他说："仁义礼智根于心。"(《尽心上》)又说："仁义礼智，非由外铄我也，我固有之也。"(《告子上》)他把仁义礼智解作由四种心而来的。他说：

>   恻隐之心，仁之端也；羞恶之心，义之端也；辞让之心，礼之端也；是非之心，智之端也。人之有是四端也，犹其有四体也。(《公孙丑上》)

他以为任何人都有这四种心，所谓"恻隐之心，人皆有之；羞恶之心，人皆有之；辞让之心，人皆有之；是非之心，人皆有之"。"无恻隐之心，非人也；无羞恶之心，非人也；无辞让之心，非人也；无是非之心，非人也。"这四种心就如孔子所说的："操则存，舍则亡，出入无时，莫知其乡。"(《告子上》)所以孟子主张求放心，并且坚决地说："学问之道无他，求其放心而已矣。"我们在这里可以看到孟子种种伦理上的说教，都不曾离开他的一贯的唯心论的主张。

孔子提出种种德目，只是伦理学的。孟子提出种种德目，却都是形上学的，所以我说孔子的思想到了孟子手里，更体系化了，更唯心化了。在封建社会里面，唯心论是最好的工具，是最精的武器。并且唯心论中还须夹有有神论的见解，这样，才可使封建社会巩固安定而不易动摇。无怪《孟子》书中有许多地方，充满着神秘主义的色彩。

孟子既站在主观的唯心论的立场，以维护当时日见动摇的封建社会为职志，为什么又特别地尊重民权呢？这不能不有个彻底的说明。孟子处在民众阶级意识渐渐觉醒的社会中，如果沿用孔子的保育政策，所谓"民可使由之，不可使知之"，势必引起民众的怀疑，甚至引起民众的反抗情绪。所以为和缓民众的怀疑心理起见，不能不发些尊重民意的议论，像后面所记载的文句，都是很显然的：

民事不可缓也。(《滕文公上》)
民为贵，社稷次之，君为轻。(《尽心下》)
暴其民甚，则身弑国亡；不甚，则身危国削。名之曰幽、厉，虽孝子慈孙，百世不能改也。(《离娄上》)
贼仁者谓之贼，贼义者谓之残。残贼之人，谓之一夫，闻诛一夫纣矣，未闻弑君也。(《梁惠王下》)
桀纣之失天下也，失其民也，失其民者，失其心也。得天下有道，得其民斯得天下矣。得其民有道，得其心斯得民矣。得其心有道，所欲与之聚之，所恶勿施尔也。(《离娄上》)
左右皆曰贤，未可也；诸大夫皆曰贤，未可也；国人皆曰贤，然后察之；见贤焉，然后用之。左右皆曰不可，勿听；诸大夫皆曰不可，勿听；国人皆曰不可，然后察之；见不可焉，然后去之。

左右皆曰可杀，勿听；诸大夫皆曰可杀，勿听；国人皆曰可杀，然后察之；见可杀焉，然后杀之。故曰：国人杀之也。如此，然后可以为民父母。（《梁惠王下》）

由上面的话，我们可以知道他是如何地尊重民意，民众的地位又是何等地抬高，对失民心的统治者，又是何等地诟骂，我们读了上面这些话，几乎疑孟子是近代资本主义社会的产物，绝不是封建社会的人。孟子还有论君臣关系的一段话，也足令人快慰：

君之视臣如手足，则臣视君如腹心；君之视臣如犬马，则臣视君如国人；君之视臣如土芥，则臣视君如寇仇。（《离娄下》）

礼为旧君有服，何如斯可为之服矣？曰："谏行言听，膏泽下于民；有故而去，则君使人导之出疆，又先之于其所往。去三年不反，然后收其田里：此之谓三有礼焉，如此则为之服矣。今也，为臣，谏则不行，言则不听，膏泽不下于民；有故而去，则君搏执之。又极之于其所往，去之日遂收其田里：此之谓寇仇，寇仇何服之有？"（《离娄下》）

关于尊重民意，摧抑君权的言论，在《孟子》书中，确实是很多的，不过孟子的主张，只能说是尊重民意，绝不能谈到尊重民权。因为他所向往的社会，仍是天子、诸侯、大夫、士、庶人五等的宝塔式的封建社会。他不过借尊重民意，摧抑君权，以加重麻醉当时民众的觉醒意思而已。他不过像法庭所雇定的御用律师，为民众充任义务辩护而已。他的根本动机，可以用一句话说明，便是："保民而王。"（《梁惠王上》）

怎样叫"保民"呢？便是推爱牛之心以爱百姓，推不忍见牛之"觳觫若无罪而就死地"之心以爱百姓。百姓得以苟免于死，与牛羊犬马之类得以苟免于死相若。这种推爱之心，便是仁心，便是仁政。像这样的政治见解，如何谈得上民权呢？所以浅见寡识的人，看到孟子大谈其"民贵君轻"之说，以为是民主主义的出现，更以为是社会主义的出现。而忽视他的"保民而王"的根本动机，这如何能够把握住孟子呢？总之，孟子的主张，表现在他的全部学说上，我们绝不能掇拾一二语以贸然漠然断定他的生平。

关于孟子的伦理思想，可讲述的还多，为节省时间起见，就这样地作一结束。现在再讲荀子。

(三) 荀子的伦理思想

荀子所处的时势比孟子更坏，西周的封建典型，益发无法维持。一面因豪强崛起，侵凌争夺，殆无宁日；一面因商工业逐渐发达，一般欲望的增高，亦无已时。这时想维持已往的封建社会，又非孔、孟已用的保育政策所能奏功。于是荀子在这时除继承孔、孟的观念论以外，还须另建立一种伦理观。孔、孟所采用的都是柔性政策，荀子乃建立一种刚性政策。凡孔子以来正名崇礼的思想，一切以严厉强硬的态度倡率之，因此演变为韩非一流的法治论。

原来，孟子时代，商品经济虽已在发展的过程中，但那时一般的欲望仍不甚高，尚不能认欲望为一切纷争的源泉。所以孟子没有节欲、制欲一派极严重的议论。而且他还说过"饮食男女，人之大欲存焉"的话，似乎反有导欲的主张。因此主性善说，主人具四端说。若荀子时代便不如此。荀子时代是人欲横流的时代。人欲横流的结果，造成了各种伤心惨目的战争。倘这时再不从这点力图补救，那封建社会的组织，只有愈趋于解体之一途。因此荀子倡性恶说，从人性深处说出所以致恶之因，然后重新提出崇礼正名的主张。荀子说：

> 今人之性，生而有好利焉，顺是，故争夺生而辞让亡焉。生而有疾恶焉，顺是，故残贼生而忠信亡焉。生而有耳目之欲，有好声色焉，顺是，故淫乱生而礼义文理亡焉。然则从人之性，顺人之情，必出于争夺，合于犯分乱理，而归于暴。(《性恶篇》)

人的本性是好利、疾恶、纵耳目之欲、极声色之好，这便是致恶的源泉。所以荀子肯定人性是恶的。但人性虽恶，却非不可以变成善。欲变成善，须得"化性起伪"。"化性起伪"，是荀子伦理学说的核心。我们且看荀子如何说明：

> 凡礼义者，是生于圣人之伪，非故生于人之性也。故陶人埏埴而为器，然则器生于工人之伪，非故生于人之性也。故工人斫木而成器，然则器生于工人之伪，非故生于人之性也。圣人积思虑，习伪故，以生礼义而起法度，然则礼义法度者是生于圣人之伪，非故生于人之性也。若夫目好色，耳好声，口好味，心好利，骨体肤理好愉佚，是皆生于人之情性者也。感而自然，不待事而后生之者也。夫感而不能然，必且待事而后然者，谓之生于伪，是性伪之所生，其不同之征也。故圣人化性而起伪，伪起于性而生礼义，礼义生而制法度。然则礼义法度者，是圣人之所生也。故圣人之所以同于众，其不异于众者，性也；所以异而过众者，伪也。（《性恶篇》）

从这段文章里面，可以看到"化性起伪"是一层极重要的工夫。什么是伪，这不能不有个剀切的说明。荀子自己解释道："不可学，不可事，而在人者，谓之性；可学而能，可事而成之在人者，谓之伪。"（《性恶篇》）他又在《正名篇》里面这样加以分析："生之所以然者谓之性。性之和所生，精合感应，不事而自然，谓之性。性之好恶喜怒哀乐，谓之情。情然而心为之择，谓之虑。心虑而能为之动，谓之伪。虑积焉，能习焉而后成，谓之伪。"我们可以知道伪是性以外的东西。伪是化性的一种人为的作用。我们的工作要分两步：第一步是化性起伪；第二步是生礼义。荀子认礼义不起于性，而起于伪，积伪之极，则性与伪化，而礼义乃生。所以他说："性伪合，然后成圣人之名。"又说："积伪而化谓之圣，圣人者，伪之极也。"可见伪是使恶的人性变成善的人性一种基本条件。我们若不先把这点讲述明白，那就他的正名崇礼的主张，说来说去，都是没有着落的。

孔子主成仁，孟子主取义，荀子则主崇礼。上面所说明的化性起伪，不过是说明产生礼义的原因，并不曾讲到荀子对礼的主张。荀子的全般学说，几乎都是说明礼的。他虽然礼乐并举，但是他的根本精神，仍着重在礼，乐不过是辅助礼的东西。他以为礼的全部是着重在养的，乐不过是养的一种。《礼论篇》说：

> 礼起于何也？曰：人生而有欲，欲而不得，则不能无求，求而无度量分界，则不能不争，争则乱，乱则穷。先王恶其乱也，故制礼义以分之，以养人之欲，给人之求，使欲必不穷乎物，物必不屈于欲。两者相持而长，是礼之所起也。
>
> 故礼者养也。刍豢稻粱，五味调香，所以养口也；椒兰芬苾，所以养鼻也；雕琢刻镂、黼黻文章，所以养目也；钟鼓管磬、琴瑟竽笙，所以养耳也；疏房、檖䫉、越席、床笫、几筵，所以养体也。故礼者养也。

乐不过是养耳的，不过是礼的一种作用。荀子认礼的作用极其广大，可以养口、养鼻、养目、养耳、养体，几乎无所不包。正是所谓"养人之欲，给人之求"。我们一举一动，一饮一食，都不出礼的范围。因为有所动作，即是欲的表现，有所需求，即需物的供给，物与欲二者相持而长，必求"欲不穷乎物，物不屈于欲"，这样，岂不是我们的一举一动，都在礼的范围以内么？荀子因此认礼为立教之本，而推原礼有三本。《礼论篇》说：

> 礼有三本：天地者生之本也，先祖者类之本也，君师者治之本也。无天地恶生？无先祖恶出？无君师恶治？三者偏亡焉，无安人。故礼上事天，下事地，尊先祖而隆君师，是礼之三本也。

我们可以看到荀子学说的路径，是由欲而化欲，而起伪，而生礼义，而有礼的三本。于是他的维护封建组织的教理，得以俨然确立。他把天地、先祖、君师冶为一炉，作成三座宝塔，比孔、孟的思想似乎又严密些。封建社会是要使伦理、政治都化为宗教，这层意思我在第一讲中曾有提到，以后在第三讲中更当详为说明。西洋封建社会即以宗教为中心，用宗教为支配民众的工具，因为宗教比伦理政治更能尽麻醉民众灵魂的能事。荀子在这里特提出一个"天地者生之本也"的原则，似乎这一座宝塔，又在那两座宝塔之上。因为没有"生"，便不会有"类"，没有"类"，便不会有"治"。治依于类，类存乎生，于是天地成为封建社会的中心信仰。这才是十足的封建社会的基础理论。中国社会所以尊重天地先祖君师，认为是普遍的信仰对象，未尝不是荀子的"礼三本说"提倡的结果。

崇礼有了相当的结果之后，就可以达到正名的目的。尤其是荀子的崇礼。荀子的礼，是十分严格的，和孔子的礼不同。孔子说："殷因于夏礼，所损益可知也；周因于殷礼，所损益可知也。"而荀子的礼，却是不可损益的，所以说："立隆以为极，而天下莫之能损益也。"荀子何以这样严格地规定礼呢？这是因为崇礼与正名有密切的关系。而正名一事，是政治上惟一的政纲。孔子也曾经说明过。所以从崇礼入手去达到正名的目的，是容易收效的。可见荀子对于封建社会之维护，又别具一番深意。

孔子说："名不正，则言不顺。"荀子仿其意而发挥之，说道：

> 名守慢，奇辞起，名实乱，是非之刑不明，则虽守法之吏，诵数之儒，亦皆乱也。若有王者起，必将有循于旧名，有作于新名。（《正名》）

> 知者为之分别，制名以指实。上以明贵贱，下以辨同异。贵贱明，同异别，如是则志无不喻之患，事无困废之祸，此所为有名也。（《正名》）

荀子所谓名，主重在名守。因为"名守慢"，则"奇辞起"，"奇辞起"，则"名实乱，是非之形不明"。名守之名，重于名实之名。因为名失其守，遂致名失其实。何贵乎守名？曰守其分。荀子说：

> 人之生不能无群，群而无分则争，争则乱，乱则穷矣。故无分者人之大害也，有分者天下之本利也。而人君者所以管分之枢要也。故美之者是美天下之本也，安之者是安天下之本也，贵之者是贵天下之本也。古者先王分割而等异之也，故使或美或恶，或厚或薄，或佚或乐，或劬或劳；非特以为淫泰夸丽之声，将以明仁之文，通仁之顺也。（《富国》）

> 水火有气而无生，草木有生而无知，禽兽有知而无义；人有气，有生，有知，亦且有义，故最为天下贵也。力不若牛，走不若马，而牛马为用，何也？曰：人能群，彼不能群也。人何以能群？曰分。分何以能行？曰义。故义以分则和，和则一，一则多力，多力则强，强则胜物。故宫室可得而居也。故序四时，裁万物，兼利天下，无他故焉，得之分义也。故人生不能无群。群而无分则争，争则乱，乱则离，离则弱，弱则不能胜物。故宫室不可得而居也。不可少顷舍礼义之谓也。（《王制》）

这些都是说明分的重要，意思是说人类与草木鸟兽之不同，就是一种有分，一种无分。崇礼的人必不犯分，这固然是合群的方法，也是自别于禽兽的方法。在这里我们可以看到荀子是如何尊重尊卑贵贱的等级制度。荀子学说的特色，是严格地拥护他的宝塔式的等级制，和亚里士多德拥护他的由物质到形式的等级制正相同。荀子以为等级最高的便是天子，天子"居如大神，动如天帝"。他在《正论篇》里面这样地描写一个天子：

> 天子者，势至重而形至佚，心至愉而志无所诎，形不为劳，尊无上矣。衣被则服五采，杂间色，重文绣，加饰之以珠玉；食饮则重大牢而备珍怪，期臭味，曼而馈，代睪而食，《雍》而彻

乎五祀，执荐者百人侍西房。居则设张容，负依而坐，诸侯趋走乎堂下；出户而巫觋有事，出门而宗祝有事，乘大路越席以养安，侧载睾芷以养鼻，前有错衡以养目，和鸾之声，步中《武》《象》，骤中《韶》《护》以养耳。三公奉轭持纳，诸侯持轮，挟舆先马，大侯编后，大夫次之，小侯、元士次之，庶士介而坐道，庶人隐窜莫敢望视：居如大神，动如天帝。

我们看了这段描写天子尊贵的文章，无怪统治阶级要特别地表彰儒家了。统治者"居如大神，动如天帝"，被统治者"隐窜莫敢视望"，这是儒家崇礼正名的结果。这样的主张，对于封建社会的统治阶级固有利，但被统治阶级的一般民众，却永远不容易觅得一个抬头的机会了。

关于儒家的伦理思想，大体说明如上。希腊古代为维持奴隶社会而有苏格拉底、柏拉图、亚里士多德，中国古代为维持封建社会而有孔子、孟子、荀子，两两对较，几疑陆象山所说的"东海有圣人出焉，此心同，此理同；西海有圣人出焉，此心同，此理同"，这几句话乃是为他们写照，实则世间再不会有这样凑巧之事，这都是社会环境决定了他们。关于这点，在第一讲已有述及，兹不复赘。

三、儒家和新儒家

在春秋、战国时的儒家，到了汉以后，渐变成儒教了。自从汉武帝采用董仲舒之说，罢斥百家，表彰一儒以后，孔、孟的地位突然地增高了，尊孔尊经的观念，渐渐地印入于中国人的脑海。自此以后，至于宋、明，孔、孟的地位又较前不同。伦理学家的孔、孟，变为宗教家的孔、孟，儒学完全变成儒教。宋、明儒之尊崇孔子，正如教徒尊崇教主一般，孔、孟的言论支配中国的社会，正如教条教义之支配社会一般。即此可见宋、明儒在中国社会所发生的恶影响，这便是我所谓新儒家。

新儒家好谈心性理气，本着作《中庸》者的伎俩，把儒家的伦理学扩大到哲学。(见第六讲"《中庸》的哲理")因此新儒家所谈的心性理气和儒家所谈的心性理气完全不同,儒家本不谈心性理气,可是新儒家因为受到禅家哲学的影响,又受到道家哲学的影响,遂认心性理气为儒家向来研究的主题。实则他们所谈的心性理气,与儒家多不相干。他们不过想把伦理学家的孔、孟,盖上一层宗教的外衣,使中国的封建社会得以更维系于久远。他们认定封建社会的主要支配工具是宗教,宗教比伦理更能深入人心,所以他们都窃取一超直入的禅宗,作心性理气的说明,而认为是孔、孟原来的主要思想。这样看来,他们维护封建社会的苦心,实又远在孔、孟之上。

儒家思想的出发点是唯心论,新儒家乃更加深唯心论的要素,倡为天理人欲之说。又倡为人心道心之说。于是唯心论的体系,乃益抵于完成。新儒家的主要代表者朱晦庵在《中庸·序》上这样说道:

盖自上古圣神,继天立极,而道统之传,有自来矣。其见于经,则"允执厥中"者,尧之所以授舜也;"人心惟危,道心惟微,惟精惟一,允执厥中"者,舜之所以授禹也。尧之一言,至矣尽矣,而舜复益之以三言者,则所以明夫尧之一言,必如是而后可庶几也。盖尝论之,心之虚灵知觉,一而已矣。而以为有人心道心之异者,则以其或生于形气之私,或原于性命之正,而所以为知觉者不同,是以或危殆而不安,或微妙而难见耳。然人莫不有是形,故虽上智不能无人心;亦莫不有是性,故虽下愚不能无道心。二者杂于方寸之间,而不知所以治之,则危者愈危,微者愈微,而天理之公,卒无以胜夫人欲之私矣。精则察夫二者之间而不杂也,一则守其本心之正而不离也。从事于斯,无少间断,必使道心常为一身之主,而人心每听命焉,则危者安,微者著,而动静云为,自无过不及之差矣。

朱晦庵以继承道统自任,以发扬孔、孟自任,所以对人心道心之说用全力说明。他以为宇宙万物,皆由心造,不过有虚灵和知觉的不同。虚灵是心的体，知觉是心的用。体不离用，用不离体。所以说"虚灵知觉，一而已矣"。宇宙和人生都是心的反映，都是人心和道心的反映。但人心是坏的，道心是好的。我们总要使道心反映的机会多，人心反映的机会少，这就是说"必使道心常为一身之主，而人心每听命"。但是，什么是道心呢？这就难于解释了。也许统治阶级的仁爱之心就是道心吧！就是尧之所以授舜，舜之所以授禹那种仁爱之心吧！观念论者柏拉图说："统治者应该是哲学者。"大概是因为哲学者是最具有这种道心的，所以统治者应该是哲学者。如果不作这种解释，那所谓道心，乃是玄之又玄的东西。否则所谓"生于形气之私"者是人心，所谓"原于性命之正"者也是人心，还有什么道心可言呢？人心道心之说，本是统治阶级遗留下来的支配工具，朱晦庵乃从而发扬光大之，以巩固统治者的壁垒，于是中国的封建社会，又凭空添来一套形而上学的封建理论。

　　天理人欲之说，也是朱晦庵所津津乐道的。照上面的记载，所谓道心，应该是属于天理，所谓人心，应该是属于人欲。朱晦庵说："天理存则人欲亡，人欲胜则天理灭。"试问什么是天理？又试问世间有没有"人欲亡"的一个境界。如果人欲已亡，岂非人类早已绝灭？饮食男女之欲，试问何时可亡？所谓天理，试问离了人欲还有什么天理？如果说有，那天理究属何物？凡此种种疑问，都使我们对宋儒"存天理、去人欲"的主张，认为无法解释。那又只有从社会背景去说明。便是统治阶级都是具有天理的，被统治阶级都是具有人欲的。有权势有职位的都是有天理的，无权势无职位的都是没有天理的。无怪戴东原这样批评："自宋以来，始相习成俗。则以理为如有物焉。得于天而具于心，因以心之意见当之也。于是负其气，挟其势位，加以口给者理伸，力弱气慑，口不能道辞者理屈。"又说："人莫患乎蔽而自智，任其意见，执之为理义。吾惧求理义者以意见当之，孰知民受其祸之无所终极也哉？"又说："人死于法，犹有怜之者。死于理，其谁怜之！"这些议论，都是对宋儒天理人欲说所下的一种极沉痛的批评。被统治阶级死于统治阶级的理，于是民受其祸，无所终极。这又是宋儒所贻下的恶果。

　　唯心论发展到明代，可谓达到了顶点。明代新儒家主要代表要推王阳明。关于存理去欲思想，王阳明是和宋儒一致。所以说："静时念念去人欲，存天理；动时念念去人欲，存天理。"这种说素，也为清戴东原所讥。王阳明主旨在阐明心的本体，不过他对于理是丝毫不曾放过的。他以为理在心之内，所谓"求理于吾心"。他这样说："外吾心而求物理，无物理矣；遗物理而求吾心，吾心又何物耶？"又说："吾心之良知，即所谓天理也。"王阳明的理，正是戴东原所说的"以意见当之"的理，因为吾心即理，便无时无刻不可以吾心的意见当之。统治阶级的心是要压迫被统治阶级，这便是十足的天理，你有什么方法证明它不是天理么？

　　王阳明自以为他的最大贡献，是阐明心的本体。他说："心者身之主也，而心之虚灵明觉，即所谓本然良知也。"又说："良知者心之本体，即前所谓恒照者也。"又说："良知之昭明灵觉，圆融洞澈，廓然与太虚而同体。"又说："得此二字，真吾圣门正法眼藏。"他还有"咏良知"的诗，说道："莫道圣门无口诀，良知两字是参同。"王阳明以为心的本体即是良知，已经有些费解，况且完全拿禅家的话头解释孟子的良知，更是奇特。所谓"恒照"，不是禅家宏智正觉的"默照"么？所谓"参同"，不是禅家石头希迁的"参同契"么？至于所谓"昭明灵觉，圆融洞澈，廓然与太虚而同体"，更完全是禅家证道的境界。拿禅家的思想附会到儒家，这是宋、明儒独有的现象，而以王阳明为最甚。儒家言心，尚能体会，新儒家言心，便不可捉摸了。顾炎武在《日知录》里面说道："《论语》一书，言心者三，曰：'七十而从心所欲，不逾矩。'曰：'回也，其心三月不违仁。'曰：'饱食终日，无所用心。'乃操则存、舍则亡之训，门人未之记而独见于《孟子》。夫未学圣人之操心，而骤语夫从心，此即所谓饱食终日无所用心，而且昼之所为有牿亡之者矣。"这段说明，很能抉出孔子的原意。孔子明明叫人"用心"，哪里是王阳明所说的"恒照"呢？孟子更把心说得透彻，谓"心之官则思，思则得之，不思则不得也"。又哪里是王阳明所说的"心自然会知"呢?这样看来,王阳明一段援释入儒的工夫,完全是别有用意,因为不把心说成"恒照",说成"昭明灵觉,圆融洞澈",说成"自然会知",便无以显精神界的权威。唯心论者总是把世界分成两截,一种是精神界,一种是物质界。精神界不变动而可以支配物质界,物质界变动却须受支配于精神界。这种宇宙观,应用到伦理上或政治上,精神界便属于统治阶级,物质界便属于被统治阶级。统治阶级不变动,而可以支配被统治阶级,被统治阶级变动,却须受统治阶级之支配。而且统治阶级是"恒照"的,是"昭明灵觉,圆融洞澈"的,是"自然会知"的。这是何等深切著名的封建教理。所以王阳明的学说,不仅为封建主义的中国所欢迎,更为帝国主义的日本所欢迎。

无论是儒家或新儒家,在中国哲学史上都占很重要的地位,不是在短时间内所能说得明白的。这回所讲的不过是一种大概的情形。可是这种大概的情形,我觉得对于中国人过去生活方式之了解,是颇有帮助的。因为中国人所受儒家和新儒家的影响特别地大,而儒家和新儒家本身的演变也特别地复杂,故不能不这样单拿伦理观提纲挈领地讲述一个轮廓。

第三讲

墨家的尚同说及其实践精神

今天讲墨家哲学。墨家哲学颇不易讲明：第一，不易确定它的社会背景；第二，不易把握住它的根本思想；第三，不易断定它对中国社会所发生的影响之大小；第四，不易断定它在战国以后是否消灭。我觉得这些要点，都非讲个明白不可。近来研究墨子的颇多，比过去的研究确实进步，不过能把握住墨家的根本精神的还是不多见。所以我们今天作这种讲演，也非有一种较大的努力不可。

一、墨家思想的社会背景及"墨"字的含义

墨家惟一领导者的墨子，大约生在孔子后十余年之间。关于墨子的年代问题，现在无暇讲述，这须有专题说明。孔子既生在封建社会外形上日趋动摇之日，到了墨子的时候，封建形态的恶化，便更加强了。墨子想维持封建社会的苦心，并不减于孔子，不过维持的方法却不同了。在某种意义说，墨子维持封建的热情，比孔子更有过之，虽然他表面上处处反对孔子。我们从他的学说和他们的实践精神，更可以证实这点。

春秋以前封建制度，在被剥削者方面说，大概可以分作三种，便是农奴、商人及手工业者和自由农民。自铁器的使用和灌溉的发明，而农业生产量遂日益加多，手工业亦因之而发达。与此相应的，如农业品交换及手工业品交换，亦日渐繁盛起来。商品经济在这时遂有一种空前的发展。现在讲到墨家，我们知道墨家是十足地代表商人和手

工业者的思想。墨子在《节用中》上面说："凡天下群百工，轮、车、鞼、鲍、陶、冶、梓、匠，使各从事其所能。"已足见当时"群百工"的发达了。《墨子》书中充满着"农夫蚤出暮入，耕稼树艺，多聚升粟"，"妇人夙兴夜寐，纺绩织纴，多治麻丝葛绪，细布缪"，"百工修舟车，为器皿"这么一类的词句，足见墨子对于妇人百工的利益是极其关心的。站在商人和手工业者的立场，标榜功利说，开口讲利，闭口讲用，这是丝毫不足怪异的。我们正不必责他"利人乎，即为；不利人乎，即止"那种惟利是视的态度。不过他虽是站在商人和手工业者的地位，而于当时封建社会的维护，却是有很大的帮助的。

关于墨家，究竟所谓墨是何种意义，如果不先加以考察，则对墨家的社会背景，是不容易说明的。《庄子·天下》篇有云：

> 不能如此，非禹之道也，不足谓墨。

照这段话看，所谓"墨"，绝不是姓。墨之所以为墨，似乎应有特殊的含义。江瑔作《读子卮言》，《论墨子非姓墨》，以为古之所谓墨者，"非姓氏之称，乃道术之称"。他并说明墨字之义，以为"墨字从黑，为会意兼形声字，故古人训墨为黑，又训为晦。引为之为瘠墨，为绳墨。是则所谓墨者，盖垢面囚首，面目黧黑之义也"。江瑔能见到墨子非姓墨，是他的特见，但由墨字一义之演引以解释墨家，似失之附会。近人有认墨为黥罪，因疑墨为刑徒，为奴役，遂谓墨家生活为一种劳役的生活，为一种黥墨罪人的生活，这种看法，似乎更失之附会的附会。我以为墨家的墨，即是绳墨的墨。大匠的惟一法宝，即是绳墨。孟子说："大匠不为拙工改废绳墨。"绳墨是大匠建立规矩的准据。"大匠诲人，必以规矩"，当然绳墨是极其重要的。墨子在当时是一个著名的大匠，他的技术，强过公输子。我疑心所谓墨，是因为他的绳墨精巧过人，遂有墨者之称，人遂以墨子呼之。何以知道墨子的技术强过公输子呢？请看下面一段最有名的故事：

第三讲 墨家的尚同说及其实践精神

公输般为楚造云梯之械。成,将以攻宋。墨子闻之,起于齐;行十日十夜,足重茧而不休息,裂裳裹足,至于郢,见公输般。公输般曰:"夫子何命焉为?"墨子曰:"北方有侮臣,愿借子杀之。"公输般不悦。墨子曰:"请献千金。"公输般曰:"吾义固不杀人。"墨子起,再拜曰:"请说之:吾从北方闻子为梯将以攻宋,宋何罪之有……"公输般服。墨子曰:"然,胡不已乎?"公输般曰:"不可,吾既已言之王矣。"墨子曰:"胡不见我于王?"公输般曰:"诺。"墨子见王,曰:"闻大王举兵将攻宋,计必得宋乃攻之乎?亡其不得宋,且不义,犹攻之乎?"王曰:"必不得宋,且有不义,则曷为攻之?"墨子曰:"甚善,臣以为宋必不可得。"王曰:"公输般天下之巧工也,已为攻宋之械矣。"墨子曰:"令公输般设攻,臣请守之。"于是公输般墨子解带为城,以牒为械。公输般九设攻城之机变,墨子九距之。公输般之攻械尽,墨子之守围有余。公输般诎,而曰:"吾知所以距子矣,吾不言。"墨子亦曰:"吾知子之所以距我矣,吾不言。"楚王问其故,墨子曰:"公输子之意,不过欲杀臣。杀臣,宋莫能守,乃可攻也。然臣之弟子禽滑釐等三百人,已持臣守围之器,在宋城上而待楚寇矣。虽杀臣,不能绝也。"楚王曰:"善哉!吾请无攻宋矣。"(《墨子·公输》)(《吕氏春秋·爱类篇》)(《淮南子·修务训》)(《战国策·宋策》)

太史公只有六个字叙到墨子的操行,便是"善守御,为节用"。我们从上面的一段文句,可以知道墨子确实是"善守御"的。但墨子所以"善守御",是由于墨子的技术之精,即由于墨子的绳墨精巧过人。公输子和墨子比巧,还有一段故事。

公输子善其巧。以语子墨子曰:"我舟战以钩强,不知子之义亦有钩强乎?"子墨子曰:"我义之钩强,贤于子舟战之钩强。我钩强:我钩之以爱,揣之以恭。"……公输子削竹木以为鹊,成而飞之,三日不下,公输子自以为至巧,子墨子谓公输子曰:"子之为鹊也,不如匠之为车辖,须臾留三寸之木而任五十石之重。故所为巧:利于人,谓之巧;不利于人,谓之拙。"(《鲁问》)

公输子和墨子比巧,这一次又败于墨子。可证墨子的技术总在公输子之上。孟子说:"公输子之巧,不以规矩,不能成方员。"墨子所以胜过公输子,固由于绳墨的精巧,所以能成其胜过公输子的"车辖"。但还有一点,公输子所不曾留意的,便是:"利于人,谓之巧;不利于人,谓之拙。"墨子所以能成为墨者,这是一个绝大的关键。否则公输子也变成墨者了。这样看来,公输子单留意在规矩,墨子却进一步留意在巧了。孟子说"梓匠轮舆,能与人规矩,不能使人巧",墨子除"与人规矩"以外,更进一步"能使人巧",这便是他成为墨者的根据,也便是他成为"巨子"的根据。(关于这点,随后说明)我们若不从这点研究墨之所以为墨,徒然掇拾一二字义,作朦胧仿佛的说明,是没有意思的。

墨家主要的是代表手工业者。墨子以大匠的资格,因其绳墨精巧过人,遂得墨者的称号,而墨子以"利于人"为号召,遂蔚成墨家的风尚,因而墨者遂成为道术之称。事迹昭然,无可辩饰;至于瘠墨、奴役均属后起之义。墨家既是代表手工业者,当然和那些从事农耕畜牧者,无论从气质上观察或从风俗习惯上观察,皆绝不相同。从事农耕畜牧者,他们是利用自然,爱好自然的;若从事手工业者,他们使用他们的奇技淫巧,以征服自然,改造自然。所以墨家特重人为,特重功利,而有"非命"之说。而墨子又以"利于人"相号召,以"义"相号召,于是流风所播,莫不勤生薄死,以赴天下之义,遂积成一种游侠之风。从征服自然,改造自然出发,以达到"利"与"义"的鹄的(墨家说:义,利也。因其为利,所以为义),是墨家思想发展的路径。

墨子既以大匠的资格来谈思想,当然三语不离本行,总是注全力发挥绳墨的功用的。本来工程师看世间一切万事万物,和一般人的眼光,是绝不相同的。一般人的眼光或习惯,对于一件东西的长广高,都是随意估计,若工程师便不然,他马上便要拿出他的绳墨去精密测量,某处是几丈几尺,某处是几寸几分,丝毫不容错过。墨子便是这样的一个人。所以他的全般思想,都站在尚同说的观点上面,站在齐一主义的立场上面。尚同和尚异,在哲学史上是两个主要类型。譬如就希腊哲学史看,爱利亚学派是属于尚同的一派,赫拉克利特是属于尚异的一派。从尚同出发,走上封建道德统治,走上有神论,走上形式论理,是极其自然的。墨家的《墨经》,我们可以断定是墨子的思想,因为《墨经》是完全发挥形式论理一方面的内容的。还有《墨经》中几何学、物理学以及其他科学的原理,除掉一个大工程师或一个大科学家之外,都非一个寻常人所能发表出来的。所以决定墨家的"墨",也是决定墨家全般思想的一个要因。

墨家有巨子制度,关于"巨子"各家有各家的解释。但我都觉得不甚妥帖。我疑心"巨子"是手工业者中一种最高的权位,须是技艺最高、而又能"自苦为义"的人才有充当的资格。墨子当然是第一任的"巨子"。墨者为一种有组织的团体,我们在上面所记墨子往见公输般一段故事中,已可知之,因为墨子弟子三百人在宋城上持守圉之器以待楚寇,显然是一种有组织的行动。《庄子·天下》篇谓墨者:

  以巨子为圣人,皆愿为之尸,冀得为其后世。

在这段话里面,我们又可以想见巨子制度的严格,与夫巨子的权威。不过关于巨子制度,究竟何时发生,如何演变,是无法探求的。《吕氏春秋》有两段关于巨子的记载,可以知道充当过巨子的几个人,然其人究俾有何种资格,亦无从得知。《上德》篇说:

  墨者巨子孟胜,善荆之阳城君。阳城君令守于国,毁璜以为符。约曰:"符合听之。"荆王薨,群臣攻吴起,兵于丧所。阳城君与焉,荆罪之;阳城君走,荆收其国。孟胜曰:"受人之国,与之有符；今不见符，而力不能禁，不能死，不可。"其弟子徐弱谏孟胜曰："死而有益阳城君，死之可矣；无益也，而绝墨者于世，不可。"孟胜曰："不然，吾于阳城君也，非师则友也，非友则臣也。不死，自今以来，求严师必不于墨者矣，求贤友必不于墨者矣，求良臣必不于墨者矣。死之，所以行墨者之义而继其业者也。我将属巨子于宋之田襄子。田襄子贤者也，何患墨者之绝世也？"徐弱曰："若夫子之言，弱请先死以除路。"还，殁头前于孟胜。因使二人传巨子于田襄子。孟胜死，弟子死之者八十三人，已致令于田襄子，欲反死孟胜于荆。田襄子止之曰："孟子已传巨子于我矣。"不听，遂反死之，墨者以为不听巨子。

还有一段记载，乃是另记一人，见诸《去私》篇。

墨者有巨子腹䵍，居秦，其子杀人。秦惠王曰："先生之年长矣，非有他子也；寡人已令吏弗诛矣。先生之以此听寡人也。"腹䵍对曰："墨者之法曰，杀人者死，伤人者刑，此所以禁杀伤人也。夫禁杀伤人者，天下之大义也。王虽为之赐，令吏弗诛，腹䵍不可不行墨者之法。"不许惠王而遂杀之。

从上面两段记载，知道巨子制度很严厉，巨子之生杀人，总与义与不义有关系。孟子曰："生我所欲也，义亦我所欲也，二者不可得兼，舍生而取义者也。"墨家的巨子，和一般的墨者确实有舍生取义的精神。不过从上面两段记载里，并不能确定田襄子和腹䵍的关系，也不知道他们的技艺的造就如何。他们似乎是一个将死，再传给别个，很像许多手工业者有一种绝技，非到临死时，不肯传给他的弟子似的。墨子虽然绳墨过人，技艺过人，确是因为他特别看重"义"，也许传到后代，只有守义一点遗传下来，其余的就忽略过去了。不过这些话，都是出于揣测，因为没有材料可考，这是很难决定的一个问题。

由上面的说明，我们可以知道墨之所以为墨了。更可以知道墨家所代表的思想，是商人手工业者的思想了。封建社会下商人和手工业者的思想并不害于封建社会的维护。尤其是墨子，他是主张"上同而不下比"的，他是承认"天"、"鬼"是实有的，天鬼实有的主张只有在封建统治尖锐化时才十分发达。关于这点，当在以下各节详为说明。

二、墨家思想产生的旁因

上面约略地说明了墨家思想的社会背景，我们要想进一步地了解墨家，便须推求墨家所以产生的旁因。大致可以这样说，墨家的产生是与当时的儒家思想有密切的关系的，也可以说为反抗当时的儒家，才有墨家思想的出现，现在说明如次：

《淮南子·要略》篇说："墨子学儒者之业，受孔子之术，以为其礼烦扰而不悦，厚葬靡财而贫民，久服伤生而害事。故背周道而用夏政。"《淮南子》这段话不必可信，然而我们不能不承认墨子是受孔子的影响的。墨子虽受孔子的影响，却是处处与孔子相反。正如夏曾佑所说的："孔子亲亲，墨子尚贤；孔子差等，墨子兼爱；孔子繁礼，墨子节用；孔子重丧，墨子节葬；孔子统天，墨子天志；孔子远鬼，墨子明鬼；孔子正乐，墨子非乐；孔子知命，墨子非命；孔子尊仁，墨子贵义。殆无一不与孔子相反。"（见《中国历史教科书》）然则墨子思想之所以产生，完全是为孔子作反宣传，墨子本身没有什么中心思想可说，但实际上并不如此。《墨子·公孟》篇曾举出四种认为儒家思想应反对的理由说道：

> 儒之道足以丧天下者，四政焉：儒以天为不明，以鬼为不神。天鬼不说，此足以丧天下。又厚葬久丧，重为棺椁，多为衣衾，送死若徙，三年哭泣，扶后起，杖后行，耳无闻，目无见，此足以丧天下。又弦歌鼓舞，习为声乐，此足以丧天下。又以命为有，贫富、寿夭、治乱、安危，有极矣，不可损益也。为上者行之，必不听治矣；为下者行之，必不从事矣。此足以丧天下。

《墨子》所举四种反对的理由之中,第一种是"天鬼不说"。就这一点,便可以看到墨学的纲领。唯心论者大概对于这三点都是看得极其贵重的:便是神的存在、灵魂不灭和意志自由。肯定神的存在,即是尊天的思想,肯定灵魂不灭,即是明鬼的思想。前者说明宇宙之形上学的存在,后者说明个人之形上学的存在。但是单提出尊天明鬼,还是不够,因为对个人本身没有说明,因此墨子又提出一个非命说。非命即是反对宿命论(Fatalism,一译作命定论)。宿命论为决定论(Determinism)之一,也有把宿命论和决定论作同义的解释的。它们都和自由意志论相对待。质言之,非命说即是一种自由意志论。乃是认贫富、寿夭、治乱、安危并不是"有极"的,而是可以由个人的自由意志加以"损益"的。由此可知墨子的尊天明鬼和非命,即是承认神的存在、灵魂不灭和意志自由。墨子的立场,我们可以从这几点看得很明白。

严格地说,墨子反对儒家,并不在这几点上面。因为儒家也有尊天明鬼和非命的思想,并不是墨家独有的。也许墨家看到儒家对于这几点态度不鲜明,便特别抓住这几点尽力发挥。我们先从尊天一点看。孔子何尝不尊天?何尝不承认天有意志?譬如他说:"天生德于予。"又说:"予所否者,天厌之,天厌之。"又说:"获罪于天,无所祷也。"这些都是尊天的思想。不过孔子总是站在调和妥协的立场的,所以又把天解作没有意志。譬如说:"天何言哉?四时行焉,百物生焉,天何言哉?"孟子亦说:"莫之为而为者天也。"这么一来,儒家的天,就成为墨家攻击的目标了。再从明鬼一点看。孔子何尝不言鬼神,譬如说:"祭如在,祭神如神在。"又说:"非其鬼而祭之,谄也。"孔子所祭的鬼神,是有某种作用的鬼神,又何尝不是明鬼的思想?不过孔子又怕一谈到鬼神,人们便相率流为怪诞,而忘记了正当的操业,所以"不语怪力乱神",所以说:"未能事人,焉能事鬼。"所以说"敬鬼神而远之"。足见孔子是个十足的骑墙派。于是儒家对鬼神的态度,又成为墨家攻击的目标。最后从非命一点看。儒家诚然相信有命,如孔子说:"道之将行也与?命也;道之将废也与?命也;公伯寮其如命何?"子夏说:"死生有命,富贵在天。"孟子说:"孔子进以礼,退以义,得之不得,曰有命。"又说:"莫之致而至者命也。"又说:"求之有道,得之有命。"这些都是宿命论的看法。可是儒家亦含有非命的思想。孔子昌言知命,所谓"不知命无以为君子也",已含有"人定胜天"的思想。所以到后来的孟子,便从此点大发挥其"正命"之说。所谓"莫非命也,顺受其正。是故知命者不立乎岩墙之下。尽其道而死者,正命也;桎梏而死者,非正命也"。如果一切听命数之自然,则岩墙不必避,而桎梏亦不足畏。可见正命之说,即隐含墨子非命的精神。又后来到了荀子的时候,更大倡其"制天命而用之"之说,便完全与墨家非命之说同。不过儒家终易走入术数观念,偏于命定的思想,所以又成为墨家攻击的目标。由是以论,儒家本身固明明含有尊天明鬼和非命的意思,不过为它的调和妥协的气质所掩,常有顾彼失此之处,所以引起墨子的非难。实则在这几点,不是真正非难的重心。

墨子对儒家真正非难的重心,乃是儒家的宗法观念。我们可以从几点分析出来。第一,墨子的根本思想为其尚同说(关于这点容在以后讲明)。既以尚同为立场,对于单着重家族、单着重等差的儒家思想,自然不免感觉到太狭隘,又太虚伪,譬如儒家的厚葬久丧,就是一种狭隘和虚伪的成见的暴露。厚葬久丧既有尊卑亲疏之狭隘的等差,又有扶起杖行之虚伪的哀戚,而于"富贫、众寡、定危、治乱"诸端,又根本不能有所补助。譬如他说:

若使法其言,用其谋,厚葬久丧,实可以富贫、众寡、定危、治乱乎?此仁也,义也,孝子之事也。为人谋者不可不劝也。仁者将求兴之天下,设置而使民誉之,终勿废也。意亦使法其言,用其谋,厚葬久丧,实不可以富贫、众寡、定危、治乱乎?此非仁、非义、非孝子之事也。为人谋者不可不沮也。仁者将求除之天下,相废而使人非之,终身弗为也。(《节葬下》)

墨子认为厚葬久丧,并不足以"富贫、众寡、定危、治乱",质言之，厚葬久丧，只是个人之事，于国家，于社会，于人类大同，并没有什么影响。而儒家必以此为人伦之始，故墨子非之，在这点，可以看到儒家所重，是家族伦理，而墨家所重，却是世界伦理。第二，墨家特重实践，当然对于时间，对于事功，是看得极重的。而儒家乃提出三年之丧之说，又为各种处丧之法，则不特废事失时，抑且陷人类于饥寒疾病。《墨子·节葬》篇说：

> 处丧之法将奈何哉？曰：哭泣不秩，声翁，缞绖，垂涕，处倚庐，寝苫枕块。又相率强不食而为饥，薄衣而为寒；使面目陷陬，颜色黧黑，耳目不聪明，手足不劲强，不可用也。又曰：上士之操丧也，必扶而后起，杖而后行，以此共三年。若法若言，行若道，使王公大人行此，则必不能蚤朝晏退，听狱治政。使士大夫行此，则必不能治五官、六府，辟草木，实仓廪。使农夫行此，则必不能蚤出夜入，耕稼树艺。使百工行此，则必不能修舟车，为器皿矣。使妇人行此，则必不能夙兴夜寐，纺绩织纴。

照这样说来，厚葬久丧的结果，必至使人类变成游惰失业之人，甚或变成废物。本来儒家对于实践一层，也是看得极重的，不过儒家斤斤于厚葬久丧的末节，以致认废事失时为实践，"相率强不食而为饥，薄衣而为寒"为实践，结果有实践之名，而无实践之实，有实践之事，而无实践之功。若墨家便不如是。墨家的实践是在使妇人能"夙兴夜寐，纺绩织纴"，使百工能"修舟车，为器皿"，使农夫能"蚤出夜入，耕稼树艺"，甚至使王公、士大夫能"听狱治政"，"辟草木，实仓廪"。而于"哭泣不秩，声翁，缞绖，垂涕，处倚庐，寝苫枕块"诸末节，则并不重视。可见墨家的实践和儒家的实践是完全不同的。这个不同也反映儒家思想和墨家思想之根本的不同。第三，墨子尚俭尚质，而非难儒家的礼乐。孔子说："礼云礼云，玉帛云乎哉？乐云乐云，钟鼓云乎哉？"孔子的意思，以为礼乐是维持宗法社会的重要精神工具，决不只是玉帛钟鼓之类可以代表的。孔子谈礼，总是拿礼与丧并举。譬如他说："礼，与其奢也，宁俭；丧，与其易也，宁戚。"又说："为礼不敬，临丧不哀，吾何以观之哉？"可见孔子认礼与丧有一种相互的关系。宰我和孔子谈到三年之丧，也谈到礼乐的问题。《论语·阳货》篇说：

> 宰我问："三年之丧，期已久矣。君子三年不为礼，礼必坏；三年不为乐，乐必崩。旧谷既没，新谷既升；钻燧改火，期可已矣。"子曰："食夫稻，衣夫锦，于女安乎？"曰："安。""女安则为之。夫君子之居丧，食旨不甘，闻乐不乐，居处不安，故不为也。今女安，则为之。"宰我出，子曰："予之不仁也。子生三年，然后免于父母之怀。夫三年之丧，天下之通丧也，予也有三年之爱于其父母乎？"

宰我以为行三年之丧至于坏礼乐，而不知孔子提倡三年之丧，正所以维持礼乐，也正是维持宗法社会最重要的一个条件。墨子反对儒家的厚葬久丧，遂连带地反对儒家的礼乐。虽然儒家的礼和乐，有各种不同的解释，但在墨子的立场看来，是非一律加以反对不可的。儒家的礼和乐，无论说得如何高明，总不免"烦扰不悦"，"靡财贫民"的毛病，所以在尚俭尚质的墨子，是无论如何不能不加以摈弃的。关于这方面的话，下面再详。

儒家的思想从孝出发，孝为仁的初步功夫，孔子责宰我以"予之不仁"，是当然的结论。礼和乐是达到仁的两种手段，自非先贯彻初步的孝不可。宰我不能辨别孝与礼乐的重轻，所以发为三年之丧之问。孔子说明孝重于礼乐，自是他的宗法理论之一贯的主张。墨子反礼非乐，虽然他讨论的范围很阔，实际上都是从反对儒家的宗法观念而发生的。这便是墨家思想产生的旁因。

三、墨子的根本思想——尚同说

关于墨子的根本思想，说者不一，有主兼爱的，有主明鬼的，有

主功利的,有主实用的,实则都似未能把握墨子思想的全部。我以为荀子有一句批评墨子的话,实可谓一语破的,便是说:

墨子有见于齐,无见于畸。

齐一的思想成为墨子思想的中心。上面已经说过,尚同和尚异在哲学史上是两个主要类型。尚同的类型,在中国哲学史上,墨子是惟一的代表者。他把一切看成平等的,划一的。他以大匠的资格,用平等划一的眼光去看宇宙一切万事万物,是丝毫不足奇怪,讲到政治方面,国家方面,更非力求平等划一不可。所以《墨子·尚同》篇说:

古者天之始生民,未有正长也,百姓为人。若苟百姓为人,是一人一义,十人十义,百人百义,千人千义。逮至人之众不可胜计也,则其所谓义者,亦不可胜计。此皆是其义而非人之义,是以厚者有斗,而薄者有争。
天下既已治,天子又总天下之义以尚同于天。
故当尚同之为说也,上用之天子,可以治天下矣;中用之诸侯,可而治其国矣;小用之家君,可而治其家矣。是故大用之,治天下而不窕;小用之,治一国一家而不横者,若道之谓也。故曰:治天下之国,若治一家,使天下之民若使一夫。

无论在奴隶社会,或封建社会里面,尚同的思想总是发达的,因为这是支配奴隶或农奴一种最好的精神武器。这时候最怕的是"百姓为人",即百姓人自为政,不相统属,便是所谓"一人一义,十人十义,百人百义,千人千义"。照这样,所谓奴隶社会或封建社会,根本没有形成之一日了。墨子所处的时代是封建社会,为彻底地维持封建起见,只有提出尚同之道。尚同即所谓"同一天下之义"。这是最妥当不过的办法。孔子的"正名",孟子的"定于一",荀子的"立隆以为极，而天下莫之能损益也"，实际上都是一种尚同的思想，不过他们的尚同，和墨子的尚同有别。他们的尚同，或尚同于名，或尚同于礼，这样还有推移变化的可能，未若墨子之"尚同于天"。尚同于名或尚同于礼，是名或礼，欲同一天下之义。而名或礼根本是认定的，人为的；若尚同于天，乃"天之欲同一天下之义"，天便成为永远不可移易的了。所以墨子说："天下既已治，天子又总天下之义以尚同于天。"即此，可见墨子维持封建的苦心，比儒家更来得深刻。

实际上，儒家的尚同，在形式上看来，大部分是和墨家相同的。孟子说："人有恒言，皆曰：'天下国家。'天下之本在国，国之本在家，家之本在身。"《大学》里面更剀切地说道："一家仁，一国兴仁；一家让，一国兴让；一人贪戾，一国作乱；其机如此。此谓一言偾事，一人定国。"又申明《大学》之意说道："古之欲明明德于天下者，先治其国；欲治其国者，先齐其家；欲齐其家者，先修其身；欲修其身者，先正其心；欲正其心者，先诚其意；欲诚其意者，先致其知。致知在格物。"这几段议论都可以代表儒家的尚同思想，而与墨子的"治天下之国若治一家，使天下之民若使一夫"的思想，是互相发明的。我们并不能在这些议论里面，抉出儒墨的不同。还有，儒家提出一个"修身"的道理，所谓"自天子以至于庶人，壹是皆以修身为本"，所谓"家之本在身"，所谓"一言偾事，一人定国"，乃至所谓正心诚意，格物致知诸端，这些便是墨子的尚贤之道。墨子的尚贤虽不单指天子，然而天子却是天下的最贤者。他在《尚同下》篇说道：

> 是故天之欲同一天下之义也，是故选择贤者，立为天子。天子以其知力为未足独治天下，是以选择其次立为三公。三公又以其知力为未足独左右天子也，是以分国建诸侯。诸侯又以其知力为未足独治其四境之内也，是以选择其次，立为卿之宰。卿之宰又以其知力为未足独左右其君也，是以选择其次，立而为乡长、家君。是故古者天子之立三公、诸侯、卿之宰、乡长、家君，非特富贵游佚而措之也，将使助治乱刑政也。故古者建国设都，乃

> 立后、王、君、公，奉以卿、士、师、长，此非欲用说也，唯辩而使助治天明也。

从这段话看来，可知天子是天下的最贤者。墨子尚贤，不正是儒家的"家之本在身"的见解吗？由此可知，墨家尚同，儒家也未尝不尚同；墨家尚贤，儒家也未尝不尚贤。然则儒墨之间，不是根本没有区别可言么？却又不然。儒家尚同尚贤，是以人伦为标准；墨家尚同尚贤，是以天道为归趋。所以墨子的结论说："此非欲用说也，唯辩而使助治天明也。""助治天明"是墨子尚同的本意，也是墨子尚贤的本意。

墨子是称天而治的，他拿"天志"做万事万物的标准。所以这样说道：

> 我有天志，譬若轮人之有规，匠人之有矩。轮匠执其规矩，以度天下之方圆，曰："中者是也，不中者非也。"（《天志上》）

一切是非善恶，都以合乎天志与不合乎天志为准绳，这是多么直截的主张。他还有一段推崇天志的议论，值得我们注意。他说：

> 庶人不得恣己而为正，有士正之；士不得恣己而为正，有大夫正之；大夫不得恣己而为正，有诸侯正之；诸侯不得恣己而为正，有三公正之；三公不得恣己而为正，有天子正之；天子不得恣己而为正，有天正之。今天下之士君子，皆明于天子之正天下也，而不明于天之正天子也。是故古者圣人明以此说人曰：天子有善，天能赏之；天子有过，天能罚之。天子赏罚不当，听狱不中，天下疾病祸祟，霜露不时；天子必且犓豢其牛羊犬彘，洁为粢盛酒醴，以祷祠祈福于天，我未尝闻天之祷祈福于天子也。吾以此知天之重且贵于天子也。（《天志下》）

第三讲 墨家的尚同说及其实践精神

我们从上面几段话里面，可以检讨儒墨对天与天子的关系及儒墨对天的态度之不同。墨家认天能选择贤者立为天子，天子能选择其次立为三公，三公又选择其次立为诸侯，这种看法与儒家是相同的。譬如孟子说："天子能荐人于天，不能使天与之天下；诸侯能荐人于天子，不能使天子与之诸侯；大夫能荐人于诸侯，不能使诸侯与之大夫。"这种宝塔式的封建统治体系，在儒墨之间并没有什么区别。因为都认天子之上有一个天。而天是有立天子、与天下的威权的。还有，墨家认天子以下皆"助治天明"，儒家也是这种看法。譬如孟子所引《周书》一段，所谓"天降下民，作之君，作之师，惟曰，其助上帝，宠之四方"。这不是"助治天明"的思想吗？这样说来，儒墨又走入相同的路向了。然而其中毕竟有分别。便是儒家所标榜的天，为假有的天，墨家所崇奉的天，却是实有的天。儒家认天意即民意，天与即人与，便是托天以授人的思想。所以孟子说明"天与"，非"谆谆然命之"之意，乃"以行与事示之"之意。何谓"以行与事示之"？即"荐之于天，而天受之；暴之于民，而民受之"。结果就达到"天与之，人与之"的结论。孟子最后引到《泰誓》一言，以申明人与之实，便是说"天视自我民视，天听自我民听"。可见儒家所标榜的天是假有的。若墨家便不如是。墨子认"天子赏罚不当，听狱不中"，便有"天下疾病祸祟，霜露不时"的昭示，这不是实有的天所昭示的吗？墨子既承认天是实有的，当然他的立场便与儒家完全不同了。

墨子是古代的天治主义的复活者，天治主义到了孔子手里，便变为人治主义了，不过演变到墨子时，却又将古代天治主义复活起来。可是这种复活的意义，和古代有不同，这是为封建统治的整个体系而复活的。在封建统治的整个体系中，如果不把天的权威立得稳定，如果不把天的意志弄得确实，那封建统治的根据就不免动移。如果照儒家那样，只标榜一个假有的天，至于说"天视自我民视，天听自我民听"，那就不免要破坏封建本身的体系了。封建社会的特质是宗教的确立，如果不尊重天志，试问宗教如何有确立的可能呢？关于这点，我在第一讲中已有说明。

上面已经把尚同、尚贤、天志这几点都讲明白了。我们可以知道墨子的主张是一贯的，便是都从尚同一点出发。因尚同故不得不尚贤，因尚同故不得不尊天。墨子学说中还有两个重要点，如兼爱、非攻，我们也不能不在这里彻底阐明。先讲墨子的兼爱。

兼爱也是尚同之必然的归结。墨子主兼不主别。他在《兼爱》篇所发表的重要主张，是"兼以易别"，"别非而兼是"。而对于兼与别之理，阐述至为详尽。看下面所引述的几段自明：

姑尝本原若众害之所自生：此胡自生？此自爱人利人生与？即必曰："非然也。"必曰："从恶人、贼人生。"分名乎天下恶人而贼人者，兼与别与？即必曰："别也。"然即之交别者，果生天下之大害者与？是故别非也。子墨子曰："非人者，必有以易之；若非人而无以易之，譬之犹以水救水，以火救火也。其说将必无可焉。"是故子墨子曰："兼以易别。"

姑尝本原若众利之所自生：此胡自生？此自恶人贼人生与？即必曰："非然也。"必曰："从爱人、利人生。"分名乎天下爱人而利人者，别与兼与？即必曰："兼也。"然即之交兼者，果生天下之大利者与？是故子墨子曰："兼是也。"且乡吾本言曰："仁人之事者必务求兴天下之利，除天下之害。"今吾本原兼之所生，天下之大利者也；吾本原别之所生，天下之大害者也。是故子墨子曰"别非而兼是"者，出乎若方也。

故兼者，圣王之道也，王公大人之所以安也，万民衣食之所以足也。故君子莫若审兼而务行之，为人君必惠，为人臣必忠，为人父必慈，为人子必孝，为人兄必友，为人弟必弟。故君子莫若欲为惠君、忠臣、慈父、孝子、友兄、弟弟，当若兼之不可不行也。此圣王之道，而万民之大利也。（以上均见《兼爱下》）

墨子除发挥"兼以易别""别非而兼是"的议论以外，还举出"别士""兼士"和"别君""兼君"的言行，以证明"别非兼是"之理。所以他的兼爱说，仍是根据他的尚同的主旨而发挥出来的。尚兼不尚别，即是尚同不尚异的思想，是显而易见的。

可是在这点就引起儒家的重大的攻击。孟子说：

> 墨子兼爱，是无父也。

兼爱便是"无父"，不知孟子根据何种论理？不过站在孟子的立场，骂墨子为无父，也自有一番道理。孟子秉承孔子由亲及疏，由近及远的宗法理论，以为爱应该是有差等的。而墨子却有"必为其友之亲若为其亲"的议论，这不是和孟子的思想根本相冲突吗？孟子还有一次批评墨家，也是关于兼爱的问题，也含着"无父"的讽刺，不过没有破口骂出"无父"而已。

> 墨者夷之因徐辟而求见孟子，孟子曰："吾固愿见，今吾尚病，病愈我且往见，夷子不来。"他日，又求见孟子，孟子曰："吾今则可以见矣。不直，则道不见，我且直之。吾闻夷子墨者，墨之治丧也，以薄为其道也，夷子思以易天下，岂以为非是而不贵也？然而夷子葬其亲厚，则是以所贱事亲也。"徐子以告夷子。夷子曰："儒者之道，古之人若保赤子。此言何谓也？之则以为爱无差等，施由亲始。"徐子以告孟子。孟子曰："夫夷子信以为人之亲其兄之子，为若亲其邻之赤子乎？彼有取尔也，赤子匍匐将入井，非赤子之罪也。且天之生物也，使之一本，而夷子二本故也。"（《滕文公上》）

孟子听了墨者夷子"爱无差等，施由亲始"的话，发了一大套的议论，并且斥夷子"以所贱事亲"，斥夷子之道为"二本"而非"一本"，不是仍旧含着"无父"的讽刺吗？我们要知道：孟子讲爱，是极重等差的。他把亲、仁、爱三者分得很严格。他说："君子之于物也，爱之而弗仁；于民也，仁之而弗亲；亲亲而仁民，仁民而爱物。"

照这样说，对父母应亲，对民应仁，对物应爱，如果爱施及父母，岂不是把父母当作万物看待吗？这就无怪孟子要骂墨子为"无父"，并且进一步骂墨子为"禽兽"。实际上，儒家和墨家，各有各的立场。儒家正名，故主爱有等差；墨家尚同，故主爱无等差。若就封建意识说，儒家和墨家是没有什么大不了的区别的。

现在再讲非攻。

非攻也是尚同之必然的结论。非攻即是反对斗争。站在尚同的立场的人，反对斗争，主张和平，是最自然不过的事。康德所以主张永久和平，就因为他是站在尚同的立场上。墨子以为一般人都是近视眼，只看到小处的斗争是斗争，大处的斗争便认为不是斗争了。对小处的斗争加以非难，对大处的斗争，例如国与国的斗争，便不加以非难，这不是知二五而不知一十吗？墨子既以尚同为教，当然对这种国与国的斗争非加以攻击不可。我们看墨子《非攻上》篇说道：

> 今有人于此，少见黑，曰黑；多见黑，曰白；则必以此人为不知白黑之辩矣。少尝苦，曰苦；多尝苦，曰甘；则必以此人为不知甘苦之辩矣。今小为非则知而非之；大为非，攻国，则不知非，从而誉之，谓之义。此可谓知义与不义之辩乎？是以知天下之君子也，辩义与不义之乱也。

照这段话看来，墨子是认国与国的斗争为"不义"的，充其意非大家体认尚同之旨，达到永久平和不可。我们可以看到墨子的非攻，仍是从他的一贯的思想而来。墨子这种思想，也许是从儒家的不争之教演绎而出的，不过把这种思想扩大到国与国之间，至认攻国为非，这不能说不是墨子的独到之处。

以上关于墨子的尚同思想，已说明了一个大概。墨子惟其只看重一个同，所以注重非攻，注重兼爱。非攻还是消极的尚同，若兼爱乃是积极的尚同了。所以兼爱之说，很为尚等差的儒家所不满。墨子既以尚同为教，因而发展为以同一律为基本原理的形式论理。这并不是偶然的事。

四、墨子的形式论理

上面已经说明了墨子是中国的一个大匠，由其绳墨精巧过人，遂得墨者之称。我们更须知道，大匠的绳墨就伏着几何学上的点线面体，而形式论理便是由几何学推演而成的。然则墨家之有形式论理，自是必然的归结。

墨子在中国可称为形式论理学之祖。形式论理有三条基本规律：同一律、矛盾律、排中律，这是大家都知道的。严格地说来，矛盾律和排中律都可归纳到同一律里面。墨子的根本思想既是尚同，因此创出一种论证同一的研究方法。他在《非命下》篇说道：

> 凡出言谈，则不可而不先立仪而言。若不先立仪而言，譬之犹运钧之上而立朝夕焉也。我以为虽有朝夕之辩，必将终未可得而从定也。是故，言有三法。何谓三法？曰：有考之者，有原之者，有用之者。恶乎考之？考先圣大王之事。恶乎原之？察众之耳目之请。恶乎用之？发而为政乎国家万民而观之。此谓三法也。

墨子所谓"立仪"，便是建立基本规律。他以为如果没有基本规律，便什么法则都谈不上。如果有了基本规律，就可以产生三个法则，便是"考之""原之""用之"的三个法则。"考之""原之"的法则，是属于演绎法；"用之"的法则，是属于归纳法。但无论是演绎法或归纳法，都是从基本规律而来；用墨子的话表明，便是无论是"考之""原之""用之"的方法，都是从"仪"而来。这所谓"仪"，即是同一律，便是"考之""原之""用之"三者最基本的准据。

在这里我要讲到《墨经》的问题。我以为《墨经》（包括经上下，经说上下，大取小取六篇）虽不一定是墨子自己做的，但我们可以断定是墨子的思想，而且是墨子费过一番考虑的东西。因为《墨经》全体是站在形式论理的立场之上，和墨子尚同的主旨正相合，绝少含有辩证法的见地。这只要拿它和名家惠施、公孙龙之流的思想比较一下，便很容易明白。因为惠施、公孙龙的思想都含有很丰富的辩证法的要素，而墨子的思想是十足地以形式论理为其旨归的。我们若不从这点去看《墨经》，徒然执著几个名词去断定《墨经》是墨子所作，或断定是"别墨"所作，那是没有什么意义的。关于这点，俟将来讲到"墨家的观念论的辩证法"时更易明白。

《墨经》上论知识的来源，认知识有"闻""说""亲"三种，以为从传授得来的是闻知，从推论得来的是说知，从经验得来的是亲知。这不是很显明的将《非命》篇所说的"考之""原之""用之"作一种系统的阐明吗？前二属于演绎法，后一属于归纳法。但三者之中，尤以说知为重要，因为闻知不尽可信，而亲知又不免要受某种制限。所以说知一项，《墨经》上阐明得比较多，这也可以体察到墨家的尚同之旨。

形式论理在印度、西洋都很发达，若中国则充分地表现在《墨子》一书中。形式论理大都分为三段推演。在印度为宗、因、喻，在西洋则为大前提、小前提、结论。梁任公在《墨子学案》中曾引出几条，他说：

> 印度的因明，是用宗、因、喻三支组织而成。式如下：
> 宗——声，无常。
> 因——何以故？所作故。
> 喻——凡所作皆无常。例如瓶。
> 《墨经》引《说》就《经》，便得三支。其式如下：
> 宗——"知、材也。"
> 因——何以故？"所以知"故。
> 喻——凡材皆可以知。"若目"。
> 这条是宗在《经》，因喻在《说》。《经上》、《经说上》，多半是用形式。《经下》、《经说下》，则往往宗因在《经》，喻在《说》。如：

第三讲 墨家的尚同说及其实践精神

宗——"损而不害"。

因——说在余。

喻——"若饱者去余,若疟病人之于疟也。"

……

西洋逻辑亦是三支;合大前提、小前提、断案三者而成。其式如下:

大前提——凡人必有死。

小前提——墨子,人也。

断案——故墨子必死。

《墨经》中亦有用这形式的,例如:《下篇》中有一条:

大前提——"假必非也而后假。"

小前提——"狗,假虎也。"

断案——"狗非虎也。"

《墨子》全书,大半都是用这些论式构成。试在《天志》篇举几段为例。

(一) ⎧ 大前提——天下有义则生,无义则死;有义则富,无义则贫;有义则治,无义则乱。
⎨ 小前提——然则天欲其生而恶其死,欲其富而恶其贫,欲其治而恶其乱。
⎩ 断案——此我所以知天之欲义而恶不义也。

(二) ⎧ 大前提——义必从贵者知者出。
⎨ 小前提——天为知天为贵而已。
⎩ 断案——然则义果自天出矣。

(三) ⎧ 宗——天之意,兼而爱之,不欲大国之攻小国也,大家之乱小家也。
⎨ 因——然则何以知天之爱天下之百姓……以其兼而有之。
⎩ 喻——且夫天之有天下也,无以异乎诸侯之有四境之内也,令诸侯有四境之内,岂欲其臣民之相为不得哉?夫天之有天下也,无以异此。

· 81 ·

上面的例子，都足以证明墨家的哲学大半是运用形式论理构成的。墨子既站在尚同的立场，用形式论理运用其思维，是当然的路径。我们若不从思维体系上去理解墨子，去研究《墨经》，是不能得到墨家的真精神的。

论理这个名词，在墨家叫做"辩"。《墨经》说明"辩"的地方很多：或说明"辩"的性质，或说明"辩"的作用，或说明"辩"的方法。在《小取》篇我们可以抓出很重要的一段。

夫辩者，将以明是非之分，审治乱之纪，明同异之处，察名实之理，处利害，决嫌疑焉。摹略万物之然，论求群言之比。以名举实，以辞抒意，以说出故，以类取，以类予。

开首六项是说明"辩"的作用和目的的。中间"摹略万物之然，论求群言之比"，是说明"辩"的方法的。最后五句，是总论"辩"的性质的。最后五句，是形式论理的核心。观念论者每从思维看实在，以为思维可以决定实在，因此，完全趋重于概念的研究。他们不是因实授名，却是"以名举实"，即以概念决定实在。质言之，思维即实在，这是形式论理学者的根本立场。形式论理学者重"名"，重"辞"，重"说"，完全偏重概念的作用是必然的结果。

最末"以类取，以类予"六字，是全文的骨干。"类"即是"相似"，这个字对于形式论理的运用是很重要的。形式论理的基本规律，便是同一律，上面已有说明。他们所以推论万事万物，完全是以同一律作基础。同一律（Law of Identity）可以用"A 是 A"的形式表示出来，但形式论理学者有时看到宇宙万象是有变化的，并不完全同一，因此他们每每不说"A 是 A"，而说是"A 是 B"。"A 是 A"是完全立于同一的立场上，"A 是 B"便是立于一致的立场上了。同一是指的一个东西，一致就指两个东西了。即是说 A 与 B 二者虽不完全同一，但我们可以假定其有多少的相似点，因此结合以求其一致，而保持认识的统一。于是同一律就变为一致律（Law of Agreement）。同一律是

"同"，一致律即是"类"。所谓"以类取，以类予"，即是说一致律为一切肯定判断的基础。

上面已经把墨家的形式论理说明了一个大概。可惜在本讲里面未便细说，但有了上面的说明，已经可以看到墨家的形式论理正是从它的尚同的主旨而来。现在说明墨家一个特色，便是它的实践精神。

五、墨家的实践精神

墨家的实践精神，可以分作两方面观察：一、对个人享受的节制；二、对社会福利的营求。而这两方面是互为因果的。墨家所以博得世间的好评，这两方面的实践精神实为其主要原因。我们看《庄子·天下》篇所记载关于墨家的一段重要文字，便可以知道：

> 不侈于后世，不靡于万物，不晖于数度；以绳墨自矫，而备世之急。古之道术有在于是者，墨翟、禽滑釐闻其风而悦之，为之大过，已之大循，作为非乐，命之曰节用。生不歌，死无服……今墨子独生不歌，死不服，桐棺三寸而无椁，以为法式；以此教人，恐不爱人，以此自行，恐不爱己……其生也勤，其死也薄，其道大觳，使人忧，使人悲，其行难为也。恐其不可以为圣人之道，反天下之心，天下不堪。墨子虽独能任，奈天下何？离于天下，其去王也远矣。墨子称道曰："昔者禹之湮洪水决江河而通四夷九州也，名山三百，支川三千，小者无数，禹亲自操橐耜，而九杂天下之川，腓无胈，胫无毛，沐甚雨，栉疾风。置万国，禹大圣也，而形劳天下也如此！"使后世之墨者，多以裘褐为衣，以跂蹻为服，日夜不休，以自苦为极。曰："不能如此，非禹之道也，不足谓墨。"……墨翟、禽滑釐之意则是，其行则非也，将使后世之墨者必自苦以腓无胈、胫无毛相进而已矣。乱之上也，治之下也。虽然，墨子真天下之好也。将求之不得也，虽枯槁不舍也，才士也夫！

在这段文句里面，有两句最吃紧，便是"绳墨自矫，而备世之急"。"绳墨自矫"是对个人享受的节制，"备世之急"，是对社会福利的营求。真正有对己对人的精神，是墨家的实践精神的大过人处。孟子也认识墨子这种特色，所以他说：

墨子兼爱，摩顶放踵利天下，为之。

"摩顶放踵"，是对个人享受的节制；"利天下"，是对社会福利的营求。孟子表面上是骂墨子，实际上却是恭维墨子。毋怪墨子的思想成为当时的"天下之言"，而为一般人所归向的了。

单就个人享受的节制一点而论，墨家的最大特色，是"生不歌，死无服"。他们总是要人们先把生死一关勘破，生死的问题既看得轻，便对世间一切事都敢于放胆做去了。人们何以贪生？贪生的享受；又何以畏死？畏死的寂苦。惟其贪生的享受，所以耽于耳目之乐，用丝竹管弦之声，以悦其生；如果摈弃这种生的享受，则生的意趣便不能不转移到别的方向去，而营求社会福利之心，便油然而生。所以墨子倡"生不歌"。惟其畏死的寂苦，所以求死后的哀荣，用厚葬久丧以慰其死；如果轻视死后的生活，便不得不集中于生前，而勇猛精进的精神便不期而自至。所以墨子倡"死无服"。"生不歌，死无服"，一经把人生的路向决定，一经把生死的问题解决，当然对人事的努力，便能达到焦点，无所挂碍于怀了。

《庄子·天下》篇称"墨翟、禽滑釐……将使后世之墨者必自苦以腓无胈、胫无毛相进"，这是何等的精神！他们以大禹为法，以大禹之"腓无胈、胫无毛"为法，以大禹之"形劳天下"为法，所以说"不如此，非禹之道也，不足谓墨"。可见墨家之所以为墨家，是要具备这么一种特殊的精神的。但这种精神之惟一的妨害物，便是"乐"。譬如久处温柔之乡，便乏远大之志，既拥裘马之富，岂甘藜藿之施。墨子因此以为要锻炼这么一种特殊的精神，非提出一个"非乐"的口号不可。墨子所谓"乐"，不仅指丝竹管弦之乐，乃就一切人间的享受而言；又不仅关于日用饮食之细，并且关于国计民生之大。所以《非乐》篇说：

> 仁者之事，必务求兴天下之利，除天下之害。将以为法乎天下。利人乎，即为；不利人乎，即止。且夫仁者之为天下度也，非为其目之所美，耳之所乐，口之所甘，身体之所安。以此亏夺民衣食之财，仁者弗为也。是故子墨子之所以非乐者，非以大钟鸣鼓琴瑟竽笙之声以为不乐也，非以刻镂华文章之色以为不美也，非以犓豢煎炙之味以为不甘也，非以高台厚榭邃野之居以为不安也。虽身知其安也，口知其味也，目知其美也，耳知其乐也，然上度之，不中圣王之事；下度之，不中万民之利。是故子墨子曰："为乐非也。"

从这段话，可见墨子所说的"乐"，是范围极大的，和孔子、荀子的"乐"都不同。墨子的"乐"，是把一切"目之所美，耳之所乐，口之所甘，身体之所安"，都包括在里面。是就一切个人的享受说。墨子并进一步推论到王公士大夫力言为乐之不可。他说：

> 王公大人说乐而听之，即必不能蚤朝晏退，听狱治政，是故国家乱而社稷危矣……士君子说乐而听之，即必不能竭股肱之力，亶其思虑之智，内治官府，外收敛关市山林泽梁之利，以实仓廪府库，是故仓廪府库不实……农夫说乐而听之，即必不能蚤出暮入，耕稼树艺，多聚叔粟，是故叔粟不足……妇人说乐而听之，即必不能夙兴夜寐，纺绩织纴，多治麻丝葛绪细布缕，是故布缕不兴。曰孰为大人之听治，而废国家之从事？曰乐也。是故子墨子曰："为乐非也。"（《非乐》）

墨子更扩大论点，从历史上证明"非乐"的重要性。你看他和程繁一段谈话。

程繁问于子墨子曰:"夫子曰:'圣王不为乐。'昔诸侯倦于听治,息于钟鼓之乐;士大夫倦于听治,息于竽瑟之乐;农夫春耕夏耘,秋敛冬藏,息于瓴缶之乐。今夫子曰'圣王不为乐',此譬之犹马驾而不税,弓张而不弛,无乃非有血气者之所不能至耶?"子墨子曰:"昔者尧舜有茅茨者,且以为礼,且以为乐。汤放桀于大水,环天下自立以为王,事成功立,无大后患,自作乐,命曰九招……。周成王因先王之乐,命曰驺虞。周成王之治天下也,不若武王;武王之治天下也,不若成汤;成汤之治天下也,不若尧舜。故其道逾繁者,其治逾寡。自此观之,乐非所以治天下也。"(《三辩》)

墨子的最大不可及处,便是摆脱一切享乐思想,亲自去做"中圣王之事""中万民之利"的工作,而且从"腓无胈,胫无毛"做起,这是何等实践的精神!如果不认识墨子这种精神,那就讲"兼爱",讲"非攻",都只是糟蹋墨子。因为兼爱非攻,都不过是一种理想,墨子却要"摩顶放踵"地去达到这个理想,这岂是发发空议论的人所能做到的?程繁用"马驾而不税,弓张而不弛"的话微讽墨子,殊不知墨子之所以不可及,正是这一种"马驾而不税,弓张而不弛"的精神,毋怪《庄子·天下》篇称道墨子:"其生也勤,其死也薄,其道大觳;使人忧,使人悲,其行难为也。"诚者!其道大觳,其行难为。但是这种大觳之道,难为之行,非有墨子那种精神,又哪个配干呢?墨子为贯彻个人的主张起见,不能不对个人的享受加以节制,即不能不非乐。然则墨子的非乐,在墨子的实践精神上,实有最重大的意义。

墨子的非乐,即含有一种反对艺术的思想,在这点,墨家哲学常为一般人所非难。实则墨子的反对艺术,是与他的崇尚功利相为消长的。墨子以为功利和艺术是绝对不相容的两种类型。要崇尚功利,便不得不反对艺术,要崇尚艺术,便不得不反对功利。这种看法,在过去的许多思想家,都认为是对的,而且这种思想也支配了很长时期的历史。荀子批评墨子"蔽于用而不知文",殊不知墨子乃崇尚"用"

而反对"文"。墨子以为"文"必流于弱，必流于靡，必至于"废大人之听治，贱人之从事"。这便是他所以提出"非乐"之意。他的"非乐"是与他的"节用"相为终始的。"节用"即崇尚"用"，"非乐"即反对"文"。《庄子·天下》篇说："作为'非乐'，命之曰'节用'。"这两句话，说明了二者的关联。所以墨子非蔽于用而不知文，乃崇尚用而反对文。换句话说，即崇尚功利，反对艺术。前者着重在社会福利的营求，后者着重在个人享受的节制，在墨子书中，常表现这两种主张。

现在论到对社会福利的营求，在这里我们不可忽视了一个"用"字和一个"利"字。墨子的"用"和"利"，是范围很广的，绝不是财用的"用"，货利的"利"。如果需要补充的说明，我们可以说是功用的"用"，功利的"利"。功用或功利是含有严重的社会性的。西洋功利派伦理的标语，是"谋最大多数的最大幸福"，即此可以想见功利的内涵意义。墨子以为凡是善的都是有用的，如果没有用，就算不得善。他在《兼爱下》篇这样说道：

用而不可者，亦将非之，且焉有善而不可用者？

善和用交互发展其内容，在中国伦理学史上是一个特色。这是儒家所不及的。再讲到利，墨家和儒家也表现一种不同的轮廓。儒家把义和利分开看，墨家以为义即是利，所以说"义，利也"。意思是说有利的即是合于义的。墨家常将爱利并举，所谓"爱利万民"，所谓"兼相爱，交相利"，所谓"兼而爱之，从而利之"。墨家的利，范围是很广的，所以讲到孝，也牵涉到利，所以说"孝，利亲也"。这都是和儒家不同的地方。不过儒家所谓利，单指货利说，所以孔子以"小人喻利"为非，孟子亦以"上下征利"相戒。如果单就货利说，那就墨子也是加以反对的。我们看墨子《节用中》篇所论述的一段，便可以明白：

> 古者圣王制为节用之法曰：凡天下群百工轮车鞼匏陶冶梓匠，使各从事其所能。曰，凡足以奉给民用则止。诸加费不加民利者，圣王弗为。古者圣王制为饮食之法曰：足以充虚，继气，强股肱，耳目聪明则止；不极五味之调，芬香之和，不致远国珍怪异物……制为衣服之法曰：冬服绀緅之衣轻且暖，夏服絺绤之衣轻且清则止；诸加费不加于民利者，圣王弗为。

墨子以为"诸加费不加民利则止"。可见墨子所谓"加利"，是在"加费"以外的东西。加费而又加利，即是义；加费而不加利，即是儒家所谓利。这样说来，儒墨虽不同又未尝不可求其一致点。现在讲到墨家的实践，墨家以为凡是为他人的福利的即是利，也即是义。有义即有利，有利则有义。这便是墨家的实践精神所在。我们且看《贵义》篇关于墨子的言论一段记载：

> 子墨子自鲁即齐，过故人，谓子墨子曰："今天下莫为义，子独自苦而为义，子不若已！"子墨子曰："今有人于此，有子十人，一人耕而九人处，则耕者不可以不益急矣。何故？则食者众而耕者寡也。今天下莫为义，则子如劝我者也，何故止我？"

墨子以为行义即是"利天下"之道，故以"自苦为义"相高。可见墨家"以自苦为极"的精神，即是贯彻它"自苦为义"的精神，亦即是贯彻它"利天下"的精神，这便是墨家的实践精神的正解。

在本讲第一段中，我曾记述墨子冒险访楚王，劝毋攻宋的一段故事，这是何等的实践的精神！无论这段故事是否可信，但在《墨子》书中所表现的这类的瑰意琦行，却是很多的。墨子本置生死于度外，故能"裂裳裹足，行十日十夜"，故敢大胆宣言："虽杀臣，不能绝也。"而在对谈之顷，犹斤斤以"必伤义而不得"为戒，可见墨子的实践精神，总是一贯的。这段故事，正是墨子"自苦为义"的人格之充分地暴露。

不仅墨子如此，我们更可以从墨子的弟子观察他们的实践精神。《吕氏春秋》说："墨子弟子，充满天下。"《淮南子》说："墨子服役者百八十人。"足见墨子弟子之多。但何以史书不传其名呢？这必是墨家专以实践为依归，于生死且不计，又何暇计及身后之名。孙诒让在《墨学传授考》绪言上说："彼勤生薄死，以赴天下之急，而姓名澌灭与草木同尽者，殆不知凡几。"这是实在的情形。因为这样，我们现在要考察墨子弟子的生活情况，颇不易易。就中禽滑釐一人，是比较容易知道的，《备梯》篇说：

禽滑釐子事子墨子，三年，手足胼胝，面目黧黑，役身给使，不敢问欲。

禽子事墨子三年后的成绩，是"手足胼胝，面目黧黑"，我们就不难想见墨家的实践精神了。"手足胼胝，面目黧黑"，一定是墨子弟子的普遍情形。又《鲁问》篇说：

子墨子出曹公子而于宋，三年而反，睹子墨子曰："始吾游于子之门，短褐之衣，藜藿之羹，朝得之则夕弗得，祭祀鬼神……"

由曹公子的谈话里面，也可以看到墨子之门，皆"短褐之衣，藜藿之羹"，与"手足胼胝，面目黧黑"，正是一样的实践精神。这样看来，墨子所以为墨，和儒之所以为儒，确实是两样的。儒家虽重实践，但和墨家比较起来，便完全不同了。墨家既有这么一种特色，宜乎在当时蔚成一种特殊的风尚。

六、墨家思想在中国社会的潜势力

一个社会的形成，是多方面的。其中有各种的社会环境，也有各式各样的思想。社会环境可以影响思想，思想也可以影响社会环境。其间的复杂关系，实非短时间可以说得明白。现在单讲墨家思想对中国的社会环境所发生的影响。中国本是一个特重神权的国家。天道观念在中国古代发达最早。"称天下治"，又是初民社会最便宜的一种政策，不过社会演进到孔子的时候，政策却变了，由天治主义转变为人治主义。孔子将古代的宗教思想盖上一层伦理的外衣，遂有"正名"思想的发生。"正名"的思想，在宗法社会中是需要的，可是在封建社会中，究不如天治主义来得有系统，又有力量。因为封建社会是以宗教为其主要的精神支配工具的。在这时，墨子遂提出他的尚同说，使古代的天治主义复活起来。墨子建立天鬼的思想，换句话说，建立神的存在和灵魂不灭的思想，在中国的封建社会中，实种了一个不拔的根基，这种思想随着社会的演变而演变，却并没有消灭，谁说墨家思想在战国以后便已消灭了呢？在这里我们不妨作一种简单的考察。

先就思想方面观察。战国以后，有汉之董仲舒，提出天人合一说。他的天人合一的思想，就不能说和墨子的天志说没有关系。墨子说："我有天志，譬若轮人之有规，匠人之有矩。"意思是说人之有规矩，即以天之规矩为规矩。但董子说：

> 为生不能为人，为人者天也。人之人本于天，天亦人之曾祖父也。此人之所以乃上类天也。人之形体，化天数而成；人之血气，化天志而仁；人之德行，化天理而义；人之好恶，化天之暖清；人之喜怒，化天之寒暑；人之受命，化天之四时。人生有喜怒哀乐之答，春秋冬夏之类也。喜，春之答也；怒，秋之答也；乐，夏之答也；哀，冬之答也。天之副在乎人，人之情性，有由天者矣。（《为人者天篇》）

这不是以天之规矩为规矩吗？不过墨子的思想，虽推重天志，却并不忽视人力，他所以提出非命，便是推重人力的表示。严格地说：墨子的思想已立了一个天人合一的基础。墨子之说，认天有威权，祸福只由人自召，顺天之志，便可得福，逆天之志，便不免得祸。董子之说，较墨子稍有不同，天固有威权，人亦有威权，人与天地可以相

第三讲　墨家的尚同说及其实践精神

偶。譬如他说：

> 天地之精，所以生物者，莫贵于人。人受命乎天也，故超然有以倚。物疢疾，莫能为仁义，唯人独能为仁义；物疢疾，莫能偶天地，唯人独能偶天地……是故凡物之形，莫不伏从旁折天地而行，人独题直立端尚，正正当之。是故所取天地少者，旁折之，所取天地多者，正当之，此见人之绝于物而参天地。(《人副天数篇》)

不过董子认人是"所取天地多者"，似乎天的位置仍高于人。后来到唐代刘禹锡的时候，才真的把天人合一的思想发挥了一番，刘禹锡和柳宗元论天，也成为中国学术史上一段佳话。柳宗元论天，偏于自然，似是道家的系统，若刘禹锡论天，则于自然与阴骘之说，两有所去取，似折中于墨家与道家之说而成者。他说：

> 世之言天者，二道焉：拘于昭昭者，则曰："天与人实影响。祸必以罪降，福必以善来。穷厄而呼，必可闻；隐痛而祈，必可答。"如有物的然以宰者，故阴骘之说胜焉。泥于冥冥者，则曰："天与人实刺异，霆震于畜木，未尝在罪；春滋乎堇荼，未尝择善。跖蹻焉而遂，孔颜焉而厄。"是茫乎无有宰者，故自然之说胜焉。……余曰："天与人交相胜耳。其说曰：天之道在生植，其用在强弱；人之道在法制，其用在是非……天常执其所能，以临乎下，非有预乎治乱云尔；人常执其所能，以仰乎天，非有预乎寒暑云尔。生乎治者，人道明，咸知其所自，故德与怨，不归乎天；生乎乱者，人道昧，不可知，故由人者举归乎天，非天预乎人云尔。"(《天论》)
>
> 或曰："子之言天与人交相胜，其理微，庸使户晓，盍取诸譬焉？"刘子曰："若知旅乎？夫旅者群适乎莽苍，求休乎茂木，饮乎水泉，必强有力者先焉，否则虽圣且贤，莫能竞也，斯非天胜

· 91 ·

乎？群次乎邑郛，求荫乎桦榞，饱乎饩牢，必圣且贤者先焉，否则强有力者莫能竞也，斯非人胜乎？苟道乎虞芮，虽莽苍犹郛邑然，苟由乎匡宋，虽郛邑犹莽苍然，是一日之途，天与人交相胜矣。吾故曰：是非存焉，虽在野，人理胜也；是非亡焉，虽在邦，天理胜也。然则天非务胜乎人者也，何哉？人不宰则归乎天也。人诚务胜乎天者也，何哉？天无私，故人可务乎胜也。吾于一日之途而明乎天人，取诸近者已。"（《天论》）

刘禹锡之说，确实比董仲舒之说又进一步，因为他能说明天人交胜之理。不过认"天常执其所能，以临乎下"，"人之宰则归乎天"，似乎仍逃不出墨家的观点，所以天治之说，在中国思想家总保留相当的势力。

天与鬼是相因而至的，汉代神鬼之说大张，而方士迷信尤复肆其烈焰，于是中国乃有正式的宗教，始则为从印度输入的佛教，继则为自创的道教。而佛教与道教遂在中国社会拥有很长久的历史与势力。它们的兴起，不必和墨家的天鬼说有如何的关系，然而当时的社会相信鬼神，所受墨家的影响极大，这是毋庸置疑的。因相信鬼神至于相信一切阴阳怪诞之说，更进而至于皈依佛教，虔奉道教，都是意料中事。道教中的张鲁，以鬼道教民，与古代社会的神道设教，规模又不同了。王充生当鬼神说大炽之顷，对当时灵异怪诞之说，极尽辞辟之能事，尤其是对墨子的明鬼说，更排击之不遗余力。墨子《明鬼》篇，具引杜伯杀周宣王，庄子仪杀燕简公之事，以为鬼神不可疑，王充便认为是"似是而非，虚伪类真"之论。我们从王充对墨子明鬼说排击之力，也可见墨子明鬼的思想，在当时还有很大的力量。不过虽经王充之排击，而社会上对鬼神的迷信并不曾减杀几许，可见潜势力之大。

降至齐梁之际，因信佛者加众，而对鬼神的迷信，遂亦有加无已。范缜作《神灭论》以明无佛，实即谓离形无神，完全是无鬼论的论调。由范缜一篇文字，遂引起了许多非难诘责之辞。从曹思文、萧琛、沈约以至梁武帝，几乎当时的思想界全部出马，以驳倒范缜《神灭论》为鹄的，当时思想界的混沌，已可想见，下及宋代，因昌言阴阳二气，更畅谈其鬼神，在思想上又布满着许多迷雾。

再就社会方面观察。天鬼的观念在中国一般社会实据有庞大的势力。家家崇奉天神，认天是一个有意志的主宰，能降临祸福，这已成为一种普遍的迷信。此外还有许多神殿，专以拜天为教，认天可以疗治疾病。这种尊天的思想，未尝不是从古代天治主义而来。至于神鬼之说，也盛行于中国各地。一谈到神鬼，几乎人人都可以诉说一大篇，并且可以提出许多证据。这可用三种原因说明：一、人死为鬼之说，几乎成为极普遍的迷信，而墨子的明鬼说要亦宜负重大之责任。二、儒家的丧礼祭礼，以鬼神来格来享为旨归，亦招致神鬼迷信之由。三、科学不发达，对各种怪异现象不能作有体系的说明。由以上三种原因，遂引起各种迷信之发达，并诱致各种宗教之发生。其后互相影响，互为因果，而宗教迷信遂一发而不可遏。上面已经说过，封建社会是以宗教为其主要精神动力的，中国的封建社会所占的时期很长，因此宗教迷信遂得大肆其威力。墨家的思想既以天鬼不说为足以丧天下，而极尽其鼓吹的能事，则在以后封建社会尖锐化之时，更安有不变本加厉之理。我所以认墨家天鬼的思想在中国的封建社会中，实种了不拔的根基，便是这个缘故。

第四讲

道家的宇宙观

今天讲道家的哲学。中国的哲学只有道家的体系最完备。它的认识论,它的宇宙观乃至它的人生观,都是从一个体系演绎出来的。我们研究道家哲学有一个困难,不易对付,便是《老子》这部书,究竟是什么时候产生的。如果产生在儒家的《论语》以前,或产生在儒家的《论语》以后,或产生在战国之初,或产生在战国之末,无论在哪一时代,都于道家思想的说明,有极大的关系。这样看来,关于《老子》产生年代的说明,倒是一个先决问题。这一点说明了,就不难找到它的思想发展的体系了。这一点说明了,才好说明道家思想的社会背景。

一、《老子》的产生年代及其思想的来源

《老子》这部书究竟是何人作的?他出生于什么年代?他的思想的来源是怎样?真是众说纷纭,莫衷一是。司马迁作《老庄申韩列传》认《老子》为老子所作,旋即自己提出两个疑问。他说:"或曰:老莱子亦楚人也,著书十五篇,言道家之用,与孔子同时云。"是又疑《老子》为老莱子所作。他又说:"自孔子死之后百二十九年,而史记周太史儋见秦穆公……或曰:儋即老子,或曰:非也。世莫知其然否。"是又疑《老子》为太史儋所作。我们看他那篇《列传》,分明拿不定《老子》究竟是何人所作,因而有那些迷离惝恍之辞。一般人谈到《老子》的,大半根据司马迁这篇列传,现在司马迁自己尚不免惝

第四讲 道家的宇宙观

悦其辞，于是问题就加多了。推测《老子》的作者和成书的年代，便有种种的不同了。大约计之，有八种：

第一，确定《老子》为老聃所作。这是一种最普遍的看法，不过解释有不同。

第二，断定《老子》为太史儋所作。这是因为：一、司马迁所撰列传中提过"儋即老子"的话；二、聃、儋音同字通；三、聃为周柱下史，儋亦周之史官；四、从太史儋推算世系，不至大相刺谬。

第三，断定《老子》为李耳所作。这是将老聃和李耳看作两人；前者为传说中的人物，后者为历史上的人物。其所以混作一人，认为是司马迁的错误。

第四，推定《老子》为老莱子所作。这是因为司马迁自身已疑老子即老莱子。

第五，推定《老子》为老彭所作。这是因为孔子曾说过"窃比于我老彭"的话，在可信的《论语》中，除老彭外，再也不容易找到一位先辈，可以和老子的姓氏相适合的。况且《老子》书中，常称引古语，如"古之善为道者"，"古之善为士者"，正是"信而好古"。难道不是老彭的思想么？

第六，推定《老子》为战国初年的作品。这是因为书中提到"大国不过欲兼畜人，小国不过欲入事人"的话，又提到"两者各得其所欲"的话，以为是战国初年的口气。

第七，推定《老子》为战国末年的作品。这是因为书中的思想系统、文字语气以及其他种种关系，非到战国末年便不容易出现。

第八，推定《老子》是从春秋时代到战国时代约有三百多年的学说的集成品，并非出于一人手笔。这是因为在《老子》书中，有杨朱的贵生，宋钘的非斗，老聃的柔弱，关尹的清虚，慎到、庄周的弃知去己，战国末年的重农愚民的思想以及儿良的兵家言。

我觉得上面几种见解中，在七、八两种是可注意的。关于作者的推定，各持一说，这是很难得有定论的。至于《老子》产生的年代，我以为由思想体系发展的路径去推定，也是一种正当的方法。如《孟子》后于《论语》，里面有许多思想要点可以知道是由《论语》发展到《孟子》。又如《中庸》后于《孟子》，里面有许多思想要点可以知道是由《孟子》发展到《中庸》。这样看来，《老子》一书是在《庄子》之前，或在《庄子》之后，也是决定《老子》产生年代的分界线。因为中国的哲学，体系最完备而含义最精的无过于这两部书。这两部书的先后，如果任意位置，那就道家思想的体系，根本无法弄明白。这两部书的先后位置决定了，那就《老子》产生年代也可以决定十之八九了。我是主张《老子》产生在《庄子》之后的。我想从思想体系决定它们的先后，其理由在第二段以后详说。

在上面所述第八种见解中，以为《老子》一书是各种思想的集成品，这话颇有见地。我们知道，凡是富有高深哲理的书，几乎都是各种思想的集成品。例如柏拉图的《理想国》，不是赫拉克利特、巴门尼德、普罗泰戈拉和苏格拉底四家思想的集成品么？康德的《三大批判》，不是柏拉图、亚里士多德、洛克、休谟、莱布尼茨、沃尔夫乃至卢梭、福禄特尔各家思想的集成品么？黑格尔的《大论理学》，不是赫拉克利特、芝诺、柏拉图、亚里士多德乃至康德、费希特诸人思想的集成品么？现在讲到《老子》，我们知道《老子》一书，是有它的最完备的宇宙观的，当然也不能说不是各家思想的集成品。《吕氏春秋·不二篇》说："老聃贵柔，孔子贵仁，墨翟贵廉，关尹贵清，子列子贵虚，陈骈贵齐，阳生贵己，孙膑贵势，王廖贵先，兒良贵后。"这些思想，无论反面正面，在《老子》书中都包含着，又安知不是这些思想的集成品？不过《老子》思想的主源，在我看来，还是儒家，尤其是儒家的《论语》。其理由也在第二段以后说明。我们对思想的检讨，注重在思想体系，不能用东鳞西爪的方法，说某点出自东家，某点又出自西家。所谓集大成乃是集体系的大成，不是胡乱杂凑。胡乱杂凑，决不能成功一个整然的体系，更不能成功一种最完备的宇宙观。

二、道家的自然主义

现在先说明《老子》思想的主源。《论语》中记孔子的话。说道：

第四讲 道家的宇宙观

天何言哉？四时行焉，百物生焉，天何言哉？

这几句话，我认为是《老子》一书的主脑。《老子》的根本思想，是"无为而无不为"。所谓"天何言哉"不是"无为"的思想么？在"天何言哉"的条件之下，却能"四时行焉，百物生焉"，不是"无为而无不为"么？《老子》言天，纯主自然，所谓"天地不仁"，便是说天无意志，天不作威福，这不是"天何言哉"的注释么？《孟子》绍述孔子的思想，也有"莫之为而为者天也，莫之致而至者命也"的话，都有"无为而无不为"的思想。不过孔、孟仅启示一个轮廓，《老子》书中便用全力发挥这个意思。原来，孔子的思想有许多地方是赞美自然的。有一次子路、曾晳、冉有、公西华侍坐，孔子叫他们各述自己的志愿，而曾晳一人所述与其余三人完全不同。曾晳说道：

莫春者，春服既成，冠者五六人，童子六七人，浴乎沂，风乎舞雩，咏而归。(《论语·先进》)

孔子听了这段话，叹了一声长气，特别地赞美曾晳。这是对自然主义的赞美。又有一次，孔子发出一种"无为"的主张，说道：

无为而治者，其舜也与！夫何为哉？恭己正南面而已矣。(《论语·卫灵公》)

这也是对自然主义的赞美。《老子》这部书正是发挥"无为而治"的思想的。所谓"我无为而民自化，我好静而民自正，我无事而民自富，我无欲而民自朴"，所谓"功成事遂，百姓皆谓我自然"，都是一贯的理论。《论语》上所说的都不过是个引线，而《老子》一书，便用全力说明，都可以见到《老子》之导源于《论语》。还有，《老子》中颇富于辩证法的思想。它认道是变动的，发展的。这层意思，《论语》中也有明白的表示。有一次，孔子在一条小河上，看到那滚滚不

· 97 ·

绝的河水，便发叹道：

> 逝者如斯夫！不舍昼夜！（《论语·子罕》）

"逝者"便是流转变动的现象，"不舍昼夜"，乃是永远的流转变动。这两句话，竟成了一部道家哲学。《老子》是把道当作一种过程，引申到轨道、法则的意思。它这样说：

> 吾不知其名，字之曰道，强为之名曰大，大曰逝，逝曰远，远曰反。

所谓"大曰逝"，是说宇宙之流转变动，不是"逝者如斯夫"的意思么？又所谓"逝曰远"，是说宇宙永远流转变动，不是"不舍昼夜"的意思么？《老子》讲道，体系严密，不像《论语》仅仅提出一个引线而已。希腊哲人赫拉克利特曾有过这样的话：

> 人不能两次立足于同一河流之中，因为水是流转变动的。

他这句简单的话，后来竟给予黑格尔一个绝大的暗示，成就他的辩证法。我们知道思想体系的发展总是由简而繁，由浅而深的。《论语》之影响《老子》，和赫拉克利特之影响黑格尔正相类。所以我说《论语》是《老子》思想的主源。

以上说明了两点，一是自然主义，一是辩证法。这两点我认为是道家哲学的神髓。但这两点都在《论语》上提示过的。不过《论语》仅仅给予一个提示，而发扬光大的，乃是道家哲学。现在将道家的自然主义，作一系统的讲述。

我认为道家的自然主义的思想，是由杨子而庄子，由庄子而《老子》，一步一步地发展出来的。"道家"这个名称，虽是起于秦以后，可是在秦以前走向自然主义的道路的，只有这三家为最显著。现在我们先说杨子的思想。

杨朱在周、秦与儒墨相颉颃。孟子说："杨朱、墨翟之言盈天下，天下之言不归杨，则归墨。杨氏为我，是无君也；墨氏兼爱，是无父也……杨、墨之道不息，孔子之道不著。"可见杨朱在当时的思想界是很有威权的。不过关于杨朱的思想很不容易考见，因为他没有著述遗留下来。我们现在只能从周、秦旧著中所记载他的言行断片，推测他的思想。孟子说："杨子取为我，拔一毛而利天下，不为也。"《孟子》书中两次提了"为我"，究竟"为我"应作如何的解释，这是一个很不容易轻下判断的问题。《吕氏春秋》有"阳生贵己"之语，或者"为我"即是"贵己"之意，然而这种判断，仍然是不确定的。《淮南子·氾论训》有云："全性保真，不以物累形，杨子之所立也。"所谓"全性保真，不以物累形"，这就比"为我""贵己"的意思确定多了。"全性保真，不以物累形"，这和儒家尚仁义的思想，墨家尚同的思想，确实有很大的区别。因为这是从个人主义出发的。"为我""贵己"所表现个人主义的色彩，是十分浓厚的。这种学说在动乱的社会中容易受人欢迎，宜乎在当时能吸引许多的信奉者。"全性保真"，同时又为自然主义的主眼。因为道家一派的自然主义，就在"全性保真"。"全性保真"，在《庄子》书中有一度的发挥，在《老子》书中，更作一种系统的说明。而且都是从"不以物累形"去贯彻"全性保真"的主旨的，足见杨朱在道家不愧为一个开创的人。

崔述在《洙泗考信录》卷一里面说道：

> 《道德五千言》者，不知何人所作，要必杨朱之徒之所伪托，犹之乎言兵者之以《阴符》托之黄帝，《六韬》托之太公也……是以孟子但距杨、墨，不距黄、老，为黄、老之说者非黄、老，皆杨朱也，犹之乎不辟神农而辟许行也。如使其说果出老聃，老聃在杨、墨前，孟子何以反无一言辟之而独归罪于杨朱乎？秦、汉以降，其说益盛。人但知为黄、老而不复知其出于杨氏，遂有以杨、墨为已衰者，亦有尊黄、老之说而仍辟杨、墨者，杨子云

云：古者杨、墨塞路，孟子辞而辟之，廓如也。盖皆不知世所传为黄、老之言者即"为我"之说也。自是儒者遂舍杨朱而以老聃为异端之魁。呜呼，冤矣。

　　崔述认《老子》一书都是根据杨朱的思想，不可谓非大胆的主张，但对"《道德五千言》为杨朱之徒所伪托"，不曾有所说明，所以尚不能引起社会上多大的注意。《老子》一书，是杨朱思想的放大，我以为这是没有问题的，不过《老子》是一部有思想体系的书，它的无为而无不为的思想，乃是它的骨干，这就不得不溯源于《论语》了。可是由杨子到《老子》，当中有一个桥梁，这便是《庄子》。因为不经过《庄子》，则《老子》便不会达到体系完整，内容充实的地步。就认识论的内容说，《庄子》比《老子》充实，若就宇宙观的整个体系说，《老子》便比《庄子》强远了。《老子》是集《论语》、杨子为我说和《庄子》之大成的，所以它论述的对象特别地大。现在论述道家的宇宙观，就先从庄子说起。

　　《庄子·天下》篇虽非庄子所自作，却是一篇绝妙的批评的文字，这是大家都知道的。我们从这篇文章里面，看如何地批评庄子：

　　　　芴漠无形，变化无常；死与生与？天地并与？神明往与？芒乎何之？忽乎何适？万物毕罗，莫足以归：古之道术有在于是者，庄周闻其风而悦之。以谬悠之说，荒唐之言，无端崖之辞，时恣纵而不傥，不以觭见之也，以天下为沉浊不可与庄语，以卮言为曼衍，以重言为真，以寓言为广。独与天地精神往来，而不敖倪于万物，不谴是非，以与世俗处……上与造物者游，而下与外死生无终始者为友。其于本也，弘大而辟，深闳而肆；其于宗也，可谓稠适而上遂矣。虽然，其应于化而解于物也，其理不竭，其来不蜕；芒乎昧乎，未之尽者。

　　从这段话里面，我们可以想见庄子是一个"独与天地精神往来……上与造物者游，而下与外死生无终始者为友"的人，可以知道庄子是抱有"死与生与？天地并与"的思想。这正是一种"不以物累形"的精神。庄子的学说，我们现在只有从《庄子》内篇里面去找，因为外篇和杂篇，多半是靠不住的。而内篇里面也有许多靠不住的材料。因为后段和前段不是重复，便是后段里面有许多不相干或不重要的话。即如《齐物论》篇的后段，就有后人加入的痕迹。因此有疑《齐物论》是慎到一班人的作品的。不过我以为《齐物论》的思想，确实是庄子的思想，绝不是慎到的思想。因为"慎到之道，非生人之行，而至死人之理"，齐物本旨却是"外死生，无终始"一类的议论，正是庄子本人的主张。现在要讲到道家的宇宙观，就先将《庄子》论道和《老子》论道的地方作一比较的说明。《庄子·大宗师》说：

　　道有情有信，无为无形，可传而不可受，可得而不可见。自本自根，未有天地，自古以固存。神鬼神帝，生天生地。在太极之先而不为高，在六极之下而不为深，先天地生而不为久，长于上古而不为老。

　　这是庄子对"道"的看法。庄子以为道是无所不在的。《知北游》篇有这样一段记载，虽然不一定是庄子的作品，但也许是人家记述庄子的主张。文云：

　　东郭子问于庄子曰："所谓道，恶乎在？"庄子曰："无所不在。"东郭子曰："期而后可。"庄子曰："在蝼蚁。"曰："何其下耶？"曰："在稊稗。"曰："何其愈下耶？"曰："在瓦甓。"曰："何其愈甚耶？"曰："在屎溺。"东郭子不应。

　　这是说道充满在动植矿三界，固液气三态。蝼蚁指动物，稊稗指植物，瓦甓指矿物。若屎溺便包括固体液体气体而言。可见道是无所不在的。因此庄子说：

>   道行之而成。(《齐物论》)

意思是说"道"周遍在宇宙间，凡流转变动的都是"道"。我们把上面所述的几点总括起来，便是：一、"道"是自本自根，先天地而生的；二、"道"是有情有信，无为无形，可传而不可受，可得而不可见的；三、"道"是无所不在的；四、"道"是流转变动的。这几层的意思，到了《老子》一部书里面，便放大了，便体系化，深刻化了，表现法也不同了。我们从《老子》讲"道"的地方可以归纳到下列几点说明：

（一）无名

《老子》以为"道"就是"无名"，就是"无物"，也就是"无"。物由"名"而起，"有名"就"有物"，"无名"就"无物"。宇宙是由"无物"而到"有物"，由"无名"而到"有名"的。这种思想在《庄子·齐物论》中已启其端，文曰：

>   古之人其知有所至矣！恶乎至？有以为未始有物者，至矣尽矣，不可以加矣！其次以为有物矣，而未始有封也；其次以为有封矣，而未始有是非也；是非之彰也，道之所以亏也。道之所以亏，爱之所以成。

这段话指示了道家的宇宙观是由"无物"到"有物"，由"有物"到"有封"，由"有封"到"有是非"。但是"物"由何而起？《庄子》书中已有说明，便是："物谓之而然。"（《齐物论》）即是说"物"由"称谓"而起，亦即是说"物"由"名"而起。因此《老子》书中开首便提出两句极重要的话，便是："无名天地之始，有名万物之母。"这两句话便是道家的宇宙观之郑重的表白。所谓"无名"，即是"无"，这是《老子》的本体论；所谓"有名"，即是"有"，这是《老子》的宇宙论。本体论是说明实在的本质，宇宙论是说明实在的发展。我们可以看到《老子》的表现法比《庄子》的表现法便不同了。万物由于"有名",即是万物生于"有";"有名"由于"无名",即是"有"生于"无"。《老子》有这样一句讲宇宙发生的话便是:

天下万物生于有,有生于无。(《四十章》)

《老子》讲"无"的地方很多,究竟"无"字应作怎样的解释,我以为绝没有什么了不起的深意,不过描写一种混沌的状态而已。正如《老子》所说的道,也不过是一种恍恍惚惚的东西,《老子》书中凡描写本体的都用一些混沌疑似的字眼。如云:

有物混成,先天地生。(《二十五章》)

道之为物,惟恍惟惚。惚兮恍兮,其中有象;恍兮惚兮,其中有物;窈兮冥兮,其中有精;其精甚真,其中有信。自古及今,其名不去,以阅众甫。吾何以知众甫之然哉,以此。(《二十一章》)

视之不见名曰夷;听之不闻名曰希;搏之不得名曰微:此三者不可致诘,故混而为一。其上不皦,其下不昧,绳绳不可名,复归于无物。是谓无状之状,无物之象。是谓忽恍。迎之不见其首,随之不见其后。执古之道,以御今之有。能知古始,是谓道纪。(《十四章》)

道冲而用之或不盈,渊兮似万物之宗。挫其锐,解其纷,和其光,同其尘。湛兮似或存,吾不知谁之子,象帝之先。(《四章》)

像"混成""恍惚""或""似"一类的字眼,都是描写"道"的,也即是描写"无"的。都无非描写未有天地以前一种混沌的状态。这就是"无状之状,无物之象"。因为是"绳绳不可名"的,所以说是"无名";因为毕竟"复归于无物"的,所以说是"无物"。这样看来，所谓"无名""无物"乃至"无"与"道"，结果都只是一件东西，都是就本体立论。不过在《老子》看来，"名"的关系最大。"名"关系到万物的发生。而"道"的本身是与"无名"相终始的，所以《老子》说："道常无名，朴。"（《三十二章》）又说："道隐无名。"（《四十一章》）

庄、老都是把宇宙看作一个混沌的自然界，这自然界是没有什么分别的。粉笔是这自然界的东西，茶碗是这自然界的东西，人也是这自然界的东西，都没有什么分别。有分别的只是他们的"名"。所谓姓张的、姓李的，也不过是"名"的分别，大家还不是自然物？人与物的分别，也不过是"名"的分别，大家还不都是自然物？"名"的成立是由于日常生活的实用，"名"是不得已而使用的。否则没有粉笔、茶碗这些名目，我们要想使用粉笔、茶碗，怎么会知道呢？说要一件"无名"的东西，人家又怎么懂得呢？所以"名"是不得已而使用的。"名"就是物与物的区别，"无名"便把一切看成一体，看成整个的自然界。天下万物皆"有名"，所以说"天下万物生于有"，所以说"有名万物之母"。但天下万物都属于自然界，所以说"有生于无"，所以说"无名天地之始"。关于"名"的功用的发挥，是《老子》一书的特色。我以为这一点就从《庄子》"物谓之而然"一语而来（参看第一讲最后一段）。

《老子》所谓"道"，又有轨道、过程、法则的意思。整个的自然界就包含着各式各样的法则。天体运动有天体运动的法则。推而至于动物植物矿物的三界、固体液体气体的三态，也莫不各有各自的法则。整个的自然界无处不有"道"，即无处不有法则。但法则各各以大于己的法则为法则，而自己也各自有其法则。《老子》说：

人法地，地法天，天法道，道法自然。（《二十五章》）

什么都有法则，人便以地的法则为法则，地又以天的法则为法则，天又以"道"的法则为法则，"道"又以自然的法则为法则。秩序逐渐扩大。整个的自然界即是"无",即是"无名"的东西,它包括一切法则,即包括"道"。"道"又包括天,各种天体都在轨道中运行。天包括地,地球不过是天体的一部分。地包括人,人类不过是地球上生物的一种。秩序逐渐缩小。所以自然界的东西各各以大于己的法则为法则,而自己也各自有其法则。整个的自然界(无)都有法则(道),所以"道"即是"无","无"即是"道"。"道"与"无"虽然是相同的,但其中又有一点不相同。在这里就可以知道"道"与"无"的关系。

(二) 无 为

"无为"一点也是《老子》书中一个很重要的观念。"无名"就自然界说,"无为"则兼就人事界说,《老子》书中讲"无为"的地方很多。如云:

> 圣人处无为之事,行不言之教。(《二章》)
> 为无为,则无不治。(《三章》)
> 爱民治国,能无为乎?……为而不恃……是谓玄德。(《十章》)
> 上德无为而无以为,下德为之而有以为,上仁为之而无以为,上义为之而有以为,上礼为之而莫之应,则攘臂而扔之。(《三十八章》)
> 吾是以知无为之有益。不言之教,无为之益,天下希及之。(《四十三章》)
> 不为而成。(《四十章》)
> 我无为而民自化,我好静而民自正,我无事而民自富,我无欲而民自朴。(《五十七章》)
> 为无为,事无事,味无味。(《六十三章》)
> 为者败之,执者失之,是以圣人无为故无败,无执故无失。(《六十四章》)

民之难治，以其上之有为，是以难治。(《七十五章》)

《老子》这部书，几乎全部都是发挥"无为"的道理的。什么是"无为"，因为自然界的法则都是布置好了的，不需人加以作为，也无法加以作为，如果勉强加以作为，就会变成假的，就会拿主观的东西，当作客观的东西。道是客观的存在物，法则是客观的存在物，所以说是"无为"。人事界正复如此。人事界的法则也是布置好了的，无需加以更动，如果加以更动，就会引起许多机巧变诈，而为扰攘纷乱的张本。人事界主要的是讲"爱民治国"，是讲"取天下"。能够无所事事地取天下，在《老子》是认为最好的政治现象。所以说："取天下常以无事，及其有事，不足以取天下。"又说："以无事取天下。"又说："我无事而民自富。"这都是从《论语》上"无为而治"一语引申而来。

"无为"是无所作为，然而不是不作为，乃是"作焉而不辞"，"为而不恃"。李翱在《复性书下》发挥一段"无为"的意思。他说：

　　昼而作，夕而休者，凡人也。作乎作者，与万物皆作；休乎休者，与万物皆休。吾则不类于凡人，昼无所作，夕无所休。作非吾作也，作有物；休非吾休也，休有物。作耶休耶，二者离而不存。予之所存者，终不亡且离也。

《老子》说了一句"万物作焉而不辞"的话，陆农师便这样注着："万物之息，与之入而不逆；万物之作，与之出而不辞。"这就是"作乎作者，与万物皆作；休乎休者，与万物皆休"之意。"圣人处无为之事，行不言之教"，所以"昼无所作，夕无所休。作非吾作也，作有物；休非吾休也，休有物"。一任自然，无为而无不为。不过"作"与"休"二者离而不存，所以《老子》说："化而欲作，吾将镇之以无名之朴。"如果以"无名之朴"镇之，那就"化而欲作"，其作也不作，其休也不休，自然"终不亡且离"了。人与万物为一体，自然休作与共，又哪会"亡且离"呢？这是李翱对《老子》"无为主义"的发挥。然则《老子》所谓"无为"，并不是不作为，乃是顺任万物的自然法则去作为，不加一点人为的意见。因此《老子》处处着重"不言之教"。

什么是"不言之教"？谓不参以人为的意见或主张，或虽参以人为的意见或主张，而不以美恶、善不善相号召，使民相忘于美恶、善不善之间，如鱼在水而忘水。鱼在水忘水，便像无水，民在治忘治，便像无治。故曰"无为之事"。《老子》书中对这点是发挥得异常多的。《老子》说：

希言自然。(《二十三章》)

"希言"即"无言之教"，"希言"就可达到"自然"的境地。孔子说"子欲无言"，这便是"希言"；"天何言哉？四时行焉，百物生焉"，这便是"自然"。可见《老子》的重要观念，都从《论语》而来。《老子》既从正面说明"不言"之益，如云"天之道……不言而善应"，"大巧若拙，大辩若讷"；又从反面说明"多言"之害，如云"多言数穷"，"知者不言，言者不知"，"信言不美，美言不信；善者不辩，辩者不善"。我们可以看到《老子》对于"言"与"行"都作否定的说明，贯彻它的"无为主义"的主张。

《老子》由"无为"又讲到"无知"。因为知识是一切造作的源泉，也是一切虚伪欺诈的源泉，所以极力说明知识之害。它提出一个口号，是：

绝学无忧。(《二十章》)

本来一个人没有知识，确实可以减去许多无谓的烦恼，正是所谓"知识为忧患之媒"。一个人如果像小孩那样，过浑浑噩噩的生活，既可以减少苦恼，又可以保持天真，这不是很值得赞赏的吗？无怪《老

子》要提出"绝学无忧"这个口号。因为这样,所以《老子》极力赞美"无知"的好处,阐述"智多"的害处,譬如说:

> 众人皆有余,而我独若遗,我愚人之心也哉,沌沌兮!俗人昭昭,我独昏昏;俗人察察,我独闷闷;澹兮其若海,飂兮若无止。众人皆有以,而我独顽似鄙。我独异于人,而贵食母。(《二十章》)
>
> 是以圣人之治,虚其心,实其腹,弱其志,强其骨,常使民无知无欲,使夫智者不敢为也。(《三章》)
>
> 五色令人目盲;五音令人耳聋;五味令人口爽;驰骋畋猎,令人心发狂;难得之货令人行妨。是以圣人为腹不为目。(《十二章》)
>
> 明白四达,能无知乎?(《十章》)
>
> 古之善为道者非以明民,将以愚之;民之难治,以其智多。故以智治国,国之贼;不以智治国,国之福。(《六十五章》)
>
> 智慧出,有大伪。(《十八章》)
>
> 绝圣弃智,民利百倍。(《十九章》)
>
> 知不知上,不知知病。(《七十一章》)
>
> 知者不博,博者不知。(《八十一章》)

从这些文句里面,可以看到不尊重"无知"的三层害处:一、在个人有"目盲耳聋"的危险;二、在国家有"贼国"的危险;三、在知识本身,有"不博"且"病"的危险。如果在个人修养上,只"为腹不为目";在国家治安上,只用"愚之"的方法;在知识修养上,只抱着"知不知"的态度,那就一切危险都没有了。《老子》处处赞美"无知",但"无知"的思想,也见于《论语》。孔子说:"吾有知乎哉?无知也。"这不是"知不知"的根据吗?我所以说《老子》一书,受《论语》启发的地方是很多的。

小孩子之所以可贵,就在他能够保持着原来的"无知"的态度,因此《老子》特别尊重小孩子的地位。譬如说"常德不离,复归于婴儿";"专气致柔,能婴儿乎";"我独泊兮其未兆,如婴儿之未孩";"圣人皆孩之";"含德之厚,比于赤子"。这是何等尊重小孩子的思想。小孩子没有受到知识的渲染,所以能够保持天真,如果知识渐渐地启发了,那作伪的本领也就渐渐地大了,又有什么值得我们去尊重呢?

人们在未受知识渲染的时候,常能保持着一种朴素的面目,这种朴素的面目,在《老子》看来,是很可贵的。《老子》的自然主义,就以这朴素一点为其核心。如云:"道常无名,朴。""化而欲作,吾将镇之以无名之朴。"可见"无名之朴",便是"道"的本质的要素。此外发挥"朴素"的地方还很多。如云:"见素抱朴。""敦兮其若朴","为天下谷,常德乃足,复归于朴。朴散则为器,圣人用之,则为官长","我无欲而民自朴"。这些都是他的"无为主义"的说明。

(三) 无为而无不为

《老子》一书,都是发挥"无为而无不为"的思想的,这句话颇难解释,但在《老子》书中,却是很重要的。《老子》处处发挥"无为"的精神,却亦可说处处发挥"无不为"的精神,孔子说:"天何言哉?四时行焉,百物生焉,天何言哉?"这便是"无为而无不为"的注解。"天何言哉",是"无为","四时行焉,百物生焉",便是"无不为"。《老子》以为自然界的法则,已经完全具备,没有一种事物不受它的支配。人也是自然界之一物,当然也逃不了这自然法则的支配。"道"便是自然法则本身,它是"无为"的,因为它是老早具备了的;但又是"无不为"的,因为一切事物乃至一切人类行为都须受它的支配。所以《老子》说:

道常无为而无不为。(《三十七章》)

这样说来,人类的一切努力,根本用不着了吗?主观的力量,根本不足以变更客观的法则吗？在《老子》看来，人类的一切努力，是用得着的。人类应当努力学问，使学问增加，学问增加了，便会明了自然界一切事物发展的法则；学问愈增加，便会对于自然界的法则愈明了，愈觉得自然界的法则不过是那么一回事，不过是原来布置好了的客观的存在物。所以《老子》的"无为"，不是要我们不去努力而是要我们去努力，愈努力，便对自然界法则的认识愈真切。可是主观的力量，只能达到认识客观的法则而止，要想变更客观的法则，却是不可能的。主观的力量，一天天地增加，便会觉得客观的法则一天天地减少。因为客观事物是各各以大于己的法则为法则，而自己也各自有其法则，知道了这一点，久而久之，便会觉得没有什么客观法则支配着似的，实际上却是无一处没有法则。所以《老子》说：

为学日益，为道日损，损之又损，以至于无为，无为而无不为。（《四十八章》）

严几道对"日益""日损"作这样的说明，他以为"日益者内籀之事也；日损者外籀之事也；其日益也，所以为其日损也"。这种说明，与我上面的解释，正有互相发明之处。《老子》的思想都是根据"无为而无不为"观点去说明的。所以表面上像消极，实际上却都是积极的。譬如说：

以其终不自为大，故能成其大。（《三十四章》）
以其不争，故天下莫能与之争。（《六十六章》）

这类的思想在《老子》书中是表现得很充分的，这是道家用自然法支配人为法的地方。关于这点，下面尚当论及。

总之，论"无名"，论"无为"，论"无为而无不为"，都是《老子》一书的特色。与《庄子》相比较，可以看到后者不如前者体系的周密。《庄子》谓："物谓之而然。"意思是说物由"称谓"而起，即物由"名"而起,"无名"便无物了,"无名"便达到"至矣尽矣,不可以加矣"之"未始有物"的境地了。然则"无名"的思想在《庄子》书中已有其端,不过到《老子》始尽力发挥,完成一种无名主义的主张。其次论"无为",《庄子》书中已有"无为无形"之语,但将"无为"形成独有的主张,尤其是形成一种政治的思想,这又是《老子》书中的特色。至于论"无为而无不为",《老子》书中虽力言之,《庄子》却根本不曾有这种思想。由以上三点,可证《老子》书出《庄子》后,因为思想的体系,总是后者比前者完备周密,这证之西洋哲学,也往往如此。

三、道家的辩证法

辩证法的思想是在任何思想里面都潜伏着的,因为客观的世界,原就是辩证法的发展。当然,反映到思想界也就多少含有辩证法的要素,儒家的思想也多少含有辩证法的要素,这在第一讲中已有论及。至于道家的思想,那是在中国哲学中所含辩证法的要素最多的。《庄子·齐物论》中所包含辩证法的思想便特别丰富,至于《老子》一书,可以说整部著作都是用辩证的方法写成的。现在分作几点来说明:

(一)道是动的不是静的

《庄子》书中有这么一句精警的话:

> 道行之而成。(《齐物论》)

这便是说从"行之"之中见道。这已经把"道是动的,不是静的"一点说明了。在《庄子·秋水》篇中有一段话,也是说明变动的道理的。便是:

> 物之生也,若骤若驰。无动而不变,无时而不移。

后来到了《老子》一部书里面，更用力发挥这层意思，譬如说：

　　大道氾兮，其可左右。(《三十四章》)

这就是说"道"是动的，是无所不适的。左右上下，都是"道"在那里流动转变，正犹如水一般。希腊哲学开祖泰勒士（Thales）喜欢拿水说明宇宙间流动转变的现象，和《老子》的用意正相类。《老子》认"道"是整一的，又是永远发展的，所以郑重地说：

　　有物混成，先天地生。寂兮寥兮，独立而不改，周行而不殆，可以为天下母。(《二十五章》)

所谓"独立不改"，是说明"道"的整一性；所谓"周行而不殆"是说明"道"是动的、变的、转化的；不是静的、陈死的。惟其"周行不殆"，所以成其为"大"。"大"便由于它是流动转变的，所以又叫"逝"。并不是一时的流动转变，而是永远的流动转变，所以又叫"远"。但何以会永远地流动转变呢？这就是"反"的作用。关于"反"的道理，下段说明。《老子》说明自然界，用"反"作最后的总结，所以说：

　　吾不知其名，字之曰道，强为之名曰大。大曰逝，逝曰远，远曰反。(《二十五章》)

《庄子》书中除"道行之而成"一语，说明"道"是动的之外，还有一语也隐示道动之意，便是所谓"道未始有封"。又《庄子》也隐约以水喻"道"，便是所谓"鱼相造乎水，人相造乎道"。可是说来都不见真切，不如《老子》书中所主张之显明。可见《老子》一书是出于《庄子》之后的。

（二）动由于反

道既是动的，但为什么会动呢？这便是"反"的作用。《老子》有两句最重要的话，说道：

> 反者道之动，弱者道之用。

"反"，即是矛盾，即是否定。《老子》认自然界都是流动转变的，其所以流动转变，即由于矛盾，由于否定，否定复生否定，成为永远的否定，就成为"无"。《老子》说明自然界，归结到最后的"反"，也许便是这个意思。

《老子》的整个哲学体系，都在发挥"反"与"弱"的道理。换句话说，都在发挥否定方面的道理。像他所说的"知其雄，守其雌"；"知其白，守其黑"；"知其荣，守其辱"。这些话，都是着重"反"与"弱"的方面。《老子》根本认定宇宙是相对的，所以处处都从相对的道理立论。譬如说：

> 天下皆知美之为美，斯恶已；皆知善之为善，斯不善已。故有无相生，难易相成，长短相形，高下相倾，音声相和，前后相随。（《二章》）

这是很明显的例子。此外如强弱、得失、曲全、枉直、洼盈、敝新、多少、重轻、静躁、壮老、张歙、废兴、与夺、贵贱、损益、坚柔、成缺、生死、祸福、大细、有余不足之类，举不胜举，几乎没有一处不是讲的相对的道理。它从相对、对立的道理说明自然界，但它所特别看重的却是"反"与"弱"。因为"反"是推动"道"的，"弱"是运用"道"的，都是说明否定的作用的。刚才说过：永远的否定，便成为"无"，便是说自然界的本身，即是永远的否定。《老子》的"无"，有广狭二义：广义的"无"，便是永远的否定；狭义的

"无",便是否定的作用,便是负的方面的作用。譬如说:

> 三十辐,共一毂,当其无,有车之用;埏埴以为器,当其无,有器之用;凿户牖以为室,当其无,有室之用,故有之以为利,无之以为用。(《十一章》)

照上面所述的几点看来,如果没有"无",没有否定作用,便一切的一切都不能表示作用了。

从费希特到黑格尔都用正反合的方式说明辩证法。道家的辩证法也取着同样的方式,不过内容有不同。这是因为辩证法本身必然地要依照这方式而推演的。《老子》说:

> 道生一,一生二,二生三,三生万物。万物负阴而抱阳,冲气以为和。(《四十二章》)

"道"本身为本质的同一性,扬弃一切有和无的规定,消失一切即自和对自的关系,仅为绝对的否定性之自己关系之同一,是为"道生一"。但所谓同一性,即伏着绝对的不等性,正是《庄子》所谓"齐物者齐其不齐"之意。在同一性之中,潜伏着一切差异、对立和矛盾,是故为"一生二",矛盾为一切运动的主因,有矛盾(正、反)就有矛盾的统一(合),是故为"二生三"。一度统一,便发生一度的突变,万物便从这里面发生,是故为"三生万物"。万物的发生,都经过矛盾而达于统一,是谓"万物负阴而抱阳,冲气以为和"。可见《老子》的宇宙观是包含着辩证法的原理的。

像这样丰富的辩证法的思想,决不能产生于《庄子》以前,更不能产生于《论语》以前。《庄子·齐物论》有一段很重要的议论。也是用辩证法说明万物之发生的,不过没有《老子》说得那样显明切实。文曰:

第四讲 道家的宇宙观

今且有言于此，不知其与是类乎，其与是不类乎？类与不类，相与为类，则与彼无以异矣。……天下莫大于秋毫之末，而太山为小；莫寿于殇子，而彭祖为夭。天地与我并生，而万物与我为一。既已为一矣，且得有言乎？既已谓之一矣，且得无言乎？一与言为二，二与一为三；自此以往，巧历不能得，而况其凡乎？故自无适有，以至于三；而况自有适有乎？无适焉，因是已。

《老子》借"名"与"无名"说明"道"，《庄子》便借"言"与"不言"说明"道"，其用意是相同的。关于这点，下段详说。所谓"莫大于秋毫之末，而太山为小；莫寿于殇子，而彭祖为夭"，便是说空间时间都是相对的。大小是说空间，长短是说时间。大之外有更大的，小之内有更小的，长与更长的比较，则长反觉短；短与更短的比较，则短反觉长。如果用绝对的眼光去看世间，便"天地与我并生，而万物与我为一"了。没有什么长短大小之分了。不过《庄子》讨论宇宙发生的问题，总是着眼在概念，着眼在名言，不像《老子》由自然界归结到人事界。《庄子》所谓"既已为一矣，且得有言乎"，是说明宇宙的同一性；"既已谓之一矣，且得无言乎"，是说明宇宙的差异性。前者是《老子》"独立不改"的张本，后者是《老子》"周行不殆"的张本。《庄子》以为世间一切的差异、对立和矛盾，都起于言说，所谓"一与言为二"。既有了差异、对立和矛盾，便会随着宇宙本身的发展而发展，差异的得了融合，对立的得了调解，矛盾的得了统一，是谓"二与一为三"。自此以往，继续发展，无有止极。不过庄、老的思想，都是排遣名言的。《庄子》说："无适焉，因是已。"意思是说宇宙尽可依自然法流行，不用人间的名言去推动，所以主张"无适"而"因是"。《老子》说："名亦既有，夫亦将知止，知止所以不殆。"意思是说"名"虽是不得已而使用的，但也不可以听其流衍，致发生许多是非纷扰，所以主张"知止"。这样看来，庄、老的辩证法，都是着重在遣"名"遣"言"。我们可以知道他们的辩证法，完全是概念的。不过《庄子》所发表的辩证法，更完全是概念的。这也

· 115 ·

许是因庄子正当名家诡辩极盛之时，庄子本人又与许多的名家相往来，故不觉完全走于概念一途。若《老子》的辩证法便丰富多了，表现法也不同了。还有，《老子》能见到道之动由于"反"，《庄子》只能见到道之动由于"言"，即由于分别，分别仅是"反"中之一含义。这些地方也足证《老子》后出于《庄子》。

（三）两行之道

《老子》开口便说："道可道，非常道；名可名，非常名。""名"即是"言"，有"言"就有"名"。可见《庄》《老》的看法是一致的，而《老子》以"常道""常名"作全书的骨干，这样有组织的表现法，决不能出现于《庄子》以前，则"道"与"名"并举，显见其依据《庄子》。

"道"与"言"并举的思想路径。"言"是相对的，"名"也是相对的。庄子说齐物，物如何能齐呢？只有一个方法，便是排遣名言区别，便是"不言则齐"。《寓言》篇说："齐与言不齐，言与齐不齐。"要齐只好不言，只好不开口，一开口就是相对的，就是不齐。庄子以为"言"是表示意见的，说明事物的，结果不过是一种意见而已，所以说"言者有言"；却不能表明事物的真相，所以说"夫言非吹"。"吹"是表示万物自然之声的，万物自然之声，自生自灭，不像"言"充满着个人主观的意见。所以说："夫吹万不同，而使其自已也。""吹"可以喻"道"，"道"不是由"言"可以左右的，这即是说"道"不是由主观的意见可以左右的。"言"只管有"言"，而"道"仍还是"道"。所以庄子提出这样一段话：

> 有始也者，有未始有始也者，有未始有夫未始有始也者；有有也者，有无也者，有未始有无也者，有未始有夫未始有无也者。俄而有无矣，而未知有无之果孰有孰无也。今我则已有谓矣，而未知吾所谓之果有谓乎，其果无谓乎？（《齐物论》）

意思就是说，可言说性非"有"，离言说性非"无"。"道"还是那么样，不因"言"多而"道"增，亦不因"言"少而"道"损。《庄子》主张"道"在不言，《老子》便主张"道"常无名。关于"道"与"言"的关系，庄子发挥得很多。譬如说：

> 道恶乎隐而有真伪，言恶乎隐而有是非？道恶乎往而不存，言恶乎存而不可？道隐于小成，言隐于荣华。（《齐物论》）

这段话是说什么地方都有"道"，什么言论都可以成立。浅见之人在小成处见"道"，在荣华处见"言"，好像拿住一点道理，便当作全部真理看，大发其议论，弄得全世界成为是非黑白之林。其实"道"并不给我们一口说尽，它还是另有它的所在。我们所把握的、所论证的，只不过代表"道"的一小部分而已。真理的本身并不全部跑进人类的头脑，仅只部分地跃入，因为这缘故，概念或知识永远不能全然与现实相吻合，总不过是现实的一小片。每一个思想，必须认识出思想都是现实和真理的一部分，然后能区别思想的真伪。真伪总是相对的，不是绝对的。因为真伪总包含在自然界之中，包含在整一的自然界之中。

庄子所谓"道恶乎往而不存，言恶乎存而不可"，这即是《老子》"常道""常名"之所本。庄子所谓"道恶乎隐而有真伪，言恶乎隐而有是非"，和所谓"不道之道"，"不言之辩"，这即是老子"道可道，非常道；名可名，非常名"之所本。"道"是无所不在的，上面已有提到，无所不在的"道"，便是"常道"。"言"是表示意见的，发表思想的，但思想总不过是现实的一小片，总包含在自然界之中。这样，便任何名言皆可存，这便是"常名"。如果"道"隐而有真伪，则为可道之道，非"不道之道"；"言"隐而有是非，则为可名之名，非"不言之辩"。在这点也可以看到《老子》和《庄子》的关系。

庄子更进一步说道："夫道未始有封，言未始有常。"因为"道"本没有封界，言语也没有一定，用没有一定的言语，说明没有封界的

"道",当然愈说明便愈招纷纠。因为你有一种说明,便有你的一种是非;我有一种说明,便有我的一种是非;是非愈多,"道"反因而愈晦。所以庄子说:"是非之彰也,道之所以亏也。"不过"道"与"言"虽有不同,我们虽然着重遣"名"遣"言",以显出"道"的真相,但名相和言语究竟不能不使用。我们仍然要把我们的工具弄正确些,把我们的名相和言语弄正确些,是这样才能把"道"的真相部分地表现出来,才有比较正确的是非。不过立刻要知道,这所谓正确的是非,毕竟不过是名言区别,在"道"的全体说来,名言又不成立了。这便叫做"以名遣名","以言遣言"。这便是两行之道,譬如刷子和粉笔,都是自然界的一部分,当我们说刷子或粉笔的时候,刷子是刷子,粉笔是粉笔,不可以含混的。但立刻要知道刷子或粉笔,毕竟不过是名相的不同,实际上它们是一体的,都属于同一的自然界。是这样,刷子或粉笔的名称又不能成立了。一面肯定世间一切的名相,一面又否定世间一切的名相,这便是两行之道。所以庄子说:

是以圣人和之以是非,而休乎天钧,是之谓两行。(《齐物论》)

是非在人事界是分别得很清楚的,若在自然界便无所谓是非了,是非便共同休息于自然平均的境界了。正如狄慈根(Dietzgen)所说的:"猫与豹虽是猫的不同的物种,但同属于猫类。所以真的和伪的思想,虽有许多差异,而是属于同一类的。因为真理是非常伟大的,万物都被包括在里面。"

如果不明两行之道,势必造成许多无谓的争执,不争其所当争,而争其所不必争。例如:

狙公赋芧,曰:朝三而暮四。众狙皆怒。曰:然则朝四而暮三。众狙皆悦。名实未亏,而喜怒为用。(《齐物论》)

第四讲 道家的宇宙观

这是何等可笑的事情啊！这只有认识出宇宙的二重性的人，知道世界的单元的性质是有限同时又是无限，是特殊同时又是普遍的人，才根本明了世间一切的是非可否，都不过是假立的区别，或暂定的名称，在一定有限的范围内，是不得不如此的。若在整个的自然界里面，便这些计较，根本用不着了。所以能够透彻两行之道的人，便明白庄子所说的下面的一段道理：

恶乎然？然于然；恶乎不然？不然于不然。物固有所然，物固有所可，无物不然，无物不可。（《齐物论》）

庄子的意思，以为自然界是无所不包的，真伪是非，都包括在里面。一切都是真理之一部，错误也是真理之一部。所以说："儒、墨之辨，吾所不能同也；各冥其分，吾所不能异也。"我们对于是非真伪要想弄个永久的排遣办法，只有任其自然。所以庄子有这样的结论：

欲是其所非，而非其所是，则莫若以明。（《齐物论》）

"以明"便是听其自明的意思，庄子重"以明"，《老子》重"袭明"，是同一的看法。庄子除"以明"之外还提出一个"因是"。如上面所说的"无适焉，因是已"。又如所谓"是以圣人不由而照之于天，亦因是也"。这些都是庄子不可知论之最赤裸的表白。

关于两行之道，到了《老子》书里面，就这样地表现出来：

常无，欲以观其妙；常有，欲以观其徼。此两者同出而异名。（《一章》）

"无"是"无名"，"有"是"有名"。"无"就本体说，"有"就现象说；"无"就一说，"有"就多说；"无"就虚说，"有"就实说；"无"就同说，"有"就异说；"无"就暗说，"有"就明说。世间一

· 119 ·

切道理，总不外有无二面。换句话说，总不外有名无名二面。由有名可以表明一种要求，由无名可以显出一种妙用。《易经》说："妙万物而为言。""妙"即"妙万物"之妙，谓贯通天地万物的妙用。"徼"含"份徼""际限""界别"之意。谓万物的际限或界别。就个人言，眼有眼的际限，眼只能视，而不能听；耳有耳的际限，耳只能听，而不能视。推而至于百骸九窍六藏，莫不皆然。各有各的际限，不能相乱。这便是有名之徼。可是在这时，如果遇着一个敌人加以某种危害之际，眼所见的，耳所闻的，乃至百骸九窍六藏所起的动作，都趋于同一的目的——抗拒敌人，这是什么东西在主宰呢？这便是无名之妙。又就宇宙言：天地万物有天地万物的际限，水流湿，火就燥，水火不能相乱；四时运用有四时的际限，冬不能行夏令，秋不能行春令。这便是有名之徼。可是天地万物的发生与四时的推移，都能消息盈虚，达到参天地、赞化育的目的，这是什么东西在主宰呢？这便是无名之妙。有名之徼，重分析，为科学之事；无名之妙，重综合，为玄学之事。有名之徼，肯定世间一切的名相；无名之妙，否定世间一切的名相。有名之徼，发生区别，遂有物；无名之妙，本无区别，遂有道。有名就"学"言，无名就"道"言。可是有名无名，表虽是二，而里实是一。无中含有"有"的要求，有中含有"无"的妙用。所以说："此两者同，出而异名。"这便是《老子》书中所表现的两行之道。这样看来，《老子》的说明比《庄子》又充分多了。

（四）庄子所见的主观和客观

关于主观和客观，庄子的见解，有许多和费尔巴哈（Feuerbach）相类似的地方，便是认为主观和客观是统一的。费尔巴哈以为"我"的身上含有"我"与"你"两个成分，所以主观和客观，便统一于我的身上。庄子也以为"我"身上含有主观和客观两成分，不过他所讨论的对象不仅限于人类，他是抱万物一体的思想的，他是认"天地与我并生，万物与我为一"的。《齐物论》末段有这样一段记载：

> 昔者庄周梦为胡蝶，栩栩然胡蝶也，自喻适志与，不知周也。俄然觉，则蘧蘧然周也。不知周之梦为胡蝶与？胡蝶之梦为周与？周与胡蝶，则必有分矣。此之谓物化。

这段事实不管是不是真的，不管是不是后人加入的材料，可是庄子是抱着"物化"的思想的。庄子对人与物是同一的看法。明白了这点，就好讨论主观和客观的问题。庄子说：

> 物无非彼，物无非是。自彼则不见，自知则知之。故曰：彼出于是，是亦因彼。（《齐物论》）

这是说没有一件事物不是客观，也没有一件事物不是主观。主观客观是对待的，说到主观就有客观，说到客观就有主观。也可以说客观出于主观，主观是由于客观。不过单讲客观是不大显明的，由主观进窥客观，是十分清楚的。但这里面有一层重要的道理，便是主观和客观是统一的。所以庄子继续地说道：

> 彼是方生之说也。虽然，方生方死，方死方生；方可方不可，方不可方可；因是因非，因非因是。（《齐物论》）

这就是说主观客观是统一的，主观客观统一于个体。说到方生就含着方死，说到方死就含着方生；说到方可就含着方不可，说到方不可就含着方可；说到因是就含着因非，说到因非就含着因是。我的主观上觉得我是对的，而在我的客观上，就反映着一个不对的。在对待的地方就是统一的地方。因此庄子说道：

> 是亦彼也，彼亦是也。彼亦一是非，此亦一是非，果且有彼是乎哉？果且无彼是乎哉？彼是莫得其偶，谓之道枢。枢始得其环中，以应无穷；是亦一无穷，非亦一无穷也。故曰：莫若以明。

这就很显明地说，主观也即是客观，客观也即是主观。客观也有一个是非，主观也有一个是非。既主观客观是统一的，既主观客观都属于整一的自然界，那又有什么主客之分呢？既无主客之分，那又有什么对待呢？没有对待，便是一切认识的总枢纽，便是"道枢"。在这"道枢"里面，有无穷的是非，有无穷的真伪。说不胜说，莫若听其自明。庄子由相对论走入不可知论，现在推论到这里，又由不可知论走入怀疑论、诡辩论了。看下面一段话自知：

> 既使我与若辩矣，若胜我，我不若胜，若果是也，我果非也邪？我胜若，若不吾胜，我果是也，而果非也邪？其或是也，其或非也邪？其俱是也，其俱非也邪？我与若不能相知也，则人固受其黮暗，吾谁使正之？使同乎若者正之。既与若同矣，恶能正之？使同乎我者正之，既同乎我矣，恶能正之？使异乎我与若者正之。既异乎我与若矣，恶能正之？使同乎我与若者正之。既同乎我与若矣，恶能正之？然则我与若与人，俱不能相知也，而待彼也邪？何谓和之以天倪？曰：是不是，然不然。是若果是也，则是之异乎不是也，亦无辩。然若果然也，则然之异乎不然也，亦无辩。化声之相待，若其不相待。和之以天倪，因之以曼衍，所以穷年也。忘年忘义，振于无竟，故寓诸无竟。(《齐物论》)

这段议论和古希腊哲学家高尔吉亚（Gorgias）的思想，又有什么不同呢？庄子的思想推衍到极端，完全是破坏的，消极的，故为《老子》所不取。这一点又是《庄子》书与《老子》书的不同点。

以上说明了道家的自然主义和辩证法。我们可以看到庄、老有一种显著的共同的特征，便是"保真"。《庄子》的"真君"、"真宰"，《老子》的"无名之朴"，都是他们的宇宙观的神髓。他们想"以言遣言"，"以名遣名"，其目的都在于"保真"。毋怪《庄子·天下》篇称关尹、老聃之流为"博大真人"。(《老子》一书，当然是关尹、老聃之流的私淑者的作品。) 还有一点，也是庄、老共同的特征，便是"全生"。

《庄子》的《养生主》一文，便完全是发挥"全生"的道理。所谓"为善无近名，为恶无近刑"，所谓"缘督以为经，可以保身，可以全生，可以养亲，可以尽年"，是关于"全生"最精辟的议论。《老子》则极力阐明"长生久视"之道。譬如说："以其不自生，故能长生……后其身而身先，外其身而身存。"又如说："善摄生者，陆行不遇兕虎，入军不被甲兵，兕无所投其角，虎无所措其爪，兵无所容其刃，夫何故，以其无死地。"这些都是发挥"全生"的道理的。这样看来，庄、老的思想，一面着重"全生"，一面又着重"保真"。而"全生保真"，固原来是杨子的思想，可知庄、老是承杨子的思想一脉而来。又杨子"不以物累形"一点，也成为庄、老思想的主营。庄、老都是站在"无物"的立场，以说明他们的本体论的。《庄子》的"齐物""物化"，与夫所谓"审乎无瑕而不与物迁"，"胜物而不伤"；《老子》的"无欲""知止"，与夫所谓"去甚""去奢""去泰"，"祸莫大于不知足"，都是发挥"不以物累形"的思想。可见杨子的学说也成为道家哲学的渊源。

四、道家思想的社会背景及略评

本讲中的道家思想，乃以杨子、庄子及《老子》书为代表。杨子的产生年代及其事迹，颇难考定。根据《淮南子·氾论训》里"兼爱、尚贤、右鬼、非命，墨子之所立也，而杨子非之"一段话，可证杨子在墨子之后，并且去庄子不远。庄子是战国时人，《老子》书是战国末年的作品，这样看来，关于道家思想的社会背景，便不难说明了。在封建制度日形动摇的时候，便有从农奴制挣扎出来的小农，而道家思想便是小农的社会生活的反映。在战国的时候，商业资本得了高度的发展，于是从前为自足自给的生产，现在却变为为市场的生产了。从前为社会制度所限制不能自由出卖自己的土地，现在却可以破除种种限制而得自由出卖了。可是封建制度动摇的结果，不仅不能使小农解除痛苦，反因土地的兼并，生产的集中，以及各种的自由竞争，而使他们的痛苦加甚。在这种情形之下，反映到他们的思想，是不甘保守，也不敢进取。换句话说，对于封建制度的束缚，他们是想打破的，而对于新兴的社会潮流，却又不能接受。结果只有对自然的原始社会生活的憧憬和思慕。这正是小农社会心理之写真。道家思想正适合这种心理。我们从《老子》书中对儒家的仁义说、墨家的尚贤说之排斥，可以知道它不满意于封建制度；我们从《老子》书中对五色、五音、五味等等之排斥，对什伯之器与舟舆、甲兵等等之排斥，可以知道它亦不满意于新兴的社会潮流。我们从《老子》书中提倡"小国寡民"，提倡"甘其食，美其服，安其居，乐其俗"，提倡"为腹不为目"，可以知道它对原始社会生活之憧憬与思慕。这样看来，道家思想的产生，正有它的最显明的社会背景的。

商业资本的发展，遂使人们的欲望随而增高，因之社会上一切的恶德，如虚伪、欺诈、攘夺、盗窃等等，亦随而愈演愈烈。道家最有力的代表思想——《老子》，便是反对这一切的恶德最力的；因为反对这一切的恶德，遂反对这一切恶德所以产生的根源——文明。所以《老子》说：

　　大道废，有仁义；智慧出，有大伪；六亲不和，有孝慈；国家昏乱，有忠臣。(《十八章》)
　　绝圣弃智，民利百倍；绝仁弃义，民复孝慈；绝巧弃利，盗贼无有。(《十九章》)
　　民多利器，国家滋昏；人多伎巧，奇物滋起；法令滋彰，盗贼多有。(《五十七章》)

随着商业资本的发展，而剥削的形式更加复杂，而原来的封建形式的剥削却并不曾减少，因此道家对旧文化——封建主义的文化、新文化——商业资本主义的文化，一概加以排斥，而主张"回到自然"。这是道家无名主义、无为主义之所由发生。

在封建统治日趋动摇，商业资本日形发展的瞬间，阶级斗争的现象，遂不免陷于极复杂极尖锐的程度。在乡村为农民对地主的斗争，在城市则为市民或商人对封建统治阶级的斗争。《太史公自序》上说："春秋之中，弑君三十六，亡国者五十有二，诸侯奔走不得保其社稷者，不可胜数。"可想见当时斗争的激烈。下至战国，其斗争的激烈，更有加无已。于是反映到哲学思想中，遂主张流动转变，主张对立与融合，而有各种辩证法思想之产生。譬如《老子》说"祸兮福所倚，福兮祸所伏"，"有无相生，难易相成"，这些都是运用辩证法去观察自然和社会的。这样看来，道家的自然主义和辩证法正反映着当时的社会现象。

以下让我们对道家的宇宙观作一个简括的批评。

道家的自然主义和西洋古代的自然主义不同，因为西洋古代的自然主义是物活论的。又和卢梭（Rousseau）一流的自然主义不同，因为卢梭的自然主义是注重心理上、生理上的自然发展的。又和西洋19世纪下半期的自然主义不同，因为西洋19世纪的自然主义是以自然科学为基础的。若道家的自然主义，乃是讲的原始的自然状态，所谓"莫之命而常自然"。《老子》说：

> 万物并作，吾以观其复。夫物芸芸，各复归其根。归根曰静，是谓复命。（《十六章》）

所谓"观复"，所谓"归其根"，所谓"复命"，都是回到原始的自然状态之意。道家不讲征服自然，改造自然，乃是讲的信任自然，服从自然。这种自然主义的思想，正是小农社会生活的反映。小农社会的农民没有组织能力，没有战斗能力，于是反映到他们的思想中成为无为主义、不争主义，于是反映到他们对一切文明文化的排斥。

道家所谓"道"，所谓"无"，究竟是物质的呢，还是精神的呢？照前面的解释，它本是一个混沌的状态。庄、老自身已经声明这种状态是"未始有物"，是"无物之象"，当然不是物质的了。但是不是精神的呢？据庄、老的声明，它是"先天地而生"的，它是"可传而不可受，可得而不可见"的，它是"视之不见"，"听之不闻"，"搏之不得"的,然则这个"道"是不能刺激我们的感官而引起某种感觉的。不能刺激我们的感官的"道",就成为"不可知"的"道",这就走到观念论的营垒去了。

"道"不依存于物质,而物质却反依存于"道",依存于"无",是则"道"与"无"就不得不成为精神的了。我以为这种推论,可决定道家思想所取的途径,可确定我们对道家研究的指针。

道家的辩证法是有可以相当注意的地方,因为它知道用辩证法观察自然界,观察人类社会,并观察人类的思维。它知道把宇宙观、认识论和辩证法看作一件东西,这是道家哲学强过其他各派哲学之处。不过它不知道从实践去充实它的辩证法,以致它的思想仅余一个空壳,以致走上论理的游戏、玄学的捉弄一途,而成为一种观念论的辩证法。这是表示它的最大缺点的地方。

道家的认识论,也有一种光辉的贡献,因为它能见到主观与客观的统一这层道理。不过它只能见到静的统一,不能见到动的统一。它只知客观出于主观,主观由于客观,却没有说明是主观同时就是客观,它认概念、思想不能全然与现实相吻合,否定绝对真理有认识的可能,因此走入相对论,不知绝对真理是可以认识的东西,不过因历史条件的限制而不能不有所期待。它更不知相对性中含有绝对性,绝对真理即为相对真理的总和所组成。又他们好持不可知论的论调,《庄子》所谓"以明"、"因是",《老子》所谓"袭明",都是不可知论的思想的暴露。《庄子》里面这样的议论更多,于是由不可知论走入怀疑论、诡辩论,这些地方,都充分表现出他们的弱点。

道家哲学尽管有他们独具的优点,可是所给予中国人的影响却是极坏极坏的,不奋斗——无为、无事,不进取——知足、知止,不抵抗——不争,乃至一切言论行事,完全走入消极颓废一途,都是道家哲学之赐。在竞争激烈的现代,这种哲学是不能不加以扬弃的。

第五讲

名家之观念论的辩证法与形式论理

我国春秋、战国之交，因社会混乱，国无宁日，战争频仍，此侵彼掠，纲纪败坏，秩序尽失；故一般忧时之士，或出而辅王理政，期廓清诸反对派以求统一；或游说诸侯偃兵，欲化干戈为玉帛；或自立学说，发挥其救世主张。因此，人才蔚起，思想繁兴，学术史上称为黄金时代，实有其由。考当时儒、墨、杨朱诸家，各出所论，皆足以振靡天下，其在学术上之价值，即此可见。所惜者公孙龙一派（公孙龙即称为"秉"者）的著述多散佚不存，流传世间的仅《公孙龙子》及《庄子·天下》篇所记的少许学说而已。但只在这残余材料中，已能给我们以至浓厚的兴趣，盖被称为"辩者"的惠施、公孙龙一派的思想，确有其独到的地方。

惠施、公孙龙，汉代学者称为"名家"，战国时大都称为"辩者"。我想他们所以有"名家"的称号，是因为他们对于名学有一种特殊的贡献，好像西洋的芝诺（Zeno）、黑格尔（Hegel）被称为辩证法家一样。这并不是因为他们讲名学才叫名家，如果这样，那就世界上不知有许多的名家了。

名家思想注重抽象的概念，以概念为蒙蔽民众的麻醉妙品。盖当时社会，一般民众在现实世界上得不到物质的满足和安慰，必然地要在抽象上着眼，名家因欲以空洞的概念去锁住民众每个的心灵，故注重静的世界观和定于一尊的思想。这本是一般御用学者共同的目标。孔子主正名，苏格拉底（Socrates）主知德一致，正是显例。孔子和苏格拉底都是想用概念的"名"去牢笼民众的思想，禁住民众的心灵，牵制民众的行动的。名家如惠施、公孙龙辈也仍然是这样。把概念的能动性故意夸大，把概念和事实分离，专在观念上维持其思想体系，专为他们的观念上的"一"辩护。他们只有观念论辩证法的思想和形式论理的思想，因此他们始终在观念范围内兜圈子，不敢越出雷池一步。

一、名家和别墨的不同

有些学者主张名家出自墨家。这是由于晋鲁胜所著的《墨辩注序》中有"惠施、公孙龙祖述其学，以正别名显于世"的话。迨及于清之张惠言，亦沿此说。他的《墨子经说解后》云：

> 观墨子之书《经说大小取》，尽同异坚白之术；盖纵横、名、法家、惠施、公孙、申、韩之属者出焉。

名出于墨之说，似成一种定论。陈兰甫《东塾读书记》尤以《墨子小取》篇"乘白马""盗人"诸说和公孙龙相似，认为是名出于墨的证明。胡适之先生更坚信这种主张，以名家为新墨学，名曰"别墨"，并举四个理由证明《墨经》为惠施、公孙龙等所作。梁任公先生虽不主张施、龙一辈作《墨经》，但也认名家一派确出自墨门（详见《读墨经余记》、《墨子学案》）。名出于墨之说，似更成为不摇之论。

可是我们若加以深察，便不敢赞同此说。墨家和名家原有几种根本不同的主张，根本主张既不同，便一切都不同了。让我们先考察有哪几种根本不同之点：

（一）墨家富有实践的精神，名家只是作抽象的研究

在第三讲中我们已把墨家实践的精神详细讲过，譬如《庄子·天下》篇述及墨子的话，有"不能如此，非禹之道也，不足谓墨"之语，又有一段重要文字，述及墨家的实践精神，如所谓"其生也勤，其死也薄，其道大觳，使人忧，使人悲，其行难为也……将使后世之

墨者，必自苦以腓无胈、胫无毛，相进而已矣"。我们从这些文句中，就可以晓得墨家是具有怎样一种精神的。墨者是如何的顾及实际，在苦难中发挥其能力，贯彻其主张的。我们可以说，墨家是手脑并用的劳动者，不像一般士大夫之文绉绉的只空谈文章济世。他们在行动上表现其思想的体系，在实践上体现其根本的主张；他们的精神是苦干，是实践。他们反对一切装饰主义，更反对身份主义。

我们再回头来看名家是怎样。名家在这一点，完全与墨家相反，名家只是抽象地研究学理，和一般士大夫的积习并无二致。名家给予我们的印象，是概念的注重，是论理的游戏，是在文字上斗法宝，在观念界兜圈子。它没有丝毫实践的事实供人参考，也没有丝毫实践的精神以与其学说相应和。这如何可以和墨家相提并论呢？所以，从气质上观察学派，是认识学派的基本条件。忽略了这点，便成为枝叶上的比附了。这是我所认为名墨不同的第一个理由。

（二）墨家有特殊的组织，名家无之

复次，我们看到墨家为一有纪律的团体，是有一定的特殊组织的。关于这点，我们看《庄子·天下》篇所记载的"以巨子为圣人，皆愿为之尸，冀得为其后世"一段，就很明白。巨子制度究竟是怎样的一种团体，我们虽然无法讲明，但为一种纪律森严的团体，却是绝无疑义的。在第三讲中我曾说明这种团体的"自苦为义"的精神，想诸君还能记忆。这样看来，欲为墨者，必须加入这种纪律森严的团体，或者必须经过入团体的一定程序方可。

但名家呢，我们实找不着它的有组织的特征。在古籍上并无记述名家为一种有组织的团体。我们姑且承认名家为新墨，为"别墨"。但我们考察许多从旧教蜕化而出的新教，或从保守党蜕化而出的维新党，也必定有其新的组织，何以这新墨或"别墨"独无组织可言呢？因此，我们纵欲承认名家为新墨，为"别墨"，实不容易提供所以为"墨"的理由。不考察"墨"与"名"之不同，贸然以"墨"加之，便不免辱没了"墨者"了。

(三) 墨家主名实合一，名家主名实对立

关于这一点，有许多例子可以作证：

(A) 墨家主"二有一"，名家主"二无一"——我们看《墨经》所载：

> 体：分于兼也。——《经说》："体若二之一；尺之端也。"

这样，则墨家主张"兼"为二，"体"为一；体是分于兼的，故承认"二有一"。

名家的公孙龙则反是，他说：

> 羊合牛非马。
> 白以青非碧。(说详《公孙龙子·通变论》)

他以为任何两物都无真正合一的契机，所谓"二"就是各各独立而迥异的东西，无论如何都不能纯粹合一的，故主张"二无一"。

(B) 墨家主盈，名家主离——《经说》下有：

> 见不见，离；一二不相盈，广修、坚白。
> 抚坚得白，必相盈也。

根据上两句，可知墨家以为坚白同囿于石，两者必能相盈。

公孙龙则适与相对，他说：

> 无坚得白，其举也二；无白得坚，其举也二。
> 视不得其所坚，而得其所白者，无坚也；拊不得其所白，而得其所坚者，无白也。
> 得其白，得其坚，见与不见离。不见离，一一不相盈，故离。

（均摘自《公孙龙子·坚白论》）

公孙龙以为坚白在石，两各相离。可称它"坚石"，也可称它"白石"，但不能称它"坚白石"。故他认为一个石里面两者不能相盈，只能相离。

（C）墨家主"白马，马也"，名家主"白马，非马"——《墨经》有：

偏去莫加少，说在故。——《经说》："偏，俱一无变。"

这是说物有几种表德，并不因为偏去某种表德而失其物的本来，或别成他物。凡物莫不体面相含，偏去体而说面，于体无损；反之亦然。虽然偏去某种表德，但原来几种物德仍然存在如故，并不减少，所以"说在故"。所谓"偏，俱一无变"，亦即是同样道理；虽"偏"去而"俱一"的诸德还是无变化的。因此墨家主"白马，马也"；以色形并具为马，今偏去形而求马，马的全德仍旧无变，故"白马，马也"。

公孙龙则说："白马为非马者：言白所以名色，言马所以名形也；色非形，形非色也。夫言色则形不当与，言形则色不宜从，今合以为物，非也。"故"白马，非马"。

由上面三个例子，可知墨家是把名与实打成一片的：主张名即是实，实即是名。所以《小取篇》有"以名举实"之语。但名家把名与实截然分开，名实之间横着一条不相连属的鸿沟，便是把抽象的名与实——具体的事物之联系性一刀斩断。

（四）墨家"蔽于用"，名家"蔽于辞"

荀子在《解蔽篇》说：

墨子蔽于用而不知文。
惠子蔽于辞而不知实。

这两句话批评得有些道理。墨子是讲节用的，重苦干的；谓用与善是一致的，义与利是一致的。他反对士大夫所谓堂哉皇哉的"礼""乐"，尤其反对士大夫那种论理的游戏。当然墨子对于艺术不一定很理会，其实他根本反对所谓艺术。因为这样，所以被荀子批评"蔽于用而不知文"了。惠施一流人则专在名词上变花样，他们避实就虚，终日以概念理论、抽象的法式自娱，原是观念论派的典型人物，哪能对现实发生半点兴致？这当然成为"蔽于辞而不知实"的了。

我们既找出名墨两家几个根本不同之点，则他们之相訾应自是必然之理。我们可以承认名墨两家学说最相接近，但不能说名家即为别墨。至于他们两家何以相似，不妨试举一例来说明。譬如形式论理的思想，在《公孙龙子》书中便表现得很充分。现在举出次述一条，作一对照。

墨家的论理方式：

大前提——"假，必非也而后假。"

小前提——"狗，假虎也。"

断案——"狗非虎也。"

名家的论理方式：

大前提——"命色者，非命形也。"

小前提——"马者，所以命形也；白者，所以命色也。"

断案——"故白马非马。"

又《墨经》和《公孙龙子》两书都着重"明类"的思想，墨子和惠施又都主张泛爱、非战，这些都是一般人认为名出于墨的理由。但我们实不能随便附从，我们只是认为名墨两家最相接近罢了。

不但这样，我们还可承认名家和儒家、道家的思想也有相契合之处：名家注重正名，儒家也讲正名，虽不完全相同，但对"名"的重视，是一样的。惠施十事中有"日方中方睨，物方生方死"之句，这与庄子《齐物论》所说的"方生方死，方死方生"，也正是一个意思。又惠施的"泛爱万物，天地一体也"和庄子的"天地与我并生，而万物与我为一"也极其恰合。

不过，名家虽与各家有相类似的地方，而其与墨家之相似，换句话说，与墨家关系之密切，确在其余各家之上，这点也是我们不能忽视的。至关于名与墨何以不同，在讲完本题之后，更可得到一个明确的了解。

二、两种辩证法

在这段中，让我们对于两种辩证法先加一番认识。我们知道，辩证法的领域中，有观念论的辩证法和唯物论的辩证法之分。而观念论的辩证法曾在近代盛行一时，直至最近才逐渐销声匿迹，为唯物论的辩证法所取而代之。西洋哲学史上古代的芝诺（Zeno）和近代的黑格尔（Hegel）即为前者的代表人物，古代的赫拉克利特（Heraclitus）和最近代的马克思（Marx）、恩格斯（Engels）、伊里奇（Llich）等，则为后者的代表人物。现在我们分开来讲。

（一）观念论的辩证法

芝诺可说是观念论的辩证法的创始者，他站在观念论的立场去说明现象界，为他的老师巴门尼德（Parmenides）辩护，认为整个宇宙是不相矛盾的"一"。他全从主观的思维出发，认定思维是决定者，存在是被决定者，即"思维决定存在"。思维是主因，其余只是从思维派生的东西。

这在我们看来，并不觉得十分惊奇；因为芝诺的时代背景，是充分地诱致他在这个立场上解释真理，非抬高思维的能动性，夸张思维，将思维有意地歪曲使与现实隔绝，走入虚空之境不可。我们知道，当时芝诺所处的社会，是支配阶级不能在物质上予民众以满足或慰安，而站在御用地位的芝诺，为要牢笼民众而使其就范，自然只有逃避现实而引人踏入理想的王国。

于是抽象的东西被认为实有了，思维被夸张了，本是派生的思维反而变成决定要素了。于是许多现实的事物都归入纯粹概念的领域里。结果，现实与思维失掉本来的联系。现实成了被摒弃的东西，从虚空的领域里幻出一个理想的王国来。

芝诺的辩证法就是在历史上第一个拥护"思维决定存在"的命题

的，并在这错误的命题上竭力求丰富与深刻，使它越显得持之有故，言之成理，至于使人们眼花缭乱，一时找不出它的错误。

到了19世纪的黑格尔，更将辩证法推进到圆满境界，将古代较简略而乏生气的东西，装成一种葱茏蓬勃之象。黑格尔想把观念论的辩证法作成一个完整的体系，使观念的力量来得伟大无伦，且使人们迷惑于其圈套中而不自觉，故出其所谓"绝对理念"的主张。

他认定"绝对理念"是潜在于差别界的事物的实在，不是抽象的东西。"绝对理念"，即是内在于差别界的事物，质言之，即是差别界的事物本身，并不是超越于差别界的。他更说明"绝对理念"是发展的，不是静止的或陈死的。因此他认定整个宇宙本身就是"绝对理念"发展的过程。当前世界的万物，不过是"绝对理念"在发展的过程中某一阶段的表现。他最后说到"绝对理念"本身也是发展的，"绝对理念"并不是静止状态或完成状态。他的说明是具有颇大的诱惑力的。

在此我们发觉到黑格尔的辩证法委实达到顶峰，他的说明确也有其独到之处。但他把"绝对理念"比拟得近于神秘，使我们无从捉摸。究竟"绝对理念"是什么，就很难于说明，更难于证实。然则黑格尔自认不是抽象东西的那种"绝对理念"，骨子里还只是观念论的另一方式的说法。归根结底，"绝对理念"仍不过是黑格尔的脑中的产品。

黑格尔认为人是"绝对理念"所造成的，费尔巴哈（Feuerbach）则谓"绝对理念"本身便是人所造成的。我们觉得费氏的说明，乃是对黑格尔的思想一个恰好的批判。我们否认黑格尔以及一切观念论的辩证法之空想的说素，我们不能将故意夸张的思维完全接受。反过来说，我们承认"存在决定思维"，思维只是派生的东西。

（二）唯物论的辩证法

承认存在与思维都发展着，联系着，同时又肯定"存在决定思维"的，那是唯物论的辩证法。不过这里面有许多地方须补充说明。这种辩证法由赫拉克利特、斯宾诺莎、费尔巴哈诸氏启其端，马、恩、伊诸氏集其成。唯物论的辩证法体系异常浩大，内容异常丰富，非本讲所能说明。现在简括地提出几条：

第一，唯物论的辩证法认为宇宙间一切现象都出发于整一性的物质体。

第二，宇宙间一切现象都相互联系着，而为不断地变化发展的。

第三，一切现象的变化发展，是由于内在的矛盾，主要地是内部矛盾的斗争。

第四，矛盾发展到一定阶段，必经过突变，遂产生新的形式。

第五，真理的认识以社会的实践为标准。

唯物论的辩证法和观念论的辩证法是对立的。可是它们的对立，只是相对的对立，不是绝对的对立。哲学上唯物论与观念论的区别，绝不是那么简单的，绝不是单凭直接的外形可以断定的。如果仅凭抽象的形式断定某也是唯物论者，某也是观念论者，那是一种极幼稚的见解。譬如哲学上昌言对立的范畴，喜欢谈普遍和个别的问题、原因和结果的问题、必然性和偶然性的问题，我们不能单凭这些抽象形式，断定哪个是唯物论者或观念论者。因为这种断定是没有具体的内容的。又譬如感觉一物，唯物论者认认识的起点是感觉，观念论者也认认识的起点是感觉，你能够单凭感觉去下一个断定么？极端的观念论者贝克莱（Berkeley）主张"一切存在都由感觉而生"，但是我们尽可以运用这句话做一个彻底的唯物论者。可见单凭抽象形式贸然地下断定，是一种幼稚见解的暴露。最近苏俄的机械论者就都犯了这种弊病。他们单凭抽象形式断定德波林（Deblorin）一派是观念论者，只是暴露自身的无知。他们把唯物论和观念论看作绝对的对立，是怎样的缺乏积极性的见解啊！

德波林一派也不了解唯物论和观念论的区别，他们把唯物论的辩证法和观念论的辩证法混为一谈。这种谬误，实由普列汉诺夫（Plekhanov）启其端。普列汉诺夫把黑格尔的辩证法看作绝对不变的真理，以为只要把黑格尔的辩证法一倒转，附上唯物论的命题，便成为完整的唯物论的辩证法。德波林正落入这种窠臼之中。以为唯物论和观念论的区别，只要阐明物质和精神哪个是主体哪个是客体，便算完事，就讲到黑格尔的辩证法,而以为只是抄袭,便算完事,这都是由于不曾深究黑格尔辩证法的本质,不知对黑格尔辩证法的内容有所改变,以致陷入观念论的迷途。

我们可以指出德波林一派确实不曾理解的,便是当作认识论看的辩证法。他们把辩证法和认识论完全对立起来,把方法论和现实认识之历史的发展完全隔离开来。他们不知道辩证法本身即是认识论,也即是论理学。论理学、辩证法、认识论成为一件东西的异名,他们全然不理解;他们只聚精会神于概念与范畴的研究,这便成为他们的谬误的根源。例如关于"质"的范畴的说明,他们和机械论派便表现一种似异实同的谬误。机械论派分析"质",不是辩证法的,也不是历史的,而是形上学的,统计学的。机械论派的看法是这样:对象可分解为分子,由分子到原子,由原子到电子,既到电子的阶段以后,在电子以前一切的阶段都是虚伪的。他们不能说明"新质"发生的问题,不能区别"质"的界限,不能理解一"质"和他"质"相结合而成的"质量"。德波林派便不如此。他们着重"质"的范畴,并且主张从客观的见地理解"质",以别机械论派从主观的见地理解"质"。不过他们把"质"看作自身孤立的东西,不从"质"的发展之现实的条件去考察,结果所谓"质",变成一种凝固的、空虚的、陈死的"质"。在认识的发展阶段,"质"的概念占了一个怎样的地位,怎样才可以达客观"质"的概念,"质"又是怎样发生的,怎样相互移行的,这些问题,他们完全不注意。他们以为辩证法之一般的概念已经由黑格尔说明好了的,我们只要充实唯物论的基础,便可以应付"质"的问题。这样看来,德波林派和机械论派同样地不能说明"质"。唯物论的辩证法对这问题的解决便是这样:我们到达"质"的概念,须通过客观的物质世界之感性的直观。我们想认识某种对象之际,必先从感觉,直观把握对象,然后移于表象的形式而从其中抽取互异之物。这种理论的抽取物则在实践上检证,而对象固有的某种同一物则反映于"质"的概念之中。这即是费尔巴哈所说"质与感觉的同一"。感觉是最初步的,最单纯的,最直接的东西,可是其中蕴藏着

"质"。"质"为事物或现象的规定性之一。它直接映于吾人的眼帘，而与人类的实践随处会合。在具体的客观的现实界，一切事物的"质"虽是一种未发展的状态，可是入于认识过程，"质"的概念便成为最初步的最单纯的抽象。因此，一切事物之一步一步地被深刻地理解，即是以该事物之现实的历史的发展为前提的。所以真正的认识是历史的认识，历史的认识是单纯的事物向内容丰富的概念和法则的移行。一方面联结论理的范畴，理解移行之一般的法则，他方面则要求对史的发展的事实为不绝的考虑。于是认识论与辩证法合而为一。

从抽象的范畴渐次进展到具体的范畴，这是黑格尔的看法，马、伊主义的看法便不是这样。他们规定人类认识发展的过程，是由生动的直观到抽象的思维，再到实践——这便是真理的认识，客观的实在性的认识之辩证法的程途。在这里，历史的东西和论理的东西是一致的，事实的辩证法和概念的辩证法是一致的，辩证法和认识的历史是一致的。

三、观念论的辩证法与形式论理

在上面我们知道辩证法有观念论的和唯物论的区别。但我们还须知道观念论的辩证法中，又有否定矛盾和肯定矛盾的两种。所以在这一段，要把这两种观念论的辩证法分别说明，并对形式论理也加以探讨，然后认识它们彼此的关系。

（一）否定矛盾之观念论的辩证法

芝诺是观念论的辩证法之创始者，也是否定矛盾的辩证法之创始者。他承认整个宇宙原是一个不可分的"一"；"一"才是真正实在的，与"一"相反的杂多乃不是实在的。同时他承认世界只是静止的，所以他否认运动。因此他有难杂多难运动难感觉诸说。

芝诺这种学说原是为他的老师巴门尼德作辩护的，我们在前头也曾提及过，巴氏的思想是主张"一"。主张"一"是不可分析、不生不灭、不动不变、无始无终。"一"是存在，多则非存在；"一"是静止，多则变化；"一"是实体，多则为幻象。所以变化不居的万物，都不过是一种幻象，实际上并不存在，所以不是实体。芝诺接受了这种思想，于是以巴氏的主张为其主张，将巴氏的思想从消极方面发挥而光大之。为要替不可分的"一"辩护，于是非难杂多；为要替静止的"一"辩护，于是非难运动；为要替实体的"一"辩护，于是非难一切的感觉。

他说杂多是不能存在的。因为在量上说，多是无限大，同时又是无限小；在数上说，多是有限的，同时又是无限的。这是多的本身矛盾之暴露，自相矛盾的事物不能存在。故杂多不能存在，只有整个的"一"才存在。他说运动也是不可能的。他举出"二分说""阿喀琉斯追龟说""飞箭不动说"三个例子作为明证。他的结论是说运动本身充满了矛盾，所以不能成立。宇宙的实在只是不动不变的静止，他更进而证明感觉也是矛盾的，不可靠的。故认一切所感觉的只是幻象，不是宇宙的真正实在。

芝诺便是站在否定矛盾之观念论的辩证法立场上去说明宇宙的。他不承认宇宙间是一切矛盾之对立，他只肯定宇宙是一个整体，是静止的，不动不变的整体。他这种说素只是充分地表现他自己对宇宙没有认识；不知宇宙的真相就是发展的过程，就是矛盾之对立的发展。矛盾不但不是幻影，矛盾正是绝对地存在的。芝诺所以十全十足地成为否定矛盾之观念论的辩证法家，就是因为他只看到主观，没有看到客观，更没有看到主观本身也即是客观。恩格斯写给史弥特的信上说道："我们头脑中的辩证法，仅仅是自然界和人类社会中那些依照辩证法形式之真实的发展的反映。"头脑中的辩证法，即是自然界和人类社会的反映，而自然界和人类社会是充分地表现着矛盾的，那么，一切的矛盾现象，又有什么方法去否定呢？

否定矛盾一派之观念论辩证法思想家的错误，便是他们以空洞的观念作为了解世界事象的基础，将思维与现实隔离。不从现实说明现实，而从抽象的概念说明现实，所以愈说明离题愈远。然而他们所谓现实，所谓真理，只不过是脑子里一群抽象概念而已。他们先在主观上假定一个不动不变、静止永恒的"一"，以此解释宇宙，解释一切事象。从未觉察到现实的存在才为观念的根源，与现实事象符合的观念才是正确，所以掩蔽了现实的矛盾性，干脆地否定矛盾之存在，轻轻地把发展的意义推开，这是何等地陷于巨大的谬误啊！

（二）肯定矛盾之观念论的辩证法

黑格尔虽然始终未跳出观念论的垒营，可是他居然把辩证法抚育成为一个像样的宁馨儿，这不能说不是他的功绩。他认识了发展、矛盾的重要性，他以为世界一切的事象都是在发展或转化的阶段中，一切都是发展的过程。

他在起始便承认概念不是静止永恒的东西，乃是发展着的运动着的。一个概念，其本身就含着和它相反对的概念，这矛盾的存在从发生发展而至消灭，形成了概念的过程。概念的发展过程是永续不绝的，所以发展是绝对的，运动是绝对的。概念采取着继续发展的形式一直发展下去，这就是宇宙的真相。

黑格尔的辩证法表现在他的巨著《论理学》一书中。他在论理学上选择一个最纯粹的东西做出发点，这便是"有"的概念。他从这个"有"的概念开始分析，由辩证法渐渐导出其他的概念。即是，对于某种概念而发生反对概念，再走到一个新的立场而得第三概念。用黑格尔的话表出来，即从"即自"（An–sich）移到"对自"（Für–sich），再回到综合二者的"即自和对自"（An–und–für–sich）。这便是他的概念发展的路径。

"有"的概念在黑格尔的辩证法中是很重要的。我们现在借这个机会把黑格尔的"有""无""成"来讲一讲。黑格尔的"有"，是最纯粹的东西，是最抽象、最简单、最直接的东西，是全无内容、全无规定的东西。"有"是泛说，是"无所不有"，即不指任何物而言，因此便不含有任何"性质"。即从"性质"之点说来，"有"又为"无"。这是"有"本身所含之内在的矛盾。譬如讲到"存在"，就已经伴着"早已不存在""尚未存在""全不存在"这些否定的事实之意。"有"自身是肯定，同时又是否定，由此两者遂成为某物，于是有"成"，即"有"之中所含的矛盾在"成"而得统一。所以"成"为"有",又为"无"。例如说"黑的物变成白的",在这时,此物已变白,却尚未全白,当然早已不黑。于是此物(成)"是"白(有),同时"非"黑(无)。故"有"和"无"的矛盾,在"成"而被否定,然二者同时又为不可缺的契机而被保存。推寻黑格尔的原意,"有"自身是肯定,同时又是否定。如果"有"只是肯定一个意思,那"有"便是不动的、陈死的、不能发展的。如果"有"只是否定一个意思,那"有"便等于零,成为全然无力的东西。但黑格尔之所谓"无",也不是一切空无,"无"是"对自"的,是可以思考的,"对自"由"即自"而起,"对自"即含于"即自"之中,所以它也是"有"。"有""无"对立是矛盾,这矛盾即含于"有"之中。至讲到"成","成"又使自己变成,使自己由"成"变成"已有"(Gewesen),于是"有"的性质稍稍确定。"有"既已是"成","有"便决定自己,限定自己,于是泛说的"有",变成确定的"有"。例如说"黑的物完全变成白的",这时的"有"名"定有",或名"定在"(Dasein)。"定有"乃明显的表示性质的范围。由此"定有"而有"某物"(Etwas)的概念,由此"某物"的概念而导出与此相对的"他物"(Anderes)的概念。本此关系,继续演进,便是他的概念发展的辩证法。

黑格尔以为概念不像芝诺所说的为寂静不动之物,乃是时时向上发展之物。一概念成立,即内含一矛盾概念,于是此相矛盾的二概念得一统一,而成立一种较进步的概念。此种较进步的概念成立,同时又内含一矛盾概念,于是又得一统一,而成立更进步的概念。如此辗转演进,为概念发展的形式。黑格尔以为凡一概念必然地内含一反对概念,当劣等概念发展之际,决不以其为劣等而遽遭淘汰,必逢着矛盾以便互相斗争而促进向上之机。于是劣等概念退位,优等概念入位。劣等概念遂为优等概念发展的阶梯。在原概念为"正"或"措定",与此相矛盾的概念为"反"或"反措定",而统一这两种矛盾概念的便是"合"或"合措定"。"正"为肯定,"反"为否定。"合"便是否定的否定。这里面所当注意的,便是"正"和"反"绝不是两个对立的个体，而是一个个体之内在的矛盾。"正"本来是一个矛盾的统一体，矛盾性就内在于它的本身。这内在的矛盾就是它的否定。惟其因为它的内在的矛盾，所以有运动，有运动就有矛盾的量的扩大，矛盾的量扩大到某种程度，就会由量变质，发生突变，这就是否定的否定。即是在旧体的基础上形成新的矛盾的统一体——新的高级的阶段。这新的高级的矛盾的统一体中，又含着内在的新矛盾，于是又继续发展到更高级的阶段。辩证法的发展过程便是这样发展着的。

我们在此可以看出黑格尔如何地充实辩证法，如何地使辩证法的内容丰富化、深刻化，这种看重矛盾、看重发展的辩证法，委实比芝诺的思想进步得多。还有，在他的辩证法，他知道尊重"突变"一个阶段，这也是他的伟大的地方。可是黑格尔不能再有所贡献，他只是始终以"绝对理念"为根源，认自然与社会的发展，都只是"绝对理念"的发展，于是"绝对理念"远在物质、空间、时间、自然和人类发生以前，即已存在；"绝对理念"能够创造一切，不和基督教所信奉的神相同么？毋怪恩格斯在《反杜林论》上说："黑格尔所讲的世界开辟，比正统派基督教徒所讲的更陷于紊乱无条理的姿态。"

黑格尔用精神的发展来规定自然和社会的发展，自乱其主客的位置，毋怪马、恩诸氏认黑格尔的辩证法是倒立的，要把它扶正起来。黑格尔说："存在的是合理的，合理的是存在的。"结果就会达到拥护现代阶级制度便是合理的这种反动的结论。黑格尔哲学一方面是自由主义的革命的意识形态，另方面又是保守主义的反动的意识形态，处处表现他的哲学的二重性。这正是当时德意志社会上政治上的矛盾之哲学的表现。

（三）形式论理

形式论理在过去很长的时期中，作过一切科学思想的指针。就在现代也还有一部分学者囿于它的范畴之中而表示着向往的心情。从此我们可知这种方法论的来历不小。可是，我们若一考察它的成绩，往往会使我们发生怀疑，而世间上各种真理的发现，往往是越出这个范围的。

我们知道，形式论理有三个定律：即（一）同一律，（二）矛盾律，（三）排中律。在同一律中，它告诉我们的图式，是"甲是甲"，便是说"无论什么东西，都等于其自身"。如桌子是桌子，粉笔是粉笔，水是水……这些事物与它自身都是同一的。这个定律在历史上虽然到莱布尼茨才明白建立，可是在亚里士多德以前，或在亚里士多德自己，却早已不自觉地大运用而特运用。矛盾律的图式，是"甲不是非甲"或"甲是乙同时不能是非乙"。这定律，亚里士多德早就作成这样："同一的宾词对于同一的主词，在同一的时候与同一的关系上不能被肯定又被否定。"这与同一律的意义并无二致。即是在同一律的反面确定其立词，使人们更加觉察同一律的重要性。我们一方面承认这事物是甲，同时就不能在另一方面说它是非甲，所以矛盾律本身的立词，不过要我们加强注意同一律而已。最后，排中律所显示的图式，是"甲是乙或不是乙"。譬如有甲一物，它若不是乙，就必是非乙，并没有第三种的判断。"甲是乙"或"甲不是乙"这两个自相矛盾的判断，必有一个是真理，另一个是谬误，所以一切第三种判断都不能存在，都无成立之可能。

形式论理所指示的定律，必须在两个决定前提之下才有可能。（一）世界各种事象是静止的，不是运动的。（二）世界各种事象是孤立的，不是联系的。可是世间一切现象并不是静止的，而是时时刻刻运动着的。在肉眼所见不到的运动，实际上还是在运动。所谓运动，或是整个的转动，或是内部成分的转动。又所谓运动，不仅包括"动"，而且包括"变"。这么一来，形式论理的认识，就成为很表面很肤浅的认识了。又世间一切现象，也并不是孤立的，而是互相联系着的。本体表现为现象，现象即本体发展的过程。个人是社会关系的总和，社会关系也便是个人结集的产物。因中有果，果中有因。世无无果之因，亦无无因之果。某种现象是因，同时亦是果，某种现象是果，同时亦是因。一因可以发为无数的果，一果也伏着无数的因。整个的自然界无处不是因的发端，也无处不是果的表现。因果的现象总是联系的，绝不是孤立的。这么一来，形式论理的规律，又变成很虚空没有内容的规律了。运用静的方法之牛顿引力说，不能不见摈于爱因斯坦的相对论，我们就可以推见形式论理的价值了。

我们纵有时为了研究事象的方便起见，在较下级的思维状态上，不能不利用形式论理，但我们当利用时，不可不顾到事象的矛盾性、发展性和联系性。形式论理把复杂的自然事象加以剖解，剖解成为简单的零块，然后将零块加以研究，这在研究方法上本不算错误；可是把简单的零块看作整体，或看作与整体无关的，这便陷于不可恕宥的错误。关于这点，下面尚当论及。

（四）否定矛盾之观念论的辩证法与形式论理

芝诺是把抽象的思维和具体的现实分离的，黑格尔也是把抽象的思维和具体的现实分离的，虽然一个否定着矛盾的存在，一个肯定着矛盾的存在。抽象的思维和具体的现实本是统一的，这层意思，黑格尔很明白，不过黑格尔对具体的现实看法不同而已。若在形式论理学家便不明白这一点，所以他们极力将概念和个物分离。结果概念自概念，个物自个物。讲到概念，就没有对应个物的概念，因为个物大小不一，长短不一，而且个物是刻刻在变化的。然则所谓概念，乃是一种虚空的概念。讲到个物，也没有对应概念的个物，因为他们认个物是幻影，是不存在的。然则所谓个物，乃是一种幻现的个物。概念和个物，既是这样隔绝的不同一的东西，我们怎样会知道呢？在这里我们可以看到形式论理学家所使用的伎俩。

形式论理学家先假定概念是一种静止的固定不动的东西，又假定个物是一种幻现的不存在的东西，因为这样，才可以把统治阶级的地位确定，被统治阶级的地位降低。思维是现实的反映，但思维又可以影响到现实。所以芝诺一生的努力，便以辩护静止的、固定的、不相矛盾的"一"为惟一的职志。而把世间的杂多现象，运动现象乃至一切的感觉，都看作不存在的。芝诺的思想是否定矛盾之观念论的辩证法的思想，同时又是形式论理的思想。因为形式论理的主要规律是同一律，即是站在否定矛盾的立场的。形式论理虽由亚里士多德的三段论法的阐明而始显著，但在芝诺的辩证法中却完全是运用形式论理的方法。这个恶例，开自芝诺，后来遂大施影响于柏拉图。

柏拉图也是爱用辩证法的名词的。他的辩证法，就是他的形上学，即玄学。他在辩证法中也是运用形式论理的方法。所以把概念和个物分离开来，截成两个世界。一个是观念界，一个是感觉界。观念界比感觉界高。但观念界中又有许多等级。高观念支配低观念，而更高观念又支配高观念，观念达于绝顶，遂成为最高观念。此最高观念支配一切，统摄一切，柏拉图名之为"善的观念"。此为一切观念之王。它不仅为感觉界的最终目的，并且为观念界的最终目的。它是静止的，固定的，不相矛盾的。在这里，我们要问，这最高的观念，从何而来呢？柏拉图的回答是这样：观念之来，是由于赋予；观念既一度由概念构成而被赋予以客观的存在，其后便拒绝由个物抽取的概念，而以自己为原型，概念为摹写。照这样说：观念所以为客观的存在，是由于赋予，即由于柏拉图的赋予。概念是一个明明白白的主观的东西，而经柏拉图的赋予，就变为客观的东西。并且概念之被赋予客观存在性，只容许一度，其后概无被赋予的资格。这样看来，客观的存在之产生，不是柏拉图哲学上一个奇迹么？柏拉图一任主观的成见，派定两个世界，把概念和个物完全隔离，以大肆其形式论理的法术，而抹杀现实社会一切经验的事实，一面又可以得统治阶级的欢心。这是何等具有麻醉性的学说哟！

柏拉图的"观念"是由概念构成的，还是从个物抽取出来的东西，后来到了康德的时候，更进一步，他提出了一种"范畴"，认范畴是先验地存在的，即在人们的理性是先验地具有的，不是从个物抽取出来的。范畴是他的最高的概念。于是概念和个物更成为绝不相关的东西，而抽象作用亦遂失了意义。如果这样，那我们的认识的主体如何能与被认识的客体发生关系呢？康德曾费八年的苦心思索，答复这个问题。意谓吾人所谓被认识的客体，所谓自然界，好像是和主观不发生关系的实在，其实都莫不从主观而来。换句话说，客观世界皆由悟性之先天的形式（即范畴）之制约而成立。然则范畴之为客观的而含有普遍妥当性的，乃为当然之理。由时空的形式所与的表象皆杂多而不统一，自有悟性乃得统一而生认识。火发生热这种客观的事实，并不是仅由赤色和热的表象而成，乃由因果的概念而统一之者，于是客观的事实成为有秩序的事实，可认识的事实。故不由范畴，客观世界即无法产生。所以自然界是纯粹思维之所产，悟性本身的法则之所创造。范畴有客观的妥当性，于是范畴由概念之形变为关于自然界的命题之形，而自然科学之客观的真理乃因以发生。照康德的说法，抽象作用用不着，真正的客观世界也可以不必过问，只专一地听命于先验的主观的范畴，便算完了。不求主观适合于客观，反求客观适合于主观，这是形式论理学者惟一的本领。

芝诺、柏拉图和康德都是把概念和个物分开的，并且都是把概念看作固定不变的，他们不知道概念本身也是变化发展的。概念随着客观界个物的变化而变化，随着客观界个物的发展而发展。概念和个物是时时结合着的统一体。"猿"的概念随着"猿"的变化发展为"类人猿"，而成为"类人猿"的概念。"类人猿"的概念又随着"类人猿"的变化发展为"人类"，而成为"人类"的概念。概念在个物变化发展中完成概念。概念的完成，不是完成了，不前进了，不变化了；而是时时变化，变化到概念的否定；否定的结果便有一个新的概念起而代之。于是概念因了自己的否定，而得到更高的发展。芝诺、柏拉图和康德诸人完全不理解这层道理，所以一经把概念完成了，便固定了；一经把概念否定了，便消灭了。这不是形式论理掩蔽着他们的智慧么？

（五）肯定矛盾之观念论的辩证法与形式论理

形式论理既如上述，然则关于真理的认识，形式论理不是完全没有效用么？那又不然。形式论理在把复杂的自然事象加以分类，排列，本来是很适合的，我们并不能忽视这方面的工作。因为一切科学的认识是多方面的认识。动的认识固重要，静的认识也重要；联系的认识固重要，个别的认识也重要。动与静的关系，联系与个别的关系，我们须要知道静是动的一种虚伪的外观，个别是联系的一种虚伪的外观。

· 145 ·

运动的切断面，则成为静，联系的切断面，则成为个别。形式论理是个别地处置静的事象的。如果认形式论理的静观个别观是绝对的，那便不免陷于谬误，但如果把形式论理同化于辩证论理，那形式论理倒也不失掉它的效用。因为在整个的运动体系中，在整体的联系状态中，倒可以知道切断面的"静态"和"个别相"的情形。科学的辩证法的世界观便是这样。

上面大略地说明了形式论理和辩证论理的关系，现在讨论肯定矛盾之观念论的辩证法所含形式论理的成分。

亚里士多德是最早地肯定矛盾之观念论的辩证法家。他的思想的特质，是形式和物质的对立，不是形式和物质之对立的统一。他以为物质可转变为形式，形式也可转变为物质。形式和物质是同一物的考察的二方面。形式和物质之间有一种主动和受动的关系。可是亚里士多德认形式是主动的东西，物质是受动的东西。形式能推动物质，物质不能推动形式。形式和物质成为等级的排列。即形式之上，又有形式，物质之下，又有物质。最奇的是排列的结果，有第一形式和第一物质之称。第一物质是指最下级的东西，任对何物，没有做形式的资格。第一形式，是指最上级的东西，任对何物，不承受物质的待遇。于是亚里士多德因尊重第一形式的结果，遂走入形式论理的路子。第一形式是孤立的，第一形式便是第一形式，甲便是甲，这不是形式理论惟一的基本规律？一个肯定矛盾的辩证法家，结果会走上形式论理的路子，这是观念论的思想在那里作祟。

黑格尔继承亚里士多德的绪余，成为近代惟一的、肯定矛盾之观念论的辩证法家。他之认绝对为继续发展之物，为内在于差别界而非超越差别界之物，显然地是受了亚里士多德的影响。亚里士多德提出一个"第一形式"，他便提出一个"绝对理念"。他的"绝对理念"，虽不像"第一形式"那样固定的，然而黑格尔的思想，是整个地站在决定论的立场，"绝对理念"就决定了整个的宇宙，不仍是一个固定的概念么？黑格尔的辩证法虽似扬弃形式论理，而这一种固定的概念，便使他陷入形式论理的深渊。这是什么缘故呢？结果，也是观念论在那里作祟。

所以，站在观念论的立场，无论是亚里士多德或黑格尔，虽然运用辩证法的方法以观察宇宙之变化发展，结果总没有不陷入形式论理的深渊的。亚里士多德意识地走入形式论理的路子，固不足深论，黑格尔主在排斥形式论理，为什么也落入相同的命运呢？这只有唯物论的辩证法便能深察形式论理与辩证论理之所以不同，而撷取形式论理之长，以广辩证论理之用。关于这点，现在无暇细说。

四、惠施、公孙龙及其他辩者的观念论的辩证法与形式论理

我们上面已经讲过观念论的辩证法和形式论理的关系，结果使我们知道观念论的辩证法无论是否定矛盾的，或是肯定矛盾的，都容易走上形式论理的路子。我们现在根据这些关系来观察中国的名家，或者对于名家的思想可以得到一个比较彻底的了解。中国名家的主要代表者是惠施、公孙龙，现在分别讲述。

惠施、公孙龙及其他辩者，就是代表中国古代观念论的辩证法思想的。他们的思想，有属于肯定矛盾，承认发展的；有属于否定矛盾，掩蔽运动的；有属于分离概念与个物概念，或把个物看成孤立无联系性的。我们若不加以分析，必至不容易窥见他们的主张，或者误解他们的主张。所以本讲第三段的说明，虽颇觉繁复，不易理解，但我认为是很重要的。现在归到本题。

（一）惠施

1. 惠施传略

惠施的生卒年月，至今尚无定论，这是有待于考证家的努力。我们现在虽不能确定他的生死，但其生平事迹，是可以推知一二的。大概惠施是好学的人，又是富有哲理的素养的人，所以庄子过其墓而这样叹息地说道："自夫子之死也，吾无可与言者矣。"《庄子·天下》篇谈到惠施便说他"其学多方，其书五车"。而且《天下》篇又这样记着："南方有倚人焉，曰黄缭，问天地所以不坠不陷，风雨雷霆之故，施不辞而应，不虑而对，遍为万物说；说而不休，多而无已，犹

以为寡……"这些都是表现惠施的识见过人的。

可惜我们现在无从窥见他的思想的全部，只能在这些遗留的残篇断简中加以研讨。不过，从这些残篇断简里面，也未尝不可以考察他的思想的路径。

2. 惠施的历物十事

《天下》篇这样记着："惠施……历物之意，曰：至大无外，谓之大一；至小无内，谓之小一；无厚不可积也，其大千里；天与地卑，山与泽平；日方中方睨，物方生方死；大同而与小同异，此之谓小同异；万物毕同毕异，此之谓大同异；南方无穷而有穷；今日适越而昔来；连环可解也；我知天之中央，燕之北，越之南是也；泛爱万物，天地一体也。"这十事有许多人解释过，虽他们所解释的不必相同，而能满人意的，实在很少很少。现在用我们的观点分项解释：

第一，至大无外，谓之大一；至小无内，谓之小一。

这是说明整个宇宙就是"一"。和芝诺的思想虽不相同，但在认定整个宇宙为"一"，说明宇宙的整一性这一点，是没有什么差异的。"大一"是就宇宙的全体说，"小一"是就宇宙的部分说。部分积成全体，是为"大一"；全体散为部分，是为"小一"。全体和部分合而为"一"，所差的只是"大""小"之不同。在这段文句里面，有两层很重要的意思，便是"无外"和"无内"。"大"而至于"无外"，则"大"是有限的，不是无限的；"小"而至于"无内"，则"小"是不可分的，不是无限可分的。在这两点，我们可以知道惠施是站在形上学的立场，并且是站在观念论的立场。先讲"无内"。希腊唯物论开祖德谟克利特认原子为物质的最后质点，以为原子是"无内"的，不可分的，结果走到静止的、孤立的一个机械论的立场，自陷于形上学的窠臼之中。惠施的"无内"，正犯着同样的谬误。次讲"无外"，亚里士多德的"第一形式"，是"无外"的，结果完成他的神学。黑格尔的"绝对理念"是"无外"的，结果完成他的绝对的观念论。惠施的"无外"，又是什么不同？宇宙本身是无限的，又是无限可分的，外之外又有外，内之内又有内，来无尽而去无穷，这点是惠施所不能理解的。

第五讲 名家之观念论的辩证法与形式论理

第二，无厚不可积也，其大千里。

这两句是继续地说明"大一"和"小一"的。"无厚"是说明非体，"不可积"是说明非面且非线，因为面由线积成，线由点积成。然则所谓"无厚不可积"，便是说点了。罗素的新论理学，便从数学的点出发。从前数学的公理，都以为一部分是比全部小些，但是新数学的基础观念，不以量为标准，而以点为标准。以点为标准，那就一部和全部都没有大小的区别。换句话说，一部分所含的点数和全部所含的点数，都是无限的。这不是"无厚不可积也，其大千里"吗？

第三，天与地卑，山与泽平。

以上说明宇宙的全体和部分，现在说明宇宙的形成和毁灭。惠施是站在肯定矛盾的立场的。他以为宇宙是时时刻刻变化发展的，时时刻刻在形成和毁灭的过程中，"天"有"与地卑"的时候，"山"有"与泽平"的时候，天地山泽的变化，便是宇宙发展的真相。

第四，日方中方睨，物方生方死。

这是说明宇宙之所以变化发展。他以为宇宙的变化发展，由于矛盾的统一。一种事物，当其发生时便潜伏了消灭的因子。发生的刹那便是消灭的刹那。譬如人身细胞，在一刹那间，细胞生长，同时细胞死灭。因此，日"方中"的时候，正是"方睨"的时候；物"方生"的时候，正是"方死"的时候。个体的生长，便是个体的死灭，个体的死灭，便是个体的发展。个体因了自己的死灭而得到更高的发展。这是辩证发展的形式。惠施取宇宙间最大的最普遍的对象——日与物——来说明，是有他的深意的。

第五，大同而与小同异，此之谓小同异；万物毕同毕异，此之谓大同异。

这是说明宇宙万事万物的联系性。宇宙间一切事象都互相联系，同中有异，异中有同。本来是永远变化发展的过程，找不出它的同异的地方。从同方面看，可以说是"毕同"，从异方面看，也可以说是"毕异"。不过实际上不能不假定一些"大同"和"小同"，从整个过程的切断面去看，从静态和个别相去考察，以求获得静的认识和个别的认识，所以有"小同异"。"小同异"是就形式论理方面说，"大同

· 149 ·

异"是就辩证论理方面说。这是惠施的识解过人处。

第六，南方无穷而有穷。

在这里，我们要认识他所谓"南方"，只是随意拿来做主语的，并不是指实际方向部位的"南方"。因为他承认宇宙是整个的过程，永远变化发展，续连不绝，所以说"南方无穷"。但我们说某处是"南方"，某处不是"南方"，这是实际上的假定，所以说"南方有穷"。和上面"大同异""小同异"有互相发明的地方。

第七，今日适越而昔来。

这仍然是他一贯的说法。他认宇宙是整个的发展过程，时间不过是一条长流，在人们所假定的"今"与"昔"，都离不掉这时间的长流，都在这一条长流之上。所以说"今日适越而昔来"。

第八，连环可解也。

这是说明矛盾统一律。宇宙整个体系的存在，就是矛盾的作用。矛盾内在于体系本身，成为一个"连环"。这个"连环"，不仅促进体系的运动，并且发生质量的变化，成为宇宙发展的规律。故曰"连环可解"。关于这条，只是说明一个大意。若欲详加解释，须待专篇。

第九，我知天下之中央，燕之北，越之南是也。

"天下之中央"，是实际上的假定。整个宇宙无处不可作"天下之中央"，故曰"燕之北，越之南是也"，这条与"南方无穷而有穷"相发明。

第十，泛爱万物，天地一体也。

这是一个总结，也可以说是他的论理思想的表现。

总看上列十事，我们可以知道惠施的思想是站在肯定矛盾之观念论的辩证法的立场。他能认识事物的矛盾性、发展性和联系性。他虽是站在观念论立场上，但其说法委实有令人特加注意之处。他在十事中能一贯地解释各种事象，把辩证法上各个要点阐明，这是他识力独到的地方。无怪有些学者认他远胜于公孙龙，非思想芜杂的公孙龙所能及。

（二）公孙龙

1. 公孙龙传略

公孙龙的生卒年月亦不可考，我们只知他比惠施稍后些。他本是赵国人，曾到过燕国，劝昭王偃兵（见《吕氏春秋·应言篇》），后来回赵国也曾劝平原君勿受封（《史记·平原君列传》）。他的著名的学说是"白马论"。鲁孔穿和他会于平原君家，劝他放弃"白马非马"之说，然后愿为他的弟子。他痛斥孔穿，说这不是请教他的，乃是指教他的（《公孙龙子·迹府》）。他和孔穿也辩论过"臧三耳"的问题（《孔丛子·公孙》）。当时有许多人以为他立言诡异，如邹衍，便说他"烦文以相假，饰辞以相悖，巧譬以相移……"因此他很受一般人的非难。相传他著有《公孙龙子》一书，他的思想都表现在那部书里面。又《天下》篇所列"辩者"二十一事，也是他和他的同派所主张的。

2. 公孙龙子六篇

《公孙龙子》一书，内含《迹府》《白马》《指物》《通变》《坚白》和《名实》六篇。《迹府》一篇是后人加上去的，所说种种并非公孙龙本人的口气，兹不具论。现在将其余五篇大意，概述于后：

（A）白马论

在这篇中他说明"白马非马"的道理，他以为"马"是命形的，"白"是命色的，命形与命色不同，所以"白马非马"。他的原文是：

> 白马非马，可乎？曰：可。曰：何哉？曰：马者，所以命形也，白者，所以命色也，命色者非命形也，故曰：白马非马。

为明了起见，他又说明求"马"则什么马都可以应，不拘黄马黑马；若说求"白马"，那便不同了，那只有"白马"才可以应。因此所谓"白马非马"，更可得到证明。原文是：

> 求马，黄黑马皆可致；求白马，黄黑马不可致。使白马乃马也，是所求一也；所求一者，白者不异马也。所求不异，如黄黑马，有可有不可，何也？可与不可，其相非明。故黄黑马一也，而可以应有马，而不可以应有白马，是白马之非马，审矣。

· 151 ·

在后他又说明"马"是不拘什么颜色的,"白马"是指定着颜色的;不拘颜色的和指定颜色的自然不同,故曰"白马非马"。原文是:

> 马者无去取于色,故黄黑马皆所以应;白马者,有去取于色,黄黑马皆以所色去,故惟白马独可以应耳。无去者非有去也,故曰:白马非马。

在这篇《白马论》里面我们发现他完全站在形式论理的立场。他是把概念和现实隔离的,把现实的"白马"和概念的"马"截成两段,在同一律上,认概念的"马"比现实的"马"实在。认"甲是甲","马是马","白马非马"。不知概念是和现实根本不能分离的东西,"马"的概念是随着"马"的种族的进化而进化的。在这点就表现着惠施和公孙龙的不同。

(B) 指物论

这篇他说明"指"与"物"的不同,说明概念的"指"与现实的"物"不相切合,把抽象的、普遍的概念和具体的、特殊的事实,看作完全隔离的。这篇开宗明义便是这样几句话:

> 物莫非指,而指非指。天下无指,物无可以谓物。

在这几句话里面,我们可以看到公孙龙是十足的观念论者。所谓"物莫非指",所谓"天下无指,物无可以谓物",这不是说宇宙万物都是概念所形成的吗?这明明是主观的概念论的主张。一个主观的观念论者夸张概念的作用,走入形式论理的深渊,这是毫不足奇怪的。

(C) 通变论

公孙龙在《通变》篇中告诉我们的,是"不变"的哲学。他不承认变化,他以为变化的只是形式,物的本质是不变的。所以他主张"二无一",这是说两件东西无论如何总是分离的,孤立的,没有结合统一的可能。在本篇里这样写着:

第五讲 名家之观念论的辩证法与形式论理

曰：二有一乎？曰：二无一……曰：谓变非变（依俞荫甫校改）可乎？曰：可……羊合牛非马，牛合羊非鸡……青以白非黄，白以青非碧。（"以"即"与"的意思）

由本篇看来，他不但是个观念论者，他还否认"变"的绝对性。他以为变只有形式的变，本质是不变的永恒的。他既不承认变，自然也就不了解矛盾，更不了解矛盾的统一。所以主"二无一"，以为"二"是彼此绝对孤立、不相联系的，没有合而为一的可能。但我们知道变是绝对的，矛盾是绝对的；两个不同的质素，发展到一定程度，就有统一的契机，变成第三种新的质体，把"二"结合为新的"一"。所以我们是承认"二有一"的。

（D）坚白论

这是说明"坚白相离"的道理。他以为"坚白石"是二不是三。手抚石得"坚"而不能得"白"，目察石得"白"而不能得"坚"，这时只有"坚""石"或"白""石"的两概念，并没有"坚""白""石"同时具备的三概念，可见坚白是相离不相盈的，所以说"白石"可，说"坚石"亦可，说"坚白石"则不可。文曰：

坚白石三可乎？曰：不可。曰：二可乎？曰：可。曰：何哉？曰：无坚得白，其举也二；无白得坚，其举也二。……视不得其所坚，而得其所白者，无坚也；拊不得其所白，而得其所坚，得其坚也无白也……得其白，得其坚，见与不见。离不见离，一一不相盈，故离。离也者，藏也。

这是说主观与客观之分离，主观方面的感觉——触觉感坚，视觉感白，与客观方面的物质——石，不能发生联系，纵发生联系也是片面的，所以只有"坚石""白石"，而无"坚白石"。这是由于他把抽象作用和具体的直观之联系截断了，所以感觉不到"坚白石"。他只知道"坚""白"两抽象概念各各独立，却不知道这具体的"坚"

· 153 ·

"白"的事实,是在"石"里面渗透着,融合着。这样,作为认识内容的抽象作用,仅仅成为固定的孤立的僵固体,不仅主观与客观之辩证法的统一谈不上,即主观与客观之静的统一亦谈不上,结果完全陷入诡辩论的渊底。

(E) 名实论

这篇可看作他的形式论理的结论。他想完全用概念说明个物,表面上虽然名实契合,实际上都是实随名变。所以他说:

> ……正其所实者,正其名也。其名正,则唯乎其彼此焉。谓彼而彼不唯乎彼,则彼谓不行;谓此而此不唯乎此,则此谓不行……故彼,彼止于彼;此,此止于此,可。彼此而彼且此,此彼而此且彼,不可。夫名,实谓也。知此之非此也,知此之不在此也,则不谓也。(依俞荫甫校改)知彼之非彼也,知彼之不在彼也,则不谓也。

在这里,他虽然认识名与实的联系,可是他没有想到"名"是随"实"而变的,概念是跟着个物的发展而发展的。在这点,也十足地表现他的观念论的立场。

关于公孙龙的思想略如以上的说明,因本讲已太长,故未加细论。现在简略地说明辩者二十一事。

(三)《庄子·天下》篇的二十一事

《天下》篇所载的二十一事大概是公孙龙及其同派者的主张。先记二十一事如下:

(1) 卵有毛。
(2) 鸡三足。
(3) 郢有天下。
(4) 犬可以为羊。
(5) 马有卵。

(6) 丁子有尾。

(7) 火不热。

(8) 山出口。

(9) 轮不辗地。

(10) 目不见。

(11) 指不至,至不绝。

(12) 龟长于蛇。

(13) 矩不方,规不可以为圆。

(14) 凿不围枘。

(15) 飞鸟之影未尝动也。

(16) 镞矢之疾,而有不行不止之时。

(17) 狗非犬。

(18) 黄马、骊牛三。

(19) 白狗黑。

(20) 孤驹未尝有母。

(21) 一尺之棰,日取其半,万世不竭。

这二十一事,我们可分作三组来说:

1. 属于肯定矛盾之观念论的辩证法

  (1) 卵有毛。

  (3) 郢有天下。

  (5) 马有卵。

  (6) 丁子有尾。

  (11) 指不至,至不绝。

  (12) 龟长于蛇。

  (14) 凿不围枘。

  (19) 白狗黑。

2. 属于否定矛盾之观念论的辩证法

  (15) 飞鸟之影未尝动也。

  (16) 镞矢之疾,而有不行不止之时。

(21) 一尺之棰，日取其半，万世不竭。

3. 属于形式论理

(2) 鸡三足。

(4) 犬可以为羊。

(7) 火不热。

(8) 山出口。

(9) 轮不辗地。

(10) 目不见。

(13) 矩不方，规不可以为圆。

(17) 狗非犬。

(18) 黄马、骊牛三。

(20) 孤驹未尝有母。

现在依次说明：

1. 属于肯定矛盾的。这是说表现在思想上有肯定矛盾的成分。不是承认有可能性，发展性，便是承认有联系性。在这样简短的词句中，当然只能推定它的倾向，不能确定它的内容。我们看：

(1) 卵有毛。

这是主张"卵"有"有毛"的可能性。在卵的个体上看，虽无毛，但卵实含有毛的种子，这种子经过发展到了一定程度发生突变，便变成有毛的动物了。可能性经过某种发展阶段，就成为现实性。这条很显明地说明这个道理。

(3) 郢有天下。

这条与惠施所主张的"大一""小一"相同，所谓"郢"，便是"小一"；所谓"天下"，便是"大一"。"小一"虽是"大一"的一个小部分，却备有整个的"一"的要素。譬如一滴的海水，却备有全海水的质素，所以说"郢有天下"——这是把万事万物看作有密切联系性的，不是各自孤立的。

(5) 马有卵。

(6) 丁子有尾。

第五讲 名家之观念论的辩证法与形式论理

这两事都是说明发展的道理，与（1）条相通。就是说："马"是经过卵生动物的时代而发展成功的；至于"丁子"，则在其每个个体成长时，都经过有尾的阶段。

（11）指不至，至不绝。

"指"是抽象的概念，是代表物性的。这里是说"指"不能纯粹的代表物性，即一时偶然地代表物性，也不是绝对的。倏忽间物性变了，便不能代表了。这条很可注意，它承认了发展，承认了概念不能支配个物，并承认个物的重要性。这是一种比较进步的思想。

（12）龟长于蛇。

这条是说龟有长于蛇的可能性。

（14）凿不围柄。

宇宙万事万物都是变化的，凿与柄同在变化过程中，而所变不一，故"凿不围柄"。

（19）白狗黑。

这条也是说明发展性可能性的道理。所谓白狗，它本身并不是纯粹的白，是有其他各种颜色的内含着的。在某一个契机，这黑的颜色会体现出来；所以白狗有黑的可能性。同此，也可说"白狗黄"……这都是就可能性着眼的。

2. 属于否定矛盾的。这是说表现在思想上，有否定矛盾，否认运动的成分。这是一种静的思想，不变的思想的暴露，和芝诺的主张正有许多暗合的地方。

（15）飞鸟之影未尝动也。

这是否认运动的可能性，以为飞鸟的影子在每个阶段停住，并不曾动。人们所看到的影子的移动，只不过是许多停住的影子的连续。这种说法在另一方面，也可说飞鸟未尝移动。可是我们能够相信么？这是因为对运动的意义不了解，不知所谓运动乃是时间和空间联合而生的，单着眼空间一方面而摒弃时间不顾，当然会发生这种错误。这条与芝诺的"飞箭不动说"相通。

· 157 ·

（16）镞矢之疾，而有不行不止之时。

这条有许多人拿"形"与"势"的道理去解释，并不曾指出这条的错误。我们知道，在运动中的镞矢只是行着的没有"不行"的。这里所谓"不行不止"，意在说明静止的连续。这是观念论者在抽象观念上斗法宝而已。

（21）一尺之棰，日取其半，万世不竭。

这与芝诺的"二分说"陷于同样的谬误。芝诺的"二分说"，是谓运动不能开始，即谓运动不能发生。欲运动到一定的距离，必先经过其中分点，欲达到此中分点，必先经过此中分点的中分点，如此推求至尽，结果只经过无数的点，并没有运动。这里所谓"万世不竭"，不是说运动，而是说一定的有限距离，可以无限地分割的。可是运动的法则告诉我们，一定的有限距离，不是由无限的部分成立的。那么，这里所说的"日取其半，万世不竭"，只不过是概念上"万世不竭"而已，事实上是不会"不竭"的。

3. 最后，属于形式论理的。这是说表现在思想上，完全将概念与事实的关系分离。概念自概念，事实自事实，所以有许多乖谬的现象发生。

（2）鸡三足。

这就是把鸡足的概念和鸡足的实数加起来而成为三，其式如次："谓鸡足"一，"数鸡足"二，故云："鸡三足。"

（4）犬可以为羊。

如果站在形式论理的立场，只见有同一，不见有变异。只重概念的世界，不重现实的世界，那就"犬可以为羊"了。

（7）火不热。

这是说火的概念不热，热的是实在的火，故"火不热"。

（8）山出口。

成玄英云："山本无名，名出自人口；在山既尔，万法皆然也。"这里所谓山，即是山的概念，即所谓山的名。山的名是"出自人口"的，故曰"山出口"。一切的名，都出自人口，"在山既尔，万法皆然"。人们尽可以仿着说："天出口"，"海出口"……

(9) 轮不辗地。

轮的概念不辗地,因为辗地的是具体的轮;又地的概念亦不为轮所辗,因为为轮所辗的乃具体的地,即地的一部分,部分的地非地,犹白马非马。

(10) 目不见。

目是概念,目的概念不能有见的作用。

(13) 矩不方,规不可以为圆。

概念上的矩,才是真正方的,概念上的规,才是真正圆的,现象界一切的矩都不方,一切的规都不可以为圆。

(17) 狗非犬。

这是从概念上说明部分与全体不同。犬是全体,狗是部分(《尔雅》"犬未成豪曰狗"),部分不等于全体,犹之白马非马,故云。

(18) 黄马、骊牛三。

这与"鸡三足"同一道理。黄马、骊牛的概念一,实数的黄马、骊牛二,合起来为三。其式如次:"谓黄马、骊牛"一,"数黄马、骊牛"二,故"黄马、骊牛三"。

(20) 孤驹未尝有母。

"孤驹"的概念是未尝有母的;实际的孤驹纵在未孤时尝有过母,但概念的孤驹是不承认有母的。

除《天下》篇所载二十一事外,《列子·仲尼》篇也载有七事,为"指不至","白马非马","孤犊未尝有母","意不心","发引千钧"……这些不是与《天下》篇二十一事重复,便是和其中某种道理一致的,我们若能把握住上述的三个观点,便不难窥察他们的思想了。

综合上面所述各家思想观之,我们知道惠施的见解是高人一等的。公孙龙的坚白异同之说,实无惊人的议论。若辩者的二十一事,益见芜杂,更远在惠施之下了。章太炎先生特别推崇惠施,不重二十一事,我以为是有他的独到的地方的。

第六讲
《中庸》的哲理

关于儒家的思想,在第二讲中已讲过,不过关于儒家的哲学,很少谈及。在第二讲所讲的,只是儒家的伦理学,并不是儒家的哲学。《论语》说:"夫子之文章,可得而闻也;夫子之言性与天道,不可得而闻也。"在《论语》里面,谈性与天道,确实是很少的。还有关于生死的问题,鬼神的问题,《论语》上也很少提起。季路问事鬼神,孔子说:"未能事人,焉能事鬼。"又问死,孔子说:"未知生,焉知死。"可见关于生死鬼神,孔子都不愿发表什么议论。但是所谓性与天道的问题,生死鬼神的问题,都是哲学上的中心问题。如果把这些问题抛开,岂不是儒家本身根本没有所谓哲学么?作为维护封建统治最有力的儒家思想,如果没有哲学做它的基础,没有系统的世界观做它后面的台柱,那么,儒家思想的支配力,一定不容易维持很长久的寿命。于是《中庸》一书,在这时成为最需要的产物。《中庸》便是供给这种哲学的基础的,《中庸》便是建立这种系统的世界观的。所以《中庸》所着重的问题,是性与天道,而于鬼神的问题,也有谈及。

因此,关于《中庸》这部书,颇引起许多议论。有的说是道家的作品,因为里面所讲的体与用的关系,和道家的思想有许多相通的地方。道家想散播思想种子到儒家里面去,所以有《中庸》之作。又有的说是儒家的作品,认里面的思想虽有许多是取自道家,而其根本立场却仍是儒家。又有的说是孟子一派的儒者所作,因为里面讲性命诚明,都像是根据孟子的学说而发挥的。我以为这几说中,以第二、第三两说为近是。不过讲到这里，就要讨论到《中庸》的出生问题。我现在先作这样一个假定，然后说明这假定的根据。便是《中庸》一书，我认为是秦、汉统一后的产物。秦、汉统一以后，儒、道两家的思想，争取思想界的支配权。道家思想内容充实，但不为统治阶级所欢迎；儒家思想内容平泛，但统治阶级争相利用。就这两种情形说，儒家之取得最后胜利，乃是意计中事。道家思想是在战国之末才发展的，在第四讲中已有谈及。到了秦、汉统一之后，以其方兴之势，与儒家周旋，固未为不可，无如儒家有统治阶级做护符，当然不能不让儒家操最后的左券。因此《中庸》之作，可以成为有意义且有权威的作品。《中庸》里面讲体用关系颇精，不能说没有道家的影响；而其讲性命诚明诸点，也确实是从孟子学说中推衍而来的。所以我说上面的第二、第三两说，较近事实。至于《中庸》所以为秦、汉统一以后的书，更有一点为一般人所引证，便是书中有"今天下，车同轨，书同文，行同伦"的文句。这在秦、汉统一以前是不能有这种现象的。

讲到这里，就要讨论到《中庸》和《孟子》先后的问题。一般人认《中庸》在《孟子》之先，因为肯定《中庸》为子思所作，已早成为思想界的定论，当然认《中庸》是在《孟子》之前了。可是自从崔东壁一声喝破以后，这两书的前后就发生问题了。关于这点，另开一段说明。

一、《中庸》和《孟子》二书的关系

崔东壁在《洙泗考信录》上说：

> 世传《戴记·中庸》篇为子思所作。余按孔子、孟子之言，皆平实切于日用，无高深广远之言。《中庸》独探赜索隐，欲极微妙之致，与孔、孟之言皆不类。其可疑一也。《论语》之文简而明，《孟子》之文曲而尽。《论语》者，有子、曾子门人所记，正与子思同时，何以《中庸》之文，独繁而晦。上去《论语》绝远，下犹不逮《孟子》，其可疑二也。在下位以下十六句，见于

《孟子》,其文小异,说者谓子思传之孟子者。然孔子、子思之名言多矣,孟子何以独述此语?孟子述孔子之言,皆称"孔子曰"。又不当掠之为己语也。其可疑三也。由是言之,《中庸》必非子思所作。盖子思以后,宗子思者之所为书,故托之于子思,或传之久而误以为子思也……嗟夫!《中庸》之文,采之《孟子》,《家语》之文,采之《中庸》。少究心于文议,显然而易见也。

崔东壁从两书内容及文体与乎孟子平昔所称述之处,证明《中庸》在《孟子》后,并坚决地断定"《中庸》之文,采之《孟子》",不可谓非有断有识。他并在《孟子事实录》里面叙述《孟子·居下章》为《中庸》的张本,说道:

《孟子》此章,原言诚能动人,故由获上、信友、悦亲递进而归本于诚身,然后以至诚未有不动总结之,又以不诚之动反结之,首尾呼应,章法甚明。《中庸》采此章文,但欲归本于诚身,以开下文不思不勉、择善固执之意。意不在于动人,故删其后两句,然则是《中庸》袭《孟子》,非《孟子》袭《中庸》,明矣。

东壁认《孟子》重"诚能动人",《中庸》"但欲归本于诚身","意不在于动人",可谓独具识解。自东壁以后,《中庸》与《孟子》之传统的看法,渐渐成为问题;到现在,固群认《中庸》之后于《孟子》了。不过关于《中庸》与《孟子》的关系,都未能说得明白。东壁也只能看到《孟子》重动人,《中庸》不重动人,但何以《孟子》能动人,《中庸》不重动人,就未能说明了。关于这点,我以为应先审明《孟子》和《中庸》两书的根本不同之点。《孟子》和《中庸》同为儒家重要文献,可是《孟子》着重在伦理学,《中庸》便着重在形上学。前者以伦理观、人生观为主题,后者以世界观、宇宙观为主题。《孟子》书中虽然也有不少的形上学的思想,可是比之《中庸》,便相差远了。《孟子》书中常常提到诚身明善的道理,譬如说:"反身而诚，乐莫大焉。"又如说："爱人不亲，反其仁；治人不治，反其智；礼人不答，反其敬。行有不得者，皆反求诸己。"又如说："有人于此，其待我以横逆，则君子必自反也，我必不仁也，必无礼也，此物奚宜至哉？其自反而仁矣，自反而有礼矣，其横逆由是也，君子必自反也，我必不忠。"关于反己诚身的议论，在《孟子》书中随处皆是。所以孟子在《居下章》下了这么一个结论：

是故诚者天之道也；思诚者，人之道也。至诚而不动者，未之有也；不诚，未有能动者也。

孟子注重反己诚身，以为至诚可以动人，不诚便不能动人，单就个人的修养方面说话，可以知道完全是伦理学的观点。他认"人之道"为"思诚"，"思诚"即由于个人心志上的努力。如孔子说："我欲仁，斯仁至矣。"又如说："苟志于仁矣，无恶也。""欲仁""志于仁"和"思诚"是一样的态度，都是着重在"心之所之"。孟子是唯心论的大师，而对于心志上的努力，比别人提倡得起劲，所以特别着重"思诚"。还有一点，也是孟子着重"思诚"的意思，便是"心之官则思，思则得之，不思则不得也"。孟子的"思诚"和孔子的"欲仁""志于仁"，都可当作唯心论的伦理学者的动机说看，若《中庸》的态度便不同了。《中庸》是想在"诚"字上面，建立一种诚的宇宙观，它把宇宙的本质看作"诚"，因此，由这宇宙本质的发展，便看作"诚之"。一个是体，一个是用。体不离用，用不离体。体能生用，即用显体，因此说：

诚者天之道也，诚之者人之道也。

"诚之"固为人之道，但不限于人类，不过在人类当更努力尽"诚之"之道而已。"诚"与"物"是息息相关的。"诚"是"本体"，"物"是"现象"。本体发为现象，现象必依本体。所以说：

>诚者物之终始，不诚无物。是故君子诚之为贵。

"诚之为贵"，这个"诚之"和《孟子》的"思诚"不同。"诚之"关系到"物之终始"。包括人与物而言。所以《中庸》继续地说："诚者非自成己而已也，所以成物也。"这完全是一种形上学的态度。若《孟子》的"思诚"，着重在心志上的努力，着重在动人不动人，专言人与人的关系，便完全是一种伦理学的态度了。《中庸》拿住《孟子》的"诚"，尽力发挥形上学的意义，以建立一种系统的世界观，由以上的说明，便不难了然。

《中庸》一书，着重在宇宙与人生的关系的说明。开首一段，便提出全书的纲领，都是关系到宇宙与人的。其后用诚明说明性教之不同，更申明"至诚尽性""至诚如神""至诚无息"之旨，对于宇宙与人生的关系，层层紧逼，而皆以"诚"之一字做中心，足见这书为一种有组织有主张的著作。《中庸》认"诚"充满在天地间，却全靠人生去表现出来，表现得最圆满的，就要和"诚"合而为一了，这是一种最高的境界。所以说："诚者不勉而中，不思而得，从容中道，圣人也。"如果"诚之"的功夫做得十分充实，那就可以联宇宙与人生而为一，更分不出哪个是宇宙，哪个是人生了。到了那种境地，就可以与天地并立而为三了。这便是《中庸》所谓"与天地参"。"与天地参"的思想，不是很显明的一种形上学的思想么？像这种形上学的思想，在《孟子》里面是很少的。《孟子》是以谈性最著名的。《孟子》谈性，只谈"人之性"，既不是"犬之性"，也不是"牛之性"。若《中庸》谈性，则并犬马牛羊，人类物类而一切赅括之，所以曰："天命之谓性。"我们拿《中庸》和《孟子》相比较，处处可以见到《中庸》在《孟子》之后，而是以形上学的建立为其主题的。

二、《中庸》的基础理论

《中庸》的基础理论，我们可以分作两项说明：第一，论诚，即是论道；第二，论中与和。但第一与第二却是一贯的。先说明第一项。

第六讲 《中庸》的哲理

《中庸》开宗明义第一章说：

> 天命之谓性，率性之谓道，修道之谓教。

这是全书的主旨。把体用的道理、天人的思想，都包括净尽。什么叫"天命"？我以为"天命"即自然所命，与《老子》中"莫之命而常自然"的意思相仿佛。所谓"天命之谓性"，即无异于说出于自然所命即谓之性。性和教是不同的：教是人力加于自然的，性是自然施于人身的。要说明性和教的不同，必须考察下面的话：

> 自诚明，谓之性；自明诚，谓之教。

"诚"是"诚"，"明"是"诚之"。"诚"是"天之道"，"明"是"人之道"。"自诚明"即是由天而人，由自然而施及于人事，故谓之"性"，亦即所谓"天命之谓性"。"自明诚"，乃由人而天，由人力加于自然，故谓之"教"，亦即所谓"修道之谓教"。以上是说明"性"和"教"的两方面。至讲到"道"，"道"是介乎二者之间的。属于"性"的方面的，为"天之道"；属于"教"的方面的，为"人之道"。"道"有轨道、法则、过程的意思。天有天的法则，人有人的法则，宇宙有宇宙的法则，人生有人生的法则。法则是随自然界而建立的，"道"是因"诚"而建立的。没有自然界也就没有法则，没有"诚"也就没有"道"。所以说"率性之谓道"。这又与《老子》中"道法自然"的思想相仿佛。"诚"与"道"实际上是一而二、二而一的东西。有"诚"便有"道"。不过"诚"为"天之道"，"诚之"为"人之道"而已。《老子》把"自然"看作本体，把"道"看作法则；《中庸》便把"诚"看作本体，把"道"看作法则。一个拿"自然"做中心，一个拿"诚"做中心，这是两家的分界线。"诚"与"道"虽是二而一的，却又是一而二的。"诚"是自己具有"诚"的本质的，不假借于他物，而为一切物的基体。"道"是自己具有一种法则的，

· 165 ·

无论物的大小长短，都有各种大小长短的法则。所以《中庸》说：

> 诚者自诚也，而道自道也。诚者物之终始，不诚无物。

不过"诚"与"道"毕竟是二而一的。"诚"无论其"成己""成物"，总是一种"合内外之道"。我们将"诚"与"道"的关系及"诚"与"诚之"的关系，列为一表说明，则如次式：

$$诚\begin{cases}诚 —— 自诚明 —— 性 —— 天之道\\诚之 —— 自明诚 —— 教 —— 人之道\end{cases}道$$

《中庸》所谓"诚者自诚，而道自道"，已显明地告诉我们"诚"与"道"是有密切联系的，我们由上表的说明，更可以了然于"诚"与"道"之是二而实一。既已把"诚"与"道"，和"诚"与"诚之"的关系说明了，现在可以提出两个要点来说。

(一) 至诚

《中庸》一书，是拿住"诚"做中心观念的。它认为人的本性是"诚"，万物的本性亦是"诚"，推而至于宇宙全体，亦无往而非"诚"。所谓"至诚"，乃尽力表现所本有的"诚"，如果尽力表现所本有的"诚"，便没有不能推动其他事物之理。所以孟子说："至诚而不动者，未之有也。"表现所本有的"诚"，是谓"尽性"。因为这是"自诚明"的道理。孟子说："尧、舜性之也。汤、武反之也。"尧、舜性之，即是尽性；汤、武反之，即是反身而诚。前者是表现所本有的"诚"，后者是用了一番工夫才达到"诚"。表现自己所本有的"诚"，也能表现其他事物所本有的"诚"，因为"诚"是一体的。所以能尽己之性，亦能尽人之性，亦能尽物之性。《中庸》说：

> 唯天下至诚，为能尽其性。能尽其性，则能尽人之性；能尽人之性，则能尽物之性；能尽物之性，则可以赞天地之化育；可以赞天地之化育，则可以与天地参矣。

第六讲《中庸》的哲理

孟子所谓"至诚而不动者，未之有也"，单就"动人"说，若《中庸》则推扩到物，推扩到宇宙全体。所以认表现一己所本有的"诚"，结果可以"赞天地之化育"而"与天地参"。以上是说明至诚尽性的道理。

其次说明至诚如神。《中庸》说：

至诚之道，可以前知。国家将兴，必有祯祥；国家将亡，必有妖孽。见乎蓍龟，动乎四体。祸福将至，善，必先知之；不善，必先知之。故至诚如神。

这虽是一派迷信的议论，却也有它一番道理。《中庸》以为"诚"是充满在宇宙之间的，只看个人对于"诚"的表现如何，就可以决定个人的休咎。国家是由个人相集而成的，因此也可以决定国家的休咎。于是《中庸》提出一个"前知"。就上面的话看来，"前知"分作两类：一、关于国家，二、关于个人。但这两类的"前知"，《孟子》书里都有提到。关于国家方面的，如云：

五百年必有王者兴，其间必有名世者。(《公孙丑下》)
由尧、舜至于汤，五百有余岁……由汤至于文王，五百有余岁……由文王至于孔子，五百有余岁……(《尽心下》)

孟子相信运会之说，以为"名世者"之出，可以"前知"，虽不像《中庸》说得那样逼真，然而也是说明"前知"是可能的。还有关于个人方面的，如云：

存乎人者，莫良于眸子，眸子不能掩其恶，胸中正，则眸子瞭焉；胸中不正，则眸子眊焉。(《离娄上》)

孟子以为在个人身上的，也可以"前知"，就是从个人身上的眸

· 167 ·

子去观察。这便是《中庸》所谓"动乎四体"。《中庸》根据《孟子》的"前知"之说，说明国家和个人两方面都可以"前知"，而一归本于"至诚之道"。不过《中庸》又增加些古代阴阳家的思想，而有"见乎蓍龟"之说，也许是《中庸》撰成时阴阳家思想正盛行的缘故。以上是说明"至诚如神"的道理。

其次说明至诚无息。《中庸》说：

> 故至诚无息。不息则久，久则征，征则悠远，悠远则博厚，博厚则高明。博厚所以载物也，高明所以覆物也，悠久所以成物也。博厚配地，高明配天，悠久无疆。如此者，不见而章，不动而变，无为而成。

这是《中庸》的宇宙观的暴露，即是说明宇宙之所由发生。《中庸》以为表现"诚"的功夫要做得不间断，不间断就可以长久地做下去，能够长久地做下去，就可以在事物上得到征验。既在事物上得到征验，就可垂之于无穷。凡可以垂之于无穷的，就没有不弥漫到上下四方的。于是有悠久、博厚、高明之说。博厚载物，是指地而言；高明覆物，是指天而言；悠久成物，是就永远发展而言。所以《中庸》说："博厚配地，高明配天，悠久无疆。"当表现"诚"的功夫的时候，只一味尽力表现，但是结果可以在事物上得到征验，可以垂之于无穷，是谓"不见而章"。又当表现的时候，是由于吾心之静，但结果可以引起万物的变化，是谓"不动而变"。又当表现"诚"的时候，并不必有所作为，但结果却是无不为，是谓"无为而成"。这都是说明至诚之道，发于隐微，而其所成就却是不可限量的。所以《中庸》继续地说：

> 天地之道，可一言而尽也。其为物不贰，则其生物不测。天地之道，博也，厚也，高也，明也，悠也，久也。今夫天，斯昭昭之多，及其无穷也，日月星辰系焉，万物覆焉。今夫地，一撮

土之多，及其广厚，载华岳而不重，振河海而不泄，万物载焉。今夫山，一卷石之多，及其广大，草木生之，禽兽居之，宝藏兴焉。今夫水，一勺之多，及其不测，鼋鼍蛟龙鱼鳖生焉，货财殖焉。《诗》云："维天之命，於穆不已。"盖曰天之所以为天也。"於乎不显，文王之德之纯。"盖曰文王之所以为文也，纯亦不已。

至诚之道，可以一言尽，便是"为物不贰"。"不贰"即是纯一不杂，因此，朱晦庵解作"所以诚"。"为物不贰"，正是"生物不测"的原因。譬如昭昭的天，可以系星辰日月，可以覆万物；一撮土的地，可以载华岳，振河海；一卷石的山，可以生草木，居禽兽，兴宝藏；一勺之水，可以生鼋鼍蛟龙鱼鳖，又可以殖货财。这都是说明至诚所招致的结果。所以至诚是"无息"的。"无息"和"不息"略有分别。"不息"是说明不间断，"无息"是绵延进展，无有已时。二者虽然义有相关，可是这一段话，注重在"无息"。天之所以为天，就在"无息"，所谓"天行健"。孔子说："天何言哉？四时行焉，百物生焉。"也是说明"无息"的意思。因此，《中庸》引《诗经》"维天之命，於穆不已"作证。但我们要知道："不已"只是由于"不贰"，即是由于"纯"，所以又说："纯亦不已。"以上是说明"至诚无息"。

上面所说的三点是分别说明，道理却是一贯的。能够透彻了以上的三点，便发为事功，施诸化育，无往而不可。所以《中庸》对至诚作这样的结论：

唯天下至诚，为能经纶天下之大经，立天下之大本，知天地之化育。夫焉有所倚？

"夫焉有所倚"，是说无所倚著于外物，就是说只有表现一己的"诚"，便可达到上述的目的。

（二）致曲

《中庸》一面用全力说明至诚之道，一面又说明致曲之道，其处心积虑，可谓无微不至。《中庸》说：

> 其次致曲，曲能有诚，诚则形，形则著，著则明，明则动，动则变，变则化。唯天下至诚，为能化。

"致曲"谓由表现一端的"诚"，以达到"诚"的全体。"致"有"推广""扩充"之意，"曲"有"一端""一偏"之意，"致曲"谓由一端扩充到全体，由一偏推广到一般。孟子认恻隐之心为仁之端，羞恶之心为义之端，辞让之心为礼之端，是非之心为智之端。如果这四端能扩而充之，便足以保四海。这是孟子所认定的四端。若在《中庸》，则以为只须把一端扩充，便可以推广到全体。因为这一端也是全体的"诚"的一部分，所谓"曲能有诚"，这一端的"诚"虽是全体的"诚"的一部分，却是这一部分也含有全体的"诚"的本质，所以也能达到"至诚"的境界，也能造到"化"的功用。但由一端的"诚"达到"能化"，须经过怎样的路径呢？《中庸》以为"诚"是有诸中必形诸外的，所以"诚则形"。既已发而为形，也就可以见到形后面的性。孟子说："形色天性也，惟圣人然后可以践形。""践形"即是践性，因为性著于形。所以《中庸》说："形则著。"既已性著于形，则由形的显著即有一种教诲人的力量。孟子说："教亦多术矣，予不屑之教诲也者，是亦教诲之而已矣。""不屑之教诲"，即是示以不屑教诲的"形"，与以不屑教诲的颜色。明是修道，示道可由教而入，所以说"自明诚谓之教"。这段话是说由形的显著可以有"明示人""昭示人"的效能。所谓"著则明"，既已明示于人，便容易使人发生感动；既已发生感动，便容易由感动而起变异；既已起了变异，便可使之同化。这是说明由一端的"诚"而到"化"的过程。如果已经到了"化"的境地，便由一端的"诚"达到全体的"诚"了。可见"致曲"亦能达到全体的"诚"。其实"致曲"的功夫，虽不比至诚之道高明，却是比至诚之道重要，因为在一般的人，只能望其"致曲"。如果人人能表现一端的"诚"，则充满宇宙之内，便无往而非"诚"了。孟子说："人能充无欲害人之心，而仁不可胜用也；人能充无穿窬之心，而义不可胜用也。"这不是很显明地说明"致曲"的重要么？

现在请说明《中庸》第二项的基础理论，便是中与和。《中庸》说：

> 喜怒哀乐之未发，谓之中；发而皆中节，谓之和。中也者，天下之大本也；和也者，天下之达道也。致中和，天地位焉，万物育焉。

这段话是说明体和用最重要的道理，与前面所说，体系上是一贯的。"喜怒哀乐之未发"，是就体说；"发而皆中节"，是就用说。体不离用，用不离体，故喜怒哀乐在体和用两方面都有，只是一个已发，一个未发而已。一般人讲体用，以为体和用是截然二物，或是彼此绝不相关，殊不知这种讲法完全错了。要知体用之不同，只在已发未发，在本质上是没有差别的。未发时是本质，已发后便是本质的发展，何尝有本质上的差别呢？在未发时并不是没有喜怒哀乐，也不是与已发的喜怒哀乐有不同。这些都是讲体和用时所不可忽视的要点。荀子讲心，和这里所说的已发未发，正有互相发明之处。《荀子》说：

> 人心譬如槃水，正错而勿动，则湛浊在下，而清明在上，则足见须眉而察肤理矣；微风过之，湛浊动乎下，清明乱乎上，则不可以得本形之正也。心亦如是矣。

所谓"正错而勿动，则湛浊在下，而清明在上"，便是未发前的状态。所谓"微风过之，湛浊动乎下，清明乱乎上"，便是已发后的状态。并不是未发前没有"湛浊"，也不是已发后没有"清明"，"湛浊"和

"清明",是在两界都有的。只是一个"湛浊在下,清明在上",一个"湛浊动乎下,清明乱乎上"而已。以上是泛言体和用的关系。在《中庸》所说的"中"是"体",所说的"和"是"用",这是毋庸置疑的。不过所说的"和",乃是"用"的一种境界,因为喜怒哀乐已发后,有中节的,也有不中节的,中节的谓之"和",不中节的便不得谓之"和"了。这样的议论,在儒家他种著作里面是不常见的。

《中庸》一书,是讲性情的关系最精的。我以为"中"是说性,"和"是说情。性是未发的,无有不善;情是已发的,有善有不善。而所谓"和",乃是已发的情之善的。《中庸》一书,有许多地方是根据《孟子》的见解,而作进一步的阐明,讲到性情,也是这样。孟子说:"人性之善也,犹水之就下也。人无有不善,水无有不下。"又说:"乃若其情,则可以为善矣,乃所谓善也。若夫为不善,非才之罪也。"孟子的意思,是说性是无有不善的。情为性之动,也是"可以为善"的,孟子似乎完全就善的一方面说话,没有想到情的发动也有不善的。若《中庸》便不同了,《中庸》说:"发而皆中节,谓之和。"当然不中节便不得谓之和了。《中庸》讲情,含有中节不中节两方面,其态度就不像孟子那样褊狭而固执了。后来唐代的李翱把《中庸》上中和的道理发挥颇详尽,虽然他是站在禅家的立场说话,却是有些地方说明得很透彻。他在《复性书》上篇说道:

> 人之所以为圣人者性也,人之所以惑其性者情也。喜怒哀惧爱恶欲七者,皆情之所为也。情既昏,性斯匿矣。非性之过也……虽然,无性则情无所生矣。是情由性而生,情不自情,因性而情;性不自性,由情以明。……圣人者岂其无情耶?圣人者寂然不动……虽有情也,未尝有情也。然则百姓者岂其无性者耶?百姓之性,与圣人之性弗差也。虽然,情之所昏,交相攻伐,未始有穷,故虽终身而不自睹其性焉。

这段话可看作"喜怒哀乐之未发,谓之中;发而皆中节,谓之和"的注脚。"情不自情,因性而情",因为喜怒哀乐含于未发之中;"性不自性,由情以明",因为喜怒哀乐见诸已发之和。何以圣人有情而未尝有情?因为他能保持"未发之中"的状态;何以百姓情之所发而不自睹其性?因为他不能保持"中节之和"的状态。所谓"百姓之性与圣人之性弗差",便是已发时有喜怒哀乐,未发时亦有喜怒哀乐。李翱这段议论,可谓能抉发中和的要旨,而性情之关系,自是益明。

《中庸》既以中庸名篇,便是专发挥体用的道理的。"中"是体,"庸"便是用。《庄子·齐物论》说"庸也者用也"是"庸"字最好的解释。儒家一部讲体用的书,却没有人懂得。《中庸》讲体用,并不能说如何的高明,不过讲体用通常的道理,却大体是对的。宋儒程、朱一班人,好自作聪明,把《中庸》随意乱解,看来实觉好笑。程伊川说:"不偏之谓中,不易之谓庸。"用"不偏""不易"解中庸二字,是何等浅陋的见解。试问世间哪里有"不偏""不易"的那么一回事?《中庸》上明明说道:"喜怒哀乐之未发,谓之中。"不是很显明地告诉我们,"中"是一种"未发"的状态么?"未发"的状态何尝是"不偏"呢?他们的误解,是由于《中庸》上有这么一段话,所谓"道之不行也,我知之矣:知者过之,愚者不及也。道之不明也,我知之矣:贤者过之,不肖者不及也。人莫不饮食也,鲜能知味也"。这段话实际上都是讲"和",并不是讲"中"。无太过与不及,便是"发而中节",这是说明"和"的重要的。因为在未发时,便看不到太过与不及,既已看到了太过与不及,便在已发之后了。"人莫不饮食也,鲜能知味也。"意思是说:"人莫不有喜怒哀乐也,鲜能发而中节也。"发而中节,就不会到太过或不及的地步。这与"不偏"有什么关系呢?至于讲到"不易",更是说谎。《中庸》的重心,就在变易,就在由动而变,由变而化。譬如讲"生物不测"一段,是何等看重变易、变化的道理!《中庸》说:"小德川流,大德敦化,此天地之所以为大也。"所谓"川流",所谓"敦化",正是尊重变化的议论,何尝是"不易"呢?所以程伊川的解释,只暴露他的浅陋无知。朱晦庵所犯的错误,正有相同之处。他以为"中者不偏不倚,无过不及之名";庸则为平常之义。所讲的是"平常之理"。用"不偏不倚，无过不及"解"中"，其错误之点，与伊川正相等，上面已有论及。至于说"庸"是"平常"，那是一种极武断的说法。《中庸》一部书所讲的道理，都是些极不平常的道理。你能说"赞化育、参天地"的道理是平常的道理么？你能说性命诚明的道理是平常的道理么？况且《中庸》明明说道："君子之道费而隐。夫妇之愚，可以与知焉；及其至也，虽圣人亦有所不知焉；夫妇之不肖，可以能行焉；及其至也，虽圣人亦有所不能焉。"你能说"圣人所不知""圣人所不能"的道理是平常的道理么？这样看来，程、朱解《中庸》，完全是一任主观的臆断，不顾客观的事实。我认为这不是善于讲《中庸》的。

然则中庸应该怎样去解释呢？什么叫做中庸之道呢？上面已经说过《中庸》所以名为中庸，便是专为发挥体用的道理的。中是诚之道，庸是诚之之道。中就性说，庸就教说；中就中说，庸就和说。《中庸》说：

中庸其至矣乎，民鲜能久矣。

这句话《论语》上也有提到，便是"中庸之为德也，其至矣乎，民鲜久矣"。所谓"中庸之为德"便是"中"的德，与"庸"的德，"中"的德是自诚而明的德；"庸"的德是自明而诚的德。"中"的德是"不勉而中，不思而得，从容中道"的德，"庸"的德是"择善而固执"的德。质言之，"中"的德是能保持"未发之中"，"庸"的德是能保持"中节之和"。"中"的德是天成的，是出于生知安行的，"庸"的德是人为的，是由于困学勉强而行的。严格说来，"庸"的德虽不如"中"的德，却比"中"的德更可贵重，因为加了一番人的努力。所以《中庸》说：

庸德之行，庸言之谨。有所不足，不敢不勉；有余不敢尽。言顾行，行顾言，君子胡不慥慥尔？

这是一番督励人的努力的话,因为看重人事甚于看重自然,乃是儒家的根本立场。《中庸》所以尊重"庸德""庸言",便是这番意思。所以提出"有所不足,不敢不勉;有余不敢尽。言顾行,行顾言",更是着重"庸"德的一种最露骨的议论。我在下面还要讲到"《中庸》的修养法",都是关于"庸"德方面的。孔子赞美中庸,也只是赞美"庸"德。孔子说:

不得中行而与之,必也狂狷乎?狂者进取。狷者有所不为也。(《子路》)

狂者便太过了,狷者便不及了,太过不及,都是发而不中节,所以孔子不与。"中行"即发而中节,无太过不及,与"中道"同意。孟子说:

孔子不得中道而与之,必也狂狷乎。狂者进取,狷者有所不为也。孔子岂不欲中道哉?不可必得,故思其次也。(《尽心下》)

"中行"和"中道"同意,都重在发而中节,这便是中庸的根本义。我们若不从"庸"德去看中庸,若不从发而中节去看中庸,便会走到程朱一流的见解上去。《中庸》上所记关于中庸的文句,都应该从发而中节方面去解释。

仲尼曰:"君子中庸,小人反中庸。君子之中庸也,君子而时中;小人之反中庸也,小人而无忌惮也。"什么是"时中",有人解作孟子所称"孔子圣之时者也",有人解作"执中为近之",又有人从"可以仕则仕,可以止则止,可以久则久,可以速则速"去解释,其实在我看来,都不中肯綮。我以为所谓"时中",所谓"无忌惮",都是就中节不中节说,都是就"已发之和"方面说,并不是就"未发之中"方面说,质言之,都是着重在"庸"的德。戴东原颇能看到这点,他解释这段话,说道:

庸即篇内"庸德之行，庸言之谨"，由之务协于中，故曰中庸。而，犹乃也。君子何以中庸，乃随时审处其中；小人何以反中庸，乃肆焉以行。

东原用"由之务协于中"解"庸"字，这比程、朱强远了。所谓"务协于中"，不就是"已发之和"么？东原知道从"庸"字解中庸，是他的炯识，可是他不能彻底认识"庸"字在中庸上的地位。东原从"随时审处其中"解"时中"，从"肆焉以行"解"无忌惮"，我认为大体不错。不过君子何以能"随时审处其中"？小人何以"肆焉以行"？他就不能说明了。这是由于他仅知道从"庸"看中庸，而不知道从"和"看中庸。不知"和"比"庸"更来得鞭辟近里。君子何以中庸，由于发而中节，发而中节，是谓"时中"；小人何以反中庸，由于发而不中节，发而不中节，便不免当怒而喜，当哀而乐，结果就"无忌惮"了。《中庸》里面还有关于知识与中庸几段的记载：

子曰："舜其大知也与！舜好问而好察迩言，隐恶而扬善，执其两端，用其中于民，其斯以为舜乎？"

子曰："人皆曰予知，驱而纳诸罟擭陷阱之中，而莫之知辟也。人皆曰予知，择乎中庸，而不能期月守也。"

子曰："回之为人也，择乎中庸。得一善则拳拳服膺，而弗失之矣。"

我们知道中庸之道，即是体用之道，即是中和之道，这关系到宇宙和人生的全体，非智慧超绝的人，便不容易把握住其中的关系。所以上面几段记载，都讲到智慧的问题。舜何以称为"大知"，因为他能深明体用的关系。我们现在无论历史上有没有舜这个人，姑且照原来的文句加以解释。舜以好问察言的资质，当然容易透彻执两用中之理。什么叫做执两用中？两，便是体与用；用中，便是把握体用的关系。关于知识和中庸的关系，《论语》也有同样的记载。孔子说：

> 吾有知乎哉，无知也。有鄙夫问于我，空空如也。我叩其两端而竭焉。

孔子自己说没有知识，实际上是故作此语，以激励那些以知识自炫的。因为富有知识的人，才会了解体用的关系。所谓"叩两端而竭焉"，和执两用中的道理并没有两样。"叩两端而竭"，即是说明体用，把握体用的关系。那些以知识自炫的，自以为知道体用的关系，实际上是"择乎中庸，而不能期月守"。又以为深明体用的关系，不必"戒慎乎其所不睹，恐惧乎其所不闻"，但实际上是"驱而纳诸罟擭陷阱之中，而莫之知辟"。可见以知识自炫的，未必真有知识。所以孔子有"空空如也"之言。这只有颜回才能体会这层道理。颜回是"闻一知十"的。颜回的知识过人，所以能守，所以拳拳弗失。以上都是论知识与中庸的关系。富有知识的人能够把握中庸的道理，已如上述；但能够把握中庸的道理的人，他的知识也就益发完备，所以能"知天""知人"，甚至于"可以前知"。二者是互为影响的。

关于《中庸》的基础理论，略如以上的说明，现在讲《中庸》的修养法。

三、《中庸》的修养法

《中庸》认人的本性是"诚"，万物的本性亦是"诚"，所谓"诚者天之道"，人可但依其本性行之，实无修养或教育之必要。然所以需要修养，也有一番道理。人的本性虽是"诚"，但人有三阶级。《中庸》说：

> 或生而知之，或学而知之，或困而知之，及其知之一也；或安而行之，或利而行之，或勉强而行之，及其成功一也。

从这段话里面，可知道人类显明地分成三阶级，从"知"的方面看：第一级是"生而知之"，第二级是学而知之，第三级是因而知之。

从"行"的方面看：第一级是安而行之，第二级是利而行之，第三级是勉强而行之。《中庸》以为在这三阶级的人类中，各人表现各人的"诚"，结果都能达到成功的地步。在生知安行的人，本用不着怎样去修养，而所谓修养，主要的是学知利行，或困知勉强而行的人。不过生知安行的人，也另外有种修养法。因此，《中庸》的修养法，分作二部分：即自诚明的功夫和自明诚的功夫。我们且先把《中庸》最重要的一段话写在下面，然后加以解释。《中庸》说：

> 故君子尊德性而道问学，致广大而尽精微，极高明而道中庸，温故而知新，敦厚以崇礼。

这段话里面就告诉了我们两种修养法：一种是自诚明的修养法，一种是自明诚的修养法。前者关于天事，故为"天之道"；后者关于人事，故为"人之道"。什么是自诚明的修养法？这是就生知安行的人立言的。这种人虽然天事已足，但也须辅以人事。天事已足的人，他的性情，他的识见，乃至他的胸怀，都要比平常人高一等，所以应该尊重固有的德性，就固有的德性求其扩充，期达于广大高明之域。这是一种"温故"的功夫，即是一种"敦厚"的修养法，所以贵"慎独"。关于"慎独"的话，《中庸》里面发挥得很多，譬如说：

> 莫见乎隐，莫显乎微，故君子慎其独也。
> 诗云："潜虽伏矣，亦孔之昭。"故君子内省不疚，无恶于志。君子之所不可及者，其唯人之所不见乎？
> 诗云："相在尔室，尚不愧于屋漏。"故君子不动而敬，不言而信。

关于"慎独"一点，儒家是特别注重的。孟子认"仰不愧于天，俯不怍于人"为三乐之一，都是着重"慎独"的思想的。在生知安行的人，天事已足，只需把固有的天事保持得好好的，所以最重要的是

"慎独",是"不愧于天"。什么是自明诚的修养法?这是就学知利行或困知勉强而行的人立言的。这种人天事既不甚足,不得不专恃人事。所以应该注重问学的功夫,应该使知识造到极精微的地步。我上面已经说过中庸的主旨在发而中节,在着重"庸"的德,即是专为学知利行或困知勉强而行的人说法的。所以又应该实践中庸之道。知识和中庸有不可离的关系,这在上面也说过。既富有知识便能把握中庸的道理,所以这种人要问学与中庸并进。就知识说,务在"知新";就中庸说,务在"崇礼"。不过最重要的关键,还在"道问学"。因为这样,所以《中庸》对问学的方法,阐述至为详明。《中庸》说:

博学之,审问之,慎思之,明辨之,笃行之。

这段话是做学问最吃紧的方法,在儒家的著作里面,是颇值得贵重的文句,可以说是做学问的五个步骤。前四个步骤讲知,最后一个步骤讲行。

以图说明如下:

$$\text{学问}\begin{cases}\text{知}\begin{cases}\text{外的}\begin{cases}\text{博学}\\\text{审问}\end{cases}\\\text{内的}\begin{cases}\text{慎思}\\\text{明辨}\end{cases}\end{cases}\\\text{行}\text{——笃行}\end{cases}$$

《论语》上只有"博学于文"的话,至于审问、慎思、明辨这几点,都很少讲论到,不像《中庸》把这种做学问的步骤分得很明白。在修养法里面注重在"诚之",所谓"诚之",便是"择善而固执"。何谓"固执"?便是"弗能弗措"。"弗能弗措"是一切治学处事、立身行己的总法门。所以《中庸》说:

有弗学,学之弗能,弗措也;有弗问,问之弗知,弗措也;有弗思,思之弗得,弗措也;有弗辨,辨之弗明,弗措也;有弗行,行之弗笃,弗措也。人一能之,己百之;人十能之,己千之。果能此道矣,虽愚必明,虽柔必强。

"弗能弗措",也就是"人一己百,人十己千",这便是致"明"之道,也便是致"强"之道。《中庸》上讲"明"是讲得很多的,也讲得很切实的,上面已有说到。但是《中庸》也注重解释致"强"之道。《中庸》说:

子路问强,子曰:"南方之强与?北方之强与?抑而强与?宽柔以教,不报无道,南方之强也,君子居之;衽金革,死而不厌,北方之强也,而强者居之。故君子和而不流,强哉矫!中立而不倚,强哉矫!国有道,不变塞焉,强哉矫!国无道,至死不变,强哉矫!"

这段话颇难解释,我以为都是说明中庸之道,即说明"庸"的德,而须用"弗能弗措"的方法贯彻之。所谓"北方之强与?抑而强与?"实指一事,并非二事。即是说"北方之强与?或强者与?"所以下面说:"北方之强也,而强者居之。"所谓南方之强,或系就老子一派言;所谓北方之强,或系就墨子一派言,但俱未达到发而中节的地步,即俱未达到"庸"的德。"和"与"中立",近乎南方之强;"不变"则近乎北方之强,但俱非《中庸》之强。《中庸》之强,乃"和而不流","中立而不倚",乃"国有道,不变塞","国无道,至死不变"。这非有"弗能弗措","人一己百,人十己千"的修养功夫是不容易达到的。在学知利行,或困知勉强而行的人,天事既不甚足,非有"弗能弗措","人一己百,人十己千"的决心,就不容易达到"明"与"强"的地步。因此《中庸》说:

子曰:……君子遵道而行,半途而废,吾弗能已矣。君子依乎中庸,遁世不见知而不悔,惟圣者能之。

具有"弗能弗措"的决心，才能"不见知而不悔"，才不至"遵道而行，半途而废"。这些议论，本很平常，但为学知利行，或困知勉强而行的人说法，不得不如此。

以上说明了两种修养法。

《中庸》上关于修养的尚有一段很可注意的议论，便是对于知、仁、勇的说明。《中庸》说："知、仁、勇三者，天下之达德也。"又说：

> 好学近乎知，力行近乎仁，知耻近乎勇。

这段话标明"子曰"，虽不一定是孔子说的，却很能发挥孔子的原意。《论语》上关于知、仁、勇，曾有过两段记载。

> 子曰："知者不惑，仁者不忧，勇者不惧。"（《子罕》）
> 子曰："君子道者三，我无能焉：仁者不忧，知者不惑，勇者不惧。"（《宪问》）

《论语》只说明了知、仁、勇三者的归结，但何以达到知、仁、勇，却没有系统的说明，这就不能不使人联想到《中庸》了。何以说"好学近乎知"呢？这是很容易明白的。因为好学可以去蔽，凡事必有所蔽，有所蔽则知不真切，去蔽即所以去知的蔽。《论语》说：

> 好仁不好学，其蔽也愚；好智不好学，其蔽也荡；好信不好学，其蔽也贼；好直不好学，其蔽也绞；好勇不好学，其蔽也乱；好刚不好学，其蔽也狂。

这段话是说明不好学所招致种种蔽，知有所蔽，则非真知，求知之道，首在好学。所以说"好学近乎知"。既做到知者则一切蔽都去掉了，所以"知者不惑"。何以说"力行近乎仁"呢？这句话我认为是孔门的"仁"的正解。孔子说：

> 饱食终日，无所用心，难矣哉！不有博弈者乎，为之犹贤乎已。

孔子只恨那些坐着不动的，无论做什么事，只要你向前做去，总是对的。向前做去便是仁，饱食终日，无所用心，便是不仁。仁是表现生活的努力的。孔子提出一个忠恕之道：忠是尽己，恕是推己及人。所谓忠恕，也就是"己立立人，己达达人"的意思，即是表现对己对人一种生活上的努力。所以说"力行近乎仁"。既做了一个仁者，他的生活必充满着生意，必一味向前做去，而无退后反顾之忧。所谓"有生之乐，无死之心"。《论语》上记载孔子的生活，有这么一段：

> 叶公问孔子于子路，子路不对。子曰："女奚不曰，其为人也，发愤忘食，乐以忘忧，不知老之将至云尔。"（《述而》）

这是描写孔子的生活之乐的。在这里也就知道所谓"仁者不忧"的意义了。何以说"知耻近乎勇"呢？这句话比上两句更来得重要，只是不容易说明罢了。一般人认勇是属于体育方面的，以为身体不强，必不能勇，这是一种很肤浅而且错误的说法。勇并不是体力角逐，也并不是"抚剑疾视"的意思，质言之，勇并不是一味蛮勇，乃是知耻，是人格修养上最重要的一段功夫。孟子讲养勇，讲得很起劲。他讲到养勇，就连带地讲到养志养气。养志养气，才是养勇的根本功夫。否则所养的只是小勇，只是敌一人的匹夫之勇。我们养勇，要养大勇。大勇是要与我们的生命发生危害的。我们处在生死存亡之际，要能够立定脚跟，不随风转舵，这样便可以造到大勇的地步。这样便非养志养气不可。关于这种大勇修养的方法，要在平日能认清目标。譬如孔子的目标是仁，他便说："毋求生以害仁，有杀身以成仁。"孟子的目标是义，他便说："生我所欲也，义亦我所欲也，二者不可得兼，舍生而取义者也。""杀身成仁","舍生取义",这是何等的大勇。所以孔子说:"勇者不惧。"而《中庸》更明白地说:"知耻近乎勇。"不从知耻说明勇,是不能抉出勇的真正意义的。

知、仁、勇三者何以谓之达德?"达德"谓日用常行,人人共由,不可须臾离之德。《中庸》中有所谓"达道""达孝",均作如此解释。知、仁、勇三者是紧相联系的,有知而不仁,或有仁而无勇,都不足以为德之全。用现代的话说明,知是研究学术的精神,仁是服务社会的精神,勇是砥砺人格的精神,三者缺一不可。譬如研究学术,不去服务社会,不求社会的实践,是无法证明学术的真价的。又如服务社会,不顾到自己的人格,不能知耻,也徒然做了他人的工具。所以三者是紧相联系的。《论语》上有相类似的议论,大体上也可以看作说明知、仁、勇三者的联系。譬如《卫灵公》章说:

> 子曰:知及之,仁不能守之,虽得之,必失之。知及之,仁能守之,不庄以莅之,则民不敬。知及之,仁能守之,庄以莅之,动之不以礼,未善也。

所谓"庄以莅之",是就外表之庄严说,所谓"动之以礼",是就人格之庄严说,这都是养勇的功夫,可见知、仁、勇三者缺一不可。

以上是说明知、仁、勇的修养法。

儒家的书大部分是关于伦理问题的说明的,所以特别注重修养法。《中庸》是儒家的体大思精之作,当然对于修养法说得更透彻些,而且《中庸》是有它的明确的世界观的,当然对于修养法说得更有系统。譬如关于知、仁、勇的修养法,《中庸》便能够提出所以达到知、仁、勇的下手功夫,这便比《论语》强远了。

四、《中庸》的影响

《中庸》一书在儒家的思想史中影响是很大的,这在上面也略略讲过。我以为《中庸》一书上接孔、孟的道统,下开宋、明理学的端绪，是儒家一部极重要的著作。现在谈到它的影响，我们不妨分作三项来说明。

（一）对抗道家思想

上面已经说过，秦、汉统一以后，儒、道两家的思想，争取思想界的支配权。道家思想内容充实，但不为统治阶级所欢迎，儒家思想内容平泛，但统治阶级争相利用，于是有《中庸》之作。《中庸》一书，确实有许多思想是取自道家。依照上面的说明，《中庸》开宗明义第一章，所谓"天命之谓性，率性之谓道，修道之谓教"，开始的两个前提，即从道家的思想导引而出。至于所谓"诚"与"诚之"，分明是说明体与用的关系；所谓"自诚明""自明诚"，分明是说明由体到用，由用到体；所谓"诚则明矣，明则诚矣"，分明是说明体即用，用即体，体用一元。这些关键，也都是从道家思想导引而出的。因为道家哲学在古代哲学中是说明体用关系最精的。《中庸》上还有"不见而章，不动而变，无为而成"的话，又有"不动而敬，不言而信"的话，与《老子》上"不行而至，不见而名，不为而成"的话，和"不自见，故明，不自是，故彰，不自伐，故有功，不自矜，故长"的话，不是同样的论法么？不是同样地说明相反相成的道理么？《老子》一书，几乎全部都是发挥"无为"的道理，说明"无为而无不为"，而《中庸》上所谓"不见而章，不动而变，无为而成"，不正是说明"无为而无不为"么？这样看来，《中庸》的思想，实有许多地方是取自道家，无可为讳。不过我为什么要说《中庸》一书是对抗道家的思想呢？这是因为儒家的立场和道家的立场，是根本不同的。儒家是维护封建统治的，道家却是反对封建统治的。儒家因为要维护封建统治，所以提高伦理的价值，所以拿"诚"做中心；道家因为要反对封建统治，所以看重个人的价值，所以拿"自然"做中心。儒家知道自己没有深厚的哲学基础，没有系统的世界观，所以不得不采取道家所讲的体用关系与乎相反相成之理。可是儒家就在这里用它自己的立场抨击道家。以为道家思想陷于虚玄，而不切于实用。道家的主张虽可以坐而言，却不能起而行。于是提出一大套的

第六讲 《中庸》的哲理

伦理的说素，直接地显示儒家思想之切近人事，间接地暴露道家思想之无裨世用。这便是《中庸》一书之所由发生。我们且看《中庸》上关于封建道德的说明：

……君子之道四，丘未能一焉：所求乎子，以事父，未能也；所求乎臣，以事君，未能也；所求乎弟，以事兄，未能也；所求乎朋友，先施之，未能也。

君子之道，辟如行远，必自迩；辟如登高，必自卑。诗曰："妻子好合，如鼓瑟琴；兄弟既翕，和乐且湛。"子曰："父母其顺矣乎。"

子曰："舜其大孝也与！德为圣人，尊为天子，富有四海之内，宗庙飨之，子孙保之，故大德，必得其位，必得其禄，必得其名，必得其寿……"

子曰："无忧者其惟文王乎！以王季为父，以武王为子；父作之，子述之……"

子曰："武王、周公其达孝矣乎！夫孝者善继人之志，善述人之事者也。春秋修其祖庙，陈其宗器，设其裳衣，荐其时食……"

……仁者人也，亲亲为大；义者宜也，尊贤为大。亲亲之杀，尊贤之等，礼所生也。

……天下之达道五，所以行之者三。曰：君臣也，父子也，夫妇也，昆弟也，朋友之交也。五者天下之达道也。知、仁、勇三者天下之达德也，所以行之者一也。

……凡为天下国家有九经，曰：修身也，尊贤也，亲亲也，敬大臣也，体群臣也，子庶民也，来百工也，柔远人也，怀诸侯也。修身则道立，尊贤则不惑，亲亲则诸父昆弟不怨，敬大臣则不眩，体群臣则士之报礼重，子庶民则百姓劝，来百工则财用足，柔远人则四方归之，怀诸侯则天下畏之。齐明盛服，非礼不动，所以修身也；去谗远色，贱货而贵德，所以劝贤也；尊其位，重其禄，同其好恶，所以劝亲亲也；官盛任使，所以劝大臣也；忠信重禄,所以劝士也;时使薄敛,所以劝百姓也;日省月试,既廪称事,所以劝百工也;送往迎来,嘉善而矜不能,所以柔远人也;继绝世,举废国,治乱持危,朝聘以时,厚往而薄来,所以怀诸侯也。凡为天下国家有九经,所以行之者一也。

我们看了上面几段的记载,都是关于孝的伦理的说明。因为儒家是认孝为一切伦理的起点的,所谓"行远必自迩","登高必自卑"。如《中庸》胪举舜的大孝,武王、周公的达孝,文王的父作子述,都足以证明《中庸》是如何地推重孝的伦理。孝的伦理是宗法社会的柱石,也是封建社会的柱石。如果《中庸》不提出孝的伦理,徒然提供一些形上学的议论,便失了儒家思想的重心,也不足以和道家相对抗。因为儒家和道家对抗的武器,便是借宗法伦理的提倡,一方面可以迎合统治者的心理,一方面更可以加钝一般群众的意识。还有一点,也是道家得到社会信仰远不如儒家的,便是儒家用位禄名寿作为吸引一般群众的工具,而位禄名寿是人人所日夜想望不置的,这当然很容易得到一般的普遍信仰。譬如《中庸》说:"故大德,必得其位,必得其禄,必得其名,必得其寿。"而道家的教理却与此相反。譬如《杨朱篇》说:"生民之不得休息,为四事故:一为寿,二为名,三为位,四为货……不逆命,何羡寿;不矜贵,何羡名;不要势,何羡位;不贪富,何羡货。"这样的教理要想吸收大量的群众,像儒家一样,又如何可能呢?所以说宗法伦理的提倡,乃是儒家对抗道家的重大武器。

《中庸》中提出治天下的五达道和"为天下国家"的九经。"五达道"即儒家的五伦。《孟子》说:"使契为司徒,教以人伦:父子有亲,君臣有义,夫妇有别,长幼有序,朋友有信。"这五伦在儒家是认为天经地义的。"九经"则赅括修身齐家治国平天下,更是儒家所认为万世不易的真理。但我们知道,在封建社会中这五达道和九经,正是统治阶级的惟一法宝,因为根据这五达道和九经可以尽羁縻束缚的能事。这决不像道家欲以无为无事的方法,来处理天下国家,所谓"我无为而民自化,我好静而民自正,我无事而民自富,我无欲而民自朴"。两两比较，在统治阶级当然欢迎前者而不欢迎后者。不过《中庸》虽然说得很广阔，无论君臣、父子、昆弟、夫妇、朋友，无论尊贤、亲亲，乃至柔远人、怀诸侯，都有谈到，可是它却想都归纳到"诚"，所谓"所以行之者一也"，以见它的思想都出发于一个系统的世界观。这样，用儒表道里的手段，以达到崇儒黜道的目的，遂又成为它的对抗道家的武器。然则《中庸》之作，在儒家确实是一种极重要的作品。

凡上面所述的五达道和九经，都可归纳到修道之教，《中庸》注重在修道之教，至于所谓天命之性，率性之道，不过是拿来做做幌子而已，这正是所谓用儒表道里的手段，达崇儒黜道的目的。这种伎俩，后来宋、明的理学家，运用得极其纯熟。这便是《中庸》的影响之一。

（二）开发禅家思想

佛教思想到中国和佛教思想到西洋，所得的结果是两样的。何以呈两样的结果，这就不能不追溯前因。我们先说西洋吧。叔本华（Schpoenhauer）是受佛教的影响最大的，佛教思想到了叔本华手里，却会成为主意论（Voluntarism），这不是很可怪异的事情么？其实细按起来，一点也不奇怪，因为西洋人所受过去重大的影响，像古希腊前期哲学，像近代初期哲学，都是很前进的，所以佛教思想落入西洋人手中，也会向前进，不会向后退。若在我中国便不然。中国人所受过去重大的影响，像道家哲学，完全是向后退的。像儒家的则古称先王，也是向后退，又儒家关于"无言""无为"的议论也是很多的，这也分明是向后退。因此佛教思想传到中国，就会变成离言语文字的禅宗。现在讲到《中庸》，《中庸》是以"诚"为其基本观念的。所谓"至诚尽性"，"至诚无息"，"至诚如神"，都是导引禅家思想的根源。而最重要的是中之说。中是说性，和是说情；中属未发，和属已发。这种未发已发之说，也为导引禅家思想发展的媒介。譬如上面曾经讲过的李翱，他在《复性书》上所说的："情由性而生。情不自情，因性而情；性不自性，由情以明。"这便是借用《中庸》的意思，发挥禅家的教旨。李翱本是禅家药山惟俨的弟子，对于禅家的思想，浸润颇深，后来看到《中庸》"喜怒哀乐之未发，谓之中；发而皆中节，谓之和"的话，触动禅机，遂有《复性书上》之作。叔本华受到印度思想的影响，会发展为向前进的主意说，李翱受到印度思想的影响，会发展为向后退的复性书，我们若不追溯前因，将会认此为"世界七不可思议"之一。然则《中庸》对于后来禅家思想的发达，不能说没有相当的影响。

禅家的主旨是不立文字，一超直入，这些道理，将在第七讲中说明。禅家思想何以在中国发达起来，并且何以在唐代发达，这可以从背景说明。中国处在一个长期的封建社会之中，封建社会统治者需要一超直入的思想，需要不立文字的宗教，以便运用其麻醉民众的手腕，这是丝毫不足怪异的。尤其是唐代，是中国封建统治最出色的时期，则这种一超直入的禅宗，当然更比其他的思想更容易迎合统治者的心理。在这里，我们可以知道佛教发展于中国，与耶教发展于西洋，是同一道理。在中国有儒家思想导引于前，在西洋则有观念论派思想导引于前，这是一种有意义的对照。

（三）开宋、明理学的端绪

宋儒好言天命心性，是明明白白地受《中庸》的影响的。他们用一个"理"字概括天命心性。朱晦庵说："太极只是一个理字。"程伊川说："心也，性也，天也，一理也。"又说："在天为命，在物为理，在人为性，主于身为心，其实一也。"程、朱的思想因受《中庸》的启发，敢于侈谈理气心性，固已成为周知的事实。尤其是《中庸》上中和之说，几乎成为他们的根本思想的导引。如程伊川说："天下之理，原其所自未有不善。喜怒哀乐之未发，何尝不善。发而中节，则无往而不善；发而不中节，然后为不善。"这是很显明的从《中庸》的中和之说，发挥他的理一元论。朱晦庵亦复如此，他说："性是未动，情是已动，心包得已动未动。"又答张敬夫的信，说："心者固所以主于身，而无动静语默之间者也,然方其静也。事物未至,思虑未萌,而一性浑然,道义全具;其所谓中,是乃心之所以为体,而寂然不动者也,及其动也,事物交至,思虑萌焉,则七情迭用,各有攸主;其所谓和,是乃心之所以为用,感而遂通者也。"这样看来,程、朱的思想,都是受《中庸》的影响很大的。不仅程、朱是如此,推而上之,如张横渠,如邵康节,他们都是拿住中和一点去发挥他们的思想的。如张横渠说:"情未必为恶,哀乐喜怒,发而中节谓之和,不中节则为恶。"又如邵康节说:"以物观物,性也;以我观物,情也。性公而明,情偏而暗。"这些议论,都是从中和的道理导引而出。所以《中庸》一书,对于宋儒理学的发展是关系极大的。此外如宋儒好言诚明,好言尽性,好言鬼神,我们都可以从《中庸》一书找出它们的线索。

《中庸》说:"君子尊德性而道问学,致广大而尽精微,极高明而道中庸。"这几句话,就开了宋、明儒者两个研究学问的法门。无论宋、明儒者所受禅宗的影响是何等的大,但《中庸》的影响是很明白的。程、朱是走的道问学、尽精微、道中庸的路子,陆、王是走的尊德性、致广大、极高明的路子,形成两个壁垒,成为后世"朱、陆异同"的佳话。陆象山用"易简工夫终久大,支离事业竟浮沉"的词句嘲笑朱子,朱晦庵也用"却愁说到无言处,不信人间有古今"的词句嘲笑陆子。这不能说不是由《中庸》给了他们的导火线。这样看来,《中庸》影响于宋、明理学的发展,又是很大的。

总之,《中庸》一书,上接孔、孟的道统,下开宋、明理学的端绪,一面为儒家建立哲学的基础,一面对道家思想作一种防御战,它的作用,它的价值,也就可想而知了。我们研究中国哲学史,万不能忽视了一部《中庸》。朱晦庵说:"须是且着力去看《大学》,又着力去看《论语》,又着力去看《孟子》,看得三书了,这《中庸》半截都了。"他的话不一定对,但《中庸》意义的重大,是可以想见的,所以我在这里特别开一讲去说明它。

第七讲

禅家的哲理

在中国哲学史上，佛教的思想占有很重要的地位，尤其是佛教的禅宗一派所占的地位之重要，比其他各派更有过之，这是稍为留心宋明哲学的人都知道的。我们要研究秦、汉以后的中国哲学，则对于佛教中禅家的哲理，实有讲明的必要。要了解禅家的哲理，不能不先对佛教的整个思想和禅的来源得一大概的认识。为方便起见，先说明禅的来源，然后将佛教的大意择要讲述。

一、佛法与禅

（一）论禅的渊源和古禅今禅之别

禅的原文为"禅那"（Dhyana），是定和静虑的意思，即是由禅定使自我和神冥合的意思。关于禅的来源，有两种说法：

第一种，是说禅出发于《梵书》（Brahmana）和《奥义书》（Upanisad），然后由佛教中发达起来的。随着佛教传到中国，终于成立禅宗。原来《梵书》是公元前1000年至公元前500年间印度的重要经典，这种经典是属于祭祀的圣书，内含有不少的哲学意义。至于《奥义书》，是由古代最早的祭典如《四吠陀》等及《梵书》思想的启发而成立的。它的根本思想，在阐明"自我即梵"。把宇宙原理的"梵"（Brahmana）和个人原理的"自我"（Artman）合而为一。所以这两部书可说是印度古代哲学思想的渊薮。《梵书》载着需要口诀传授的秘密法。阐明密义的名阿兰若（Aranya），又名阿兰若迦，曾附载于《梵书》之末。阿兰若迦译为无净处、寂静处、远离处，即在森林之下，山谷幽静之里，非深思沉虑不易领悟之场所。《奥义书》实为专为解释阿兰若迦的作品，所以禅的渊源即存于《奥义书》之中。"禅那""禅定"之语，在《奥义书》中曾屡用之。在《奥义书》中关于静坐时须选择清净平坦之所；关于胸、颈、头三部须求直立，关于呼吸时应注意之事，关于诵经时应注意之事，均有详细说明。这时的禅法当然不能与佛教发达时的禅法相比拟，但禅定静虑的思想为印度哲学的根源，却不难推见。后来，印度的思想分为六大派，就中瑜伽一派，是专为做禅定工夫而建立的一个宗派，以求自我与神相冥合为目的，而称其所信奉之神为"自在天"。瑜伽一派，关于禅定方法叙述至为周详。迨禅成立以后，佛始产生。佛教成立之时，不仅采禅理以入于佛，并视为佛家教理中的重要部分。佛教中的禅，与佛教以前的禅，当然不可同日而语，但印度的禅教远在《梵书》《奥义书》时代即已养成，却可断言。迨佛教入中国后，才有今日的所谓禅宗。所以禅宗的渊源，实远在公元前千五百年之顷。

第二种，是说禅起于释尊。他们说释尊在灵山会上有人送花与他，请他说教，但他原是注重顿悟，不立文字，以心传心的，故他只有拈花示众，凝视不语。座上众人悉皆莫明其意，呆头呆脑，相顾惊愕，惟有摩诃迦叶破颜微笑。因是，释尊即开口说了下面几句要诀："吾有正法眼藏，涅槃妙心，实相无相，微妙法门，不立文字，教外别传，付嘱摩诃迦叶。"其后迦叶以衣钵传阿难，中经马鸣、龙树、天亲等二十七代，密密相授，直至达摩。达摩为印度二十八祖，梁时入中国，方得传法之人，故达摩又为中国禅宗的初祖。他们说禅的来源，便是这样。

第一种说法，是研究印度哲学思想史一般人所承认的，第二种是禅宗一派所传说的，而赞同前说的最多。我们也认禅发生于《梵书》《奥义书》的说法比较可靠。不过有一点要知道，便是佛教也是出发于《梵书》《奥义书》的。

禅宗自达摩在中国开创以后，二祖慧可，三祖僧灿，四祖道信，皆依印度传授之例，不说法，不立文字，只要求得可传授之人，即自圆寂。至五祖弘忍，始开山授徒，门下达千五百人。五祖有二弟子，即神秀与慧能。关于他两人，有一段颇有趣味的故事。

慧能俗姓卢氏，南海新州人，天赋卓绝，幼时丧父，家道穷困不堪。他和他母亲二人只有入山采薪，以为求生之计。一天，他在途中听人家念《金刚经》的"应无所住而生其心"一句，即大为感悟，回家后辞别他的母亲，要出家为僧。先到韶州宝林寺暂住，后到乐昌学教于知远禅师，最后往黄梅岭见五祖弘忍。当五祖见他时，即发一套问话，当中最要的是："你们岭南人本无佛性，哪能成佛？"他的答话颇令人注意。他说："人有南北之分，难道佛性也是这样么？"因此，五祖颇觉他别具特性，遂收容他，并使他在碓房里作苦役，他也没有半点不平之色。约莫过了八个月的时光，五祖有一天大集门徒，举行付法传道的典礼。在五祖的许多弟子中，只有神秀聪颖过人，学通内外，声望甚高。当时众人莫不以为神秀是惟一的接受法道的人。那被人称作卢行者的慧能当然是睬也无人睬他的。神秀呢，他自己很热烈地这般期待着，所以兴致异常奋发，曾于更深人静后，在南廊壁间写了这么一偈：

身是菩提树，心如明镜台；时时勤拂拭，莫使惹尘埃。

慧能知道传法的事，且也见到神秀所写的那一偈，他说："这偈虽写得好，但是还没有达到登峰造极的地步。"故在当天晚上，便私下约了一个童子同去神秀题偈的地方，在偈旁边写上他自己的作品：

菩提本非树，明镜亦非台；本来无一物，何处惹尘埃？

若把这两偈比较起来，就很容易看到慧能的思想是到了什么程度。第二日五祖见到这偈，非常惊喜，当夜里密往碓房和慧能问答数番后，便回房草立遗嘱，将衣钵传与慧能。于是被称为卢行者的慧能，一跃而为禅宗六祖了。他怕神秀之徒萌生害意，遂半夜下山，远向南方奔去，后来成为南派禅宗之祖。

后来神秀则潜往北地，别立宗风，为武则天一班人所崇敬，门徒也很多，竟成为北派之祖。于是有"南顿北渐"之目。

六祖慧能以后，禅家支派渐多，所谓五家七宗，都是慧能以后的禅宗。为简明起见，列表于下（表见后页）。

表内的曹洞宗、云门宗、法眼宗、临济宗和沩仰宗，称为五家；再加上杨岐派、黄龙派，便称为七家。

在此我们回到本题，我们可用很简单的话，说明古禅与今禅。所谓古禅，即自达摩到神秀的禅；所谓今禅，即慧能以后的禅。其大别之处是：前者说教，以文字教义为基本；后者则不用文字，远离教义。换句话说：前者教乘兼行，习禅恃教；后者单传心印，离教说禅。惟本文所谈，都属于今禅的范围。

今禅中有曹洞宗与临济宗，后来在中国哲学上都发生很大的影响；因这两宗的宗主都产生于唐末，好尚不同，遂养成禅学上二大宗风。到了宋代，由临济与洞山对立的结果，遂形成大慧宗杲与宏智正觉的对立。曹洞与临济两家宗风何以不同？便是前者主知见稳实，后者尚机锋峻烈；前者贵婉转，后者尚直截；前者似慈母，后者似严父。后来两家各走极端，到了大慧和宏智两人互相对立的时候，在大慧门下的便骂宏智为"默照禅"。意思是说只知默照枯坐，而无发展机用。在宏智门下的也骂大慧为"看话禅"。意思是说只知看古人的话头，别无机用。南宋的朱、陆正深受了这两派的影响。朱晦庵是亲承大慧宗杲的教旨的，故主先慧后定，主由万殊到一本；陆象山亦似以宏智正觉的教旨为依据的，故主先定后慧，主由一本到万殊。至于在朱、陆以前的周、张诸子，其哲学思想莫不以禅学为根据，形成儒表佛里的新趋势。关于这问题，我们在后面尚当论及。

```
           ┌药山惟俨—云岩昙晟—洞山良价——————————曹洞宗
   ┌青原行思—石头希迁┤
   │       └天皇道悟—龙潭崇信—德山宣鉴—雪峰义存—云门文偃—云门宗
曹溪│                         └玄沙师备—罗汉桂琛—法眼文益—法眼宗
慧能│
   │                ┌黄檗希运—临济义玄——————————临济宗
   └南岳怀谦—马祖道—百丈怀海┤
                    └沩山灵祐—仰山慧寂——————————沩仰宗
   └兴化存奖—南院慧颙—风穴延沿—首山省念—汾阳善昭—慈明楚圆┬杨岐方圆—杨岐派
                                                 └黄龙慧南—黄龙派
```

（二）佛教略说

现在将佛教的内容，说明一个大概。佛教思想在各种宗教思想当中，是比较难懂的，而且它的内容很丰富，一时也说不明白。我们现在只有提出两个要点来说明，并且单就有关系于禅宗教理的说一说。

1. 缘起说

佛家思想是把万法看成因缘所生的。所谓"一切法无主宰"，"一切法无我"都是从因缘所生着眼的。佛教中的四谛——苦谛、集谛、灭谛、道谛——只有"集谛"最要紧，最不容易讲明。"集谛"主要的是说明因缘所生的道理的。佛教认世界的真相便是一切苦。"集谛"便是说明一切苦的原因的。它以为一切苦的原因是无明。无明即惑，亦即烦恼，由无明生起一切执著、欲望；然后由执著、欲望在身、口、意三方面造作种种业，由业便酝酿成一种潜势的业力，业力便成业因，业因便生业果，即是苦果。苦果的近因是业，远因乃是惑（无明）。惑、业、苦三者互为因果，辗转相生，遂成过去、现在与未来三世，因有他的十二缘起说。

佛教中有所谓三性，便是"遍计所执性"，"依他起性"，"圆成实性"。"遍计所执"云者，遍计系周遍计度，所执系就对象说。乃谓由凡夫的妄情，起是非善恶的分别，而现"情有理无"之境。譬如见蝇而误以为蛇，非有蛇的实体，但妄情迷执为蛇。我们的日常生活，便是这种"遍计所执"的生活，所以世间没有实我实法，而我们每每妄情计度，迷执为实我实法。这便是"遍计所执性"。"依他起"云者，"他"指因缘，谓世间一切万法依因缘而生，与妄情计度有别，为

"理有情无"之境。譬如绳自麻之因缘而生,由麻而呈现一时的假相。推之世间一切事物莫不如此,因为都是由因果之理而存在。这便是"依他起性"。"圆成实"云者,系圆满、成就、真实之意,乃指一切圆满,功德成就之真实体,谓之曰法性,亦称之为真如,既非妄情计度,亦非因缘所生,乃是"法性真常"之境。譬如绳之实性为麻,可知一切现象皆成立于"圆又实"之上。这便是"圆成实性"。此三性中"遍计所执性"为妄有,"依他起性"为假有,"圆成实性"为真有。又"遍计所执性"为实无,"依他起性"为假有,"圆成实性"为真有。在三性中"遍计所执"易破,"圆成实"难入,只有"依他起"使人们易入却又不容易彻底理解。所以佛家教理颇难说明而又不能不说明的,便是"依他起性"。

《法华经》说:"佛为一大事因缘出现于世,开示悟入佛之知见。"佛之所以为佛,就在于广利群生,妙业无尽,故知见圆明为入佛的初阶,亦为成佛的后果。法相宗特于此义尽力发挥,原非无故。所以唯识家说:"虽则涅槃而是无住;诸佛如来,不住涅槃,而住菩提。"涅槃是体,菩提是用,体不离用,用能显体。即体以求体,过误丛生;但用而显体,善巧方便。用当而体显,能缘净而所缘即真。说菩提转依,即涅槃转依。故发心者不曰发涅槃心,而曰发菩提心,证果者不曰证解脱果,而曰证大觉果。因此佛的无尽功德,不在于说"圆成实",而在于说"依他起"。"他"之言缘,显非自性。法待缘生,明非实有,虽非实有,而是幻存。盖缘生法分明有相,相者相貌之义。我有我相,法有法相,是故非无;但相瞬息全非,一刹那生,一刹那灭。流转不息,变化无端。有如流水,要指何部分为何地之水,竟不可得。这样的相,都是幻起,非有实物可指。是故非有。故以幻义解缘生法相,为法相宗独有的精神。但幻之为幻,并不是无中生有,幻正有幻的条理,就是受一定因果律的支配。有因必有果,无因则无果,因并不是死的,只是一种功能。如果功能永久是一样,则永久应有他结果的现象起来,但其实际有不然,可知它是刻刻变化生灭的。如果有了结果的现象,而功能便没有了,则那样现象仍是无因而生。(因它只存在的一刹那可说得是生，在以前和以后都没有的。）所以现象存在的当时，功能也存在，所谓"因果同时"。功能既不因生结果而断绝，也不因生了而断绝，所以向后仍继续存在。但功能何以会变化到生结果的一步？又何以结果不常生？这就有外缘的关系。一切法都不是单独存在的，则其发见必待其他的容顺帮助，这都是增上的功能。那些增上的又各待其他的增上，所以仍有其变化。如此变化的因缘而使一切法相不常不断，而其间又为有条有理的开展，这就是一般"人生"的执著所由起，其实则相续的幻相而已。但在此处有一层须明白：就是幻相相续，有待因缘，这因缘绝不是自然的凑合，也绝不是受着自由意志的支配，乃是法相的必然。因着因缘生果相续的法则（佛家术语为缘生觉理），而为必然的，佛家便叫做"法尔如是"。因那样的法，就是那样的相，因那样的原因，就起那样的相，有那样的因，又为了以后的因缘而起相续的相。有了一个执字，而一切相续的相脱不了迷惘苦恼；有了一个觉字，而一切相续的相又到处是光明无碍。所谓执，所谓觉，又各自有其因缘。故一切法相都无主宰。但在此处还有一层须明白：依着因缘生果法则的一切法相，正各有其系统，一丝不乱。因为相的存在是被分别的结果，没有能分别的事，则有无此相，何从得知？然而相宛然是幻有的，这是赖一种分别的功能而存。但功能何尝不是幻，何尝不有相，又何尝不被其他分别功能所分别。所以可说在一切幻有的法相里，法尔有这样两部分：一部是能分别的，一部是被分别的，两部不离而相续，故各有其系统，厘然不乱。那能分别的部分便是识。一切不离识而生，故说唯识。因唯识而法相井然。于是可知世间只有相，并无实人实法。所以佛家说不应为迷惘的幻生活；但因法相的有条理，有系统，所以又说应为觉悟的幻生活。同是一样的幻，何以一种不应主张，一种转宜主张呢？因为迷惘的幻生活，是昧幻为实。明明是一种骗局，他却信以为真。所以处处都受束缚，处处都是苦恼，正如春蚕作茧自缚一般。至于觉悟的幻生活便不然，知幻为幻，而任运以尽幻之用，处处是光明大道，正如看活动影戏一般。两两比较，何者应主张，何者不应主张，便不辨自明了。

与缘起说有关系的,还有两个术语,应得说明的,并且在佛教思想上占了极重要的地位的,便是"轮回"和"涅槃"。先说明"轮回"。"轮回"是因果法则必然的现象,在一切法相的因缘里面,有极大势力的一种缘,叫做"业"。这业足以改变种种法相开展的方面。它的势力足以撼动其他功能,使它们现起结果。它或者是善,则凡和善的性类有关系的一切法相,都借着它们的助力而逐渐现起;它如果是恶,则凡和恶相随顺的诸法相,也能以次显起。因这一显起的缘故,又种下了以后的种子。功能是不磨灭的,因业的召感而使它们有不断的现起。业虽不是一一法都去召感,它却能召感一一法相的总系统。因它的力而一切法相的系统都在一定之位置。但这也不过是就苦乐多少的方面分别,所谓人、天、鬼等都不外这样意义。就在此位置常常一期一期地反复实现,就叫做轮回。其实业也没有实物,也不会常住,但功能因缘的法则上有如此一种现象,如此一种公例,遂使功能生果有一定的轨道。再说明"涅槃","涅槃"便是幻的实性。幻便幻了,又有何实性可言?但幻只是相,而相必有依,宇宙间一切幻相,都自有其所依,这便假说为法性。以这是幻相所依,所以说是不幻,以此为变化之相所依,所以说是不异。这都是从幻相见出不幻的道理。觉悟的生活必须到这一步。觉悟了法性,而后知法相,而后知用幻而不为幻所用。但由"轮回"如何到得"涅槃"?换句话说,由迷惘如何走到觉悟,这全凭一点自觉,一点信心。能自觉,方知对于人生苦恼而力求解脱;能信,方有实事求是的精神。否则,欲免去苦恼而苦恼愈甚。佛家的教理就着重这一步。

2. 我法二空说

佛教用"我""法"赅括万有,先假说"我""法"有,然后实说"我""法"无。而所谓"我",又有广狭二义。狭义的"我"为五蕴假者,蕴乃积聚之义。五蕴谓色蕴、受蕴、想蕴、行蕴、识蕴,五蕴假者即五蕴之假和合者。佛教谓"我"只是五蕴之假和合者,换句话说,即假我,非有"我"的实体。广义的"我",为凡夫,圣者,菩萨及佛。狭义的"我",乃理上的诠释(有名无实,如旋火之轮);

广义的"我",乃事上的诠释(其相非无,如火轮之幻相)。法相宗就广义立说,谓遍计的"我""法"虽无,而依他的"我""法"仍有。所以假说有"我""法"。但在佛法的本义上,却是认"我""法"俱无的,即是认"人无我","法无我"。

何谓"人无我"?欲探究"人无我"的真义,须先明"我执"之所由起。所谓"我执",乃昧于五蕴和合之作用,而起"常我"之妄情。因有"俱生我执""分别我执"二者。在说明二种我执之前,须略说明八识的意义。所谓八识,即一切有情所有心思精粗分别。前五识为眼识、耳识、鼻识、舌识、身识;第六识为意识;第七识为末那识,乃我法二执之根本;第八识为阿赖耶识,亦名藏识,乃心法而保藏一切善恶因果染净习气之义。习气即种子,乃对于现行之称,有生一切法之功能。种子是体,现行是用。种子能生现行,现行能熏种子。种子有二类:一名"本有种子",一名"新熏种子"。"无始法尔",有生一切有为法之功能,名"本有种子"。种子由现行之前七识,随所应而色心万差之种种习气,皆留迹于第八识中,更成生果之功能,名"新熏种子"。而"俱生我执"者由六、七二识,其性自尔,妄有所执,且在第八识处熏习法尔妄情之种子(现行熏种子),由其种子之力,继续发生我执而不穷(种子生现行)。"分别我执者",仅第六识有之,乃由于邪师邪教邪思维之分别计度。即此可知二种"我执"之所由起。所以"我执"皆起于六、七二识,离识执著则无有"我"。这便是"人无我"的本义。而众生不察,辄起"我是常"的妄情,或发为"蕴我即离"的妄论,不知人我如是常,则刁;应随身而受苦乐,又不应无动转而造诸业。又持"蕴我即离"之论者,不知蕴与我即,则我应如蕴,非常非一。又内诸色,定非实我;如外诸色,则有质碍。如蕴与我离,则我应如虚空,既非觉性,亦无作受。可知持"我是常"与"蕴我即离"之说者皆不成立。盖二者皆昧于十二缘生之义,遂成此妄见。

何谓"法无我"?欲探究"法无我"的真义,须先明"法执"之所由起。所谓"法执",乃昧于诸法因缘所生之义,而起法具自性的妄情。因有"俱生法执""分别法执"二者。"俱生法执",亦由六七二识性尔有执,熏习法执种子,即相续不绝,而有与生俱来的法执。"分别法执",亦仅第六识有之,由于邪师邪教邪思维之分别计度。即此可知二种"法执"之所由起。所以"法执"亦起于六七二识,离识执著亦无有"法"。众生不察,或持"转变说",或持"聚积说",或主"不平等因",或主"外色",于是一切妄见遂由是涌起。今请逐一破之:一、破"转变说"。彼持"转变说"者,以为因中有果,果系由因转变而成,不知果即是因,何可转变。因果辗转相望,应无差别,如上面所说种子生现行,现行熏种子,即同时成二重的因果。旧种生现行,现行又生新种,这便叫做"三法辗转,因果同时"。就八识而论,则第八识所持之种子为因,生眼等的七转识;同时七转识的现行法为因,熏成第八识中种子。因谓之"七转第八,互为因果"。可知"转变说"完全昧于因果体用的关系。二、破"聚积说"。彼持"聚积说"者,以为世间万法皆由聚积而成,不知所谓聚积,究为和合,抑属极微?如为和合,定非实有,以属和合故,譬如瓶盆等物。若为极微,请问为有质碍,抑无质碍?若有质碍,此应是假,以有质碍故,如瓶等物,若无质碍,应不能集成瓶等,以无质碍故,如非色法。又极微为有方分,抑无方分?若有方分,体应非实,有方分故;若无方分,应不能共聚生粗果色,无方分故。可知"聚积说"无论从何方面观察,皆不合理。三、破"不平等因"。彼持"不平等因"之说者,谓世间万物的原因为不平等,质言之,世间万物只有一因。不知世间如为一因,则应一切时顿生一切法,且既能生法,必非是常,以能生故,如地水等。可知"不平等因"说亦不成。四、破"外色"。彼持"外色"说者,以为外境离心独立,体是实有,不知外色如梦,乃由识幻所生,若有外色,云何有情所见相违?且圣者云何有"无所缘识智"?可知"外色"说亦不成立。以上数者,皆昧于依他缘生之义,遂成此妄见。

总之,"人我""法我",皆起于"执",而"人无我""法无我",皆由于"破执"。佛法但是"破执",一无所执,即是佛。所谓"我执""法执",皆自同一本体而来。而二执的相互关系,则"法执"为根本的,"我执"为派生的。有了"法执",方会有"我执",没有"我执"时,"法执"也得存在。由"我执"生"烦恼障",由"法执"生"所知障",即所谓"二障"。障者障蔽涅槃与菩提,使不得佛果。故欲成佛道者,在于断二执,由观我法二空之理,而有所谓"二空智"。这"二空智"即专为断执之用。"生空观"断"我执","法空观"断"法执"。"我执"断,则内缚解脱;"法执"断,则外缚解脱。内外二缚俱去,便达到佛法的究竟。

(三)禅宗要义

本来佛陀说法,最要的只是"空""有"二义。但二义非孤立,说有即须说空,说空亦须说有。因为要具备二者,言说乃得圆满,否则便不圆满。后来的学者议论横生,或更划成许多派别,尤其是佛教到中国以后,宗派繁多,为前此所未有,实则佛教原来并不如此。若以空有二义相贯,只见其全体浑成,无所谓派别。现在因空有二名相,颇易涉纠纷,别以法相法性为言。法相以非空非不空为宗,法性以非有非无为宗。法相之非空对外,非不空对内;法性则非有对外,非无对内,在两宗不过颠倒次第以立言,究其义则一。佛三时说教:第一时多说"法有"以破人执,第二时多说"法空"以破法执,第三时多说"中道"以显究竟。即佛初成道时为破众生实我之执,因说四大五蕴等诸法之实有,以明人我之为空无,如《四阿含》中一类经是。但众生仍执有法我,佛又为说诸法皆空之理,如诸部《般若经》是。但众生又执法空,佛又为说遍计之法非不空,依他圆成之法非空,如《深密》等经是。所以佛法所谈,虽重在空有二义,实只一义。

佛法都是本这一义以求设法推广的。或从有说法,或从空说法,要不离这一义。佛法最普遍的莫如净土,而最特殊的则莫如禅宗。净土从有说明这一义,禅宗便从空说明这一义。禅宗拣根器,净土则普摄。净土但念佛可以生西,而禅宗则非见性无由成佛。《血脉论》说:"若欲见佛,须是见性,性即是佛;若不见性,念佛诵经,持斋修戒,亦无益处。"这便是禅宗与净土根本不同之处。所谓见性,性乃遍在有情无情,普及凡夫贤圣,都无所住。故无住之性,虽在于有情,虽在于有情而不住于有情,虽在于恶而不住于恶,虽在于色而不住于色,虽在于形而不住于形,不住于一切。故云:"无住之性。"又此性非色、非有、非无、非住、非明、非无明、非烦恼、非菩提,全无实性,觉之名为见性。众生迷于此性,故轮回于六道,诸佛觉悟此性,故不受六道之苦。所以见性在禅宗是惟一的工夫。达摩西来,不立文字,单传心印,直指人心,见性成佛,可见禅宗是另外一种境界。惟所谓"见性成佛",颇不易了解。禅宗以觉悟佛心为禅之体,佛心即指心之自性,故谓之"直指人心,见性成佛"。人心之性即佛性,发见佛性谓之成佛。这也许是非过来人不能了然的。

禅宗以不立文字为教,以心心传授为法门,所谓教外别传,既无所谓人生观,亦无所谓世界观,因为宇宙实相,仅由直觉而得,如谈现象,便落言诠,故无世界观。禅宗以般若为心印,系属顿门,非指禅定仍由渐入,故以无所得真宗为究竟,以顿悟直觉为方法,一往即达深处,又何人生观之可言?如从又一方面解释,空为平等,我为差别,差别起于妄虑,妄止则平等绝对,何从发生我执?故无人生观。世界观人生观俱无,可知禅宗所谈属于另一境界。

禅宗谈理谈事,理属本体,事属现象。又谈正谈偏,正属本体,偏属现象。它以为理中有事,事中有理;偏中有正,正中有偏,便是说本体中有现象,现象中有本体。又以为从理可以见事,从正可以见偏,便是说从本体可以见现象,成为纯粹本体论的主张。从事可以见理,从偏可以见正,便是说从现象可以见本体,成为纯粹现象论的主张。不过禅宗所重,系非理非事,亦理亦事;非正非偏,亦正亦偏。用《心经》的话说来,乃"非空非色,亦空亦色"的境界,即超越一切对待的境界。既不能从本体求,亦不能从现象求,但其中又有本体,又有现象。禅家的工夫就看重这一步。到此时既无烦恼,亦失菩提,对于涅槃也不起欣求,对于死生也不生厌恶,这便是它所认为圆融无碍的妙境。在慧能以下的禅宗,都是说明这种妙境的。

在慧能之下，分为青原、南岳二大派。青原的弟子石头希迁，是一个聪慧绝伦的人。他所著的《参同契》（方士魏伯阳著有《参同契》，石头希迁即借用其名），在禅家的地位是很高的。其后有洞山良价其人，因造诣颇高，信仰者亦不少，遂蔚为曹洞宗。洞山良价著有《五位颂》，亦成为禅家重要的理论基础。以上属于青原系。其属于南岳系的，便有临济义玄其人。因见解有过人处，又蔚为临济宗。他著有《四料简》，也为一般禅学者好讽诵的文字，发挥一种独有的禅风。以上三种作品——《参同契》《五位颂》《四料简》——在中国禅学史上都具有很重要的地位。由唐而宋，禅风日炽，都由这三种作品开其端绪。现在依次说明这三种作品的内容。

二、《参同契》

慧能的再传弟子石头希迁作了一篇很深邃的哲理文章，可以代表禅家全般的思想，一方面在中国哲学上也占有相当的地位的，这便是《参同契》。所谓参，即参差殊异的意思；所谓同，即相同一致的意思；契可作契合统一解。参同契可说是差别和一致两相契合，亦即矛盾的统一之意。这文的主要点在说明理和事的关系，即参的事和同的理互相契合为一。现在我们先看他的原文：

　　竺土大仙心，东西密相付；人根有利钝，道无南北祖。灵源明皎洁，支派暗流注；执事元是迷，契理亦非悟。门门一切境，回互不回互；回而更相涉，不尔依位住。色本殊质象，声元异乐苦；暗合上中言，明明清浊句。四大性自复，如子得其母；火热风动摇，水湿地坚固。眼色耳音声，鼻香舌咸醋；然依一一法，依根叶分布。本末须归宗，尊卑用其语。当明中有暗，勿以暗相遇；当暗中有明，勿以明相睹。明暗各相对，比如前后步；万物自有功，当言用及处。事存函盖合，理应箭锋拄；承言须会宗，勿自立规矩。触目不会道，运足焉知路？进步非近远，迷隔山河固。谨白参玄人，光阴莫虚度！

第七讲 禅家的哲理

我们看，这文虽只是寥寥两百多字，但其含义委实不容易懂。现在为洞彻它全篇内容起见，让我们先分句去解释，然后再综合其大意作一概括，这样即可得到深切的认识。

竺土大仙心，东西密相付；人根有利钝，道无南北祖。

竺土即天竺的国土，大仙就是佛陀。所谓"大仙心"，即佛陀的大彻大悟的心，亦即佛心。禅宗以心传心，从印度传至中国，密相付与传授，绵延不断，成为禅家一个悠远的系统。人类中有天资聪颖的，有本性愚钝的，为说法的方便起见，有顿门渐门的不同，于是入中国后，乃有"南顿北渐"的分别。南派主顿悟，一超直入；北派主渐修，由教理入。这是入道的二大法门。在这里，我们可以看出作者的思想是承认宇宙真理是普遍的，"南顿北渐"，只不过是法门的不同，教理上却是根本一致的。这四句是一个引子。

灵源明皎洁，支派暗流注；执事元是迷，契理亦非悟。

这四句是全篇的主眼，提示事和理的关系，隐隐地指示人们，事理只是契合统一的，人们不应单执著事相界，也不宜单求契合于理体界。"灵源"就是心灵的源泉，也即是佛心。这心灵源泉是明明白白的皎洁澄明、清净平静的。没有生死、善恶、苦乐、贤愚的差别妄情，没有因这妄情而生取此排彼的执著意念，故说"灵源皎洁"。"支派"是对"灵源"说的。"灵源"虽是平等的，支派却有彼此之别。从"灵源"发出的各种不同的"支派"，遂暗注于复杂事相里面，成为差别界的万法。这即是说"灵源"是理体，"支派"是事相。也可说"灵源"是同，"支派"是参。他以为人们单单在事相上，或单单在支派方面执著固为迷惘，但专想契合理体，怀抱灵源，也并非有所彻悟。原来事相界吸收着理体的成分，理体界复借着事相而表现。事中有理，理中有事；事理两者契合而统一。上面已经说明真空和幻有二义，真空是理，幻有是事；真空是灵源，幻有是支派，但宇宙实相乃是空有一如的中道，禅宗贵在事理契合，便是这中道。参同契便是这空有一如的中道。这可以说是禅宗的主旨，也可以说是禅宗的真理观。

　　门门一切境，回互不回互；回而更相涉，不尔依位住。

　　所谓门门，便是我们各人摄取外界的事象的入口，浅显地说，就是眼门、耳门、鼻门、舌门、身门、意门这六门。这六门亦称六根。由这六门而受取色、声、香、味、触、法这六境。这六境便是和灵源发生关系的总枢纽。由于六门所受的一切境，便构成一切客观主观，而有天地间的森罗万象，那天地间的森罗万象，结果不出两途，便是回互不回互。回互便是相关联的意思。回互的结果，则一尘可以摄法界，法界尽散为一尘。譬如研究一滴的水的性质，就可以断定这一滴的水和全海的水有关系。又譬如，桌上飞来一块纸片，这纸片何由构成？是构成于植物；植物何由生长？是生长于地球；地球何由成立？是成立于瓦斯体。但这纸片何由而飞来？是由于风吹；风吹何由而发生？由于空气流动；空气何以流动？是由于空气所受的冷热不均。又风吹的结果，致拔木发屋；拔木发屋的结果，致伤人畜；因是影响到都市村落，森林道路。可见桌上飞来一块纸片，就有了这么多的关系牵涉。这就是回互的意义。不回互的结果，则万法各住本位，法法不相到，法法不相知。各个现象彼此在一种孤立的状态中。譬如耳司闻，目司见，手司动作，脚司行走。耳不能代目，目不能助耳。手忙时脚不能分手之劳，脚乱时手不能分脚之力。各住本位，各司所职，彼此不生联系，彼此不相牵涉。这便是不回互的意义。禅家的思想就以为世界真相不外是回互与不回互的两种状态。回互便成一本，不回互便生万殊；回互便是理，不回互便是事；回互便是暗，不回互便是明。归结地说，回互便是同，不回互便是参。但回互的结果又产生其他的回互，绵延辗转，无有止极，正如上面所举桌上纸片的例子，这就叫做"回而更相涉"。如果不回互，那么宇宙万象仍然各住本位，所谓

第七讲 禅家的哲理

"不尔依位住"。以上是说明万法的关系。

> 色本殊质象,声元异乐苦;暗合上中言,明明清浊句。

在上面已经说过世间万法只是两种状态,便是回互不回互,这里他就拿色与声来举例。因为色与声比其他更来得显著些。这即是说色与声在六境中为胜义,可以代表其余的现象。色境有质与象的不同,声境有乐与苦的殊异。色境中在质的方面说,有金、石、木各样的不同,在象的方面说,有三角、四方、圆的不同;而声境中也有各种快乐的音和各种悲苦的音之差别。单从色声两境去看,就可知其中千差万别。更推而至于六境,那千差万别,更是有加无已。但他以为这种种千差万别,都不过表现在明的一方面,若暗的一方面,便仍然是回互的状态,仍然是紧相联系着,所以说"暗合上中言,明明清浊句"。就是说在暗的方面是"回互"的,若在明的方面,则有清浊、苦乐、善恶等的不同,即是"不回互"的。

> 四大性自复,如子得其母;火热风动摇,水湿地坚固。眼色耳音声,鼻香舌咸醋;然依一一法,依根叶分布。

这里仍是照上面的四句之意,先说明万殊,再归到一本。即万法虽各住本位,有其不可变化之性;但万法都不外是理体界的显现,依着本根而分布为枝叶。所谓四大,即地、水、火、风。他以为地、水、火、风各有其性,其性之永不变化而复归于原本,一如孺子之不离其母。譬如火的热性,风的动荡性,水的湿性,地的坚固性,都是不变的;纵然形式上有改变,但本性是不变的。除四大外,又如六根中的眼、耳、鼻、舌等,其所产生的六境,也是这样。眼管色、耳管声、鼻管香、舌管咸醋——莫不各有其性而永无变易。所以从四大和六根看,它们都各有殊异,保持着"不回互"的状态。但这种"不回互"的状态,却都是从"回互"的状态发生出来的,正如枝叶从根蒂分布出来的一样。所谓万殊发自一本，便是这个意思。

> 本末须归宗，尊卑用其语。

这两句是对上边所说种种略作结语，谓万法的根、叶、本、末，都须归合为一。同便是本，参便是末，穷本末的究竟，都不能不归到一个总根源，这总根源即为佛心。四大六根都只是佛心的显现。一切万法都是佛心的显现，因此用不着拿文字去翻译，用不着拿言语去说明，莺便用它嘤嘤的莺声，燕便用它煦煦的燕语，少女便用她的婉转清脆的娇啼，老妪便用她的气逆哽咽的败嘎，日本人使用他的阿伊乌爱啊，英国人便用他的 ABCDE，这就是所谓人籁天籁地籁。又不仅言语文字，无论是一动一静、一饮一啄、一闻一见、一思一虑，都莫不如此，结果都归结到佛心。因此，回互之中有不回互，不回互之中有回互。万殊所以一本，一本所以万殊。参之所以同，同之所以参，更看不出什么参同，这便是参同契。

> 当明中有暗，勿以暗相遇；当暗中有明，勿以明相睹。

因为回互中有不回互，不回互中有回互，故明中有暗，暗中有明。人们不应在暗中才看出暗，在明中才看出明。当知明生自暗，暗发出明，明暗根本是统一的。明就是历然不爽的不回互，暗就是圆融无碍的回互。

> 明暗各相对，比如前后步；万物自有功，当言用及处。

明与暗相对着，如脚的步行一般。在不回互方面看，则前步和后步不同；但在回互方面看，则前步为后步的先导，后步为前步的连续。明与暗的关系正是这样。万法固然只是回互和不回互的两种状态，人们也宜知道万物有其各别的功能。水有水的功能，火有火的功能，山有山的功能，泽有泽的功能。功能的表现随物的作用和位置而有不同。水足以灭火，火足以化水。山居泽上，泽绕山旁。一切万物的功能都由各别的作用和相互的位置而生差别。人们都应知道：这作用和位置一有错误，则宇宙间一切事象，都不成体系也无所谓宇宙的真理了。反之，若用与处正常无误，则宇宙真理遂活泼泼地显现出来。

事存函盖合，理应箭锋拄；承言须会宗，勿自立规矩。

在此处是说事与理应相切合无间。事存于理中，如函盖之相切合；理应于事相，如箭锋之相针对。关于"箭锋拄"的解释，说见《列子》。《列子》中有这样一段故事，谓古时有两个绝妙射手，一为纪昌，一为飞卫，彼此都自以为天下无敌。有一天这两人恰好在田野中相遇，于是双方各展所长，冀消灭对方，乃放射，结果，双方箭锋恰恰相针对而落于地。这些都是说明理与事应相切合，不可自立规矩。

触目不会道，运足焉知路？进步非近远，迷隔山河固。谨白参玄人，光阴莫虚度！

文将结束时，他告人要随时随地彻悟佛心，否则即不能到达涅槃的妙境。意思是说，如不就目所见的一些事相，体会入佛之道，彻悟大仙之心，则如何能入佛国，超生西土？纵欲修行成佛，亦恐运足无路。所以他结末告诉人们要努力精进，勿自陷入迷惘之中。

我们总看全文，知道石头希迁的思想，在说明理事相即，参同相契，与乎一切事象的联系性，而归本于佛心。在全文中，"本末须归宗，尊卑用其语"，是极紧要处。禅宗所重，是本地风光，绝对排斥有意造作，和庄子"夫言非吹也，言者有言"，有相发明之处。禅宗认宇宙间一切事象都有它的本来面目，不能用言语文字解说出来，如果用言语文字解说出来，便要知道言语文字也就不过是一种言语文字，正如庄子所谓"言者有言"，却并不是不用言语文字解说的那种本地风光，正如庄子所谓"言者非吹"。禅家所以不立文字，单传心印，意即如此。这便是"本末须归宗，尊卑用其语"的意思。所以这两句是极其重要的。石头希迁的思想，到了李翱手里，遂发展成为《复性书》。宋、明思想家不待说，当然更受到石头希迁的影响。

三、《五位颂》与《四料简》

在禅家思想产物中，除《参同契》而外，还有《五位颂》和《四料简》两文也是很重要的。因为这两文都和《参同契》的立场一样，同是说明理与事的关系的。假如我们明了了《参同契》之后，更将《五位颂》和《四料简》加以一番认识，便对于禅家的哲理不难彻底了解了。现在先将《五位颂》说明。

（一）《五位颂》

《五位颂》的作者究竟是谁，到现在还没有定论。不过一般人都相信是洞山良价作的。《五位颂》在文字上说是很简单的，可是在意义上说，却是异常奥妙。所谓"五位"，便是：

> 正中偏，偏中正，正中来，偏中至，兼中到。

每一位说明一派真理，也可说每一位说明一派立场，如果仔细研究一番，也颇有趣味。洞山良价拿"正"、"偏"、"兼"三点阐明宇宙的真理。"正"就理体说，"偏"就事相说，"兼"则包括各方面而言。他以为一切学说，都可以包括在这五位之中。现在依次说明。

正中偏

在未解释正中偏之前，我们须先对"中"字检讨一下。他这里所说的"中"，并非照普通所诠释的当中、里面的意思，乃含着正即中、偏即中、中即正、中即偏的见解，即"无一物处无尽藏"之意。贯通五位，就靠这"中"字，正是贯通空有的"中道"。"中"字说明了，再说明五位，才有着落。

正中偏是说平等即差别，理体即相事。正虽是空无一物，但千差万别的事相，无不尽藏于此。这即是说平等的、理体的正，就内含着差别的、事相的偏。简捷地说，正即是偏，或理体界即是事相界。这是从理体看事相的。苏东坡有首诗说："素纨不画意高哉，倘着丹青堕二来；无一物处无尽藏，有花有月有楼台。"所谓"无一物处无尽藏"，便是"正中偏"的意思。在"无一物处"的素纨中，正可显现出"有花有月有楼台"的"无尽藏"。所以这一位的颂语，这样写着："正中偏，三更初夜月明前。莫怪相逢不相识，隐隐犹怀旧日嫌。"三更初夜月明之前，乃正位的暗走向偏位的明的时候，于是无物之中渐渐地呈现万物。所谓"隐隐犹怀旧日嫌"，即谓在这时乃悟到万法原来平等一如的。总之，在这位中所讲的差别，是平等中的差别，与次位恰恰相反。

偏中正

偏中正是说差别即平等，事相即理体，和正中偏是说的同样的道理，不过立脚点有不同。一个从理体方面看宇宙，一个从事相方面看宇宙。前者是说一切差别都统括于真如法性之中；后者是说在一切差别里面都具有真如法性的道理，也即是说宇宙万象虽立于差别之上，却都趋向平等一如的本体。所以这一位的颂语和上面的恰相反。颂云："偏中正，失晓老婆逢古镜。分明觌面别无真，休更迷头犹认影。"上一回所描写的，是黑夜的光景，这一回所描写的，却是万象历历可指的白昼的光景。在白昼的时候，拿了古镜自己一照，才知道从前的娇羞的面影，现在却成了丑陋不堪的老媪。宇宙间森罗万象，正复如此。宇宙间森罗万象，虽备极丑陋，然而都可归结到平等一如的真如法性。正是"差别即平等之意"。

正中来

正中来是就理体的妙用说。理体不是现象,可是现象的发生不能不靠理体;平等不是差别,可是差别的表现不能不依平等,因为现象界差别界都是从理体界、平等界出来的,这就是正中来的妙处。这位的颂语是:"正中来,无中有路隔尘埃。但能不触当今讳,也胜前朝断舌才。"所谓"无中有路",即是说从真如法性发见一条通路,而能统摄千差万别之诸法,以自由自在活动于宇宙间。这条通路是与真妄迷悟、定散是非之分别判断相隔绝的,也是言语文字所不能说明的。禅机一触,便觉得真如法性具有绝对权威,非议论、理由、种种理智上的努力所能形容其万一。所谓横说竖说,不如一字不说。而在不言不语之中,却又如狮子吼,又如雷鸣。所以入禅之道,言语道断,一超直入,常智不足以语此。

偏中至

偏中至是就事相的功能说。现象不是理体,但能尽表显理体之能事;差别不是平等,但能参平等之化育。因为理体界平等界的"正",非借现象界差别界的"偏"就无由显现,故说"偏中至"。颂云:"偏中至,两刃交锋不用避。好手犹如火里莲,宛然自有冲天气。"上面的正中来,是在真如法性之里,找出一条通路,使万物归向理体。现在的偏中至,却正相反,完全在事相方面着力。宇宙万象千差万别,都能自保其本来面目,自尽其应有职责,随缘而同化,应机而接物。异己之来则有以优容之,伎俩之施则有以招架之。得心应手,无往而不自由自在。正如两刃交锋,龙虎相斗,稍一不慎,即堕危机。但处兹心猿意马,五欲六尘之场,得左冲右撞,不损毫发。不仅水中可以生莲,即火中亦可以生莲。其气象之磅礴,不难想见。这便是偏中至的境界。

兼中到

上面四句如用《心经》的话来说：第一句，空即是色；第二句，色即是空；第三句，空即是空；第四句，色即是色。至第五句所谓兼中到，乃是超越一切相对的境界，非正非偏，亦正亦偏，非空非色，亦空亦色，完全是一种圆融无碍的妙境。故"兼"的意义即为体相一如的境界。既不执事，亦不契理，非事非理，亦事亦理。这句话为禅家所特别重视。但欲适切解释，实颇不易。苏东坡另有首诗说："庐山烟雨浙江潮，未到千般恨未消；到得还来无别事，庐山烟雨浙江潮。"这首诗很可以帮助我们了解"兼中到"的道理。本位颂云："兼中到，不落有无谁敢和。人人尽欲出常流，折合还归炭里坐。"这颂专描写本地风光。凡天地的妙用，宇宙的灵机，都莫不尽量地呈露出来。正中来是倚重他力的，偏中至是专靠自力的，结果都落入兼中到。"兼"字非"兼务""兼带"之兼，乃事理合一，事理无碍的境界，即超越一切有无生死、迷悟凡圣、是非善恶一切相对的境界。但"人人尽欲出常流"，以为我要如何超凡入圣，去迷成悟，先存一个凡圣迷悟的分别之心，所以结果"还归炭里坐"，这都是由于不了解兼中到的道理。从前承阳大师在天童会下，身心脱落，得到如净禅师的密印还朝，常语人云："这里一毫佛法也没有，空手入唐还乡。"这件故事，也可以描写兼中到的境界。

我们既然一一地研究过《五位颂》了，就知道它是将天地自然的万物现象从本体、现象、妙用三方面去观察，以阐明事理之关系，阐明事理在这三方是圆融无碍的。禅家不重文字言说，专在彻悟佛心，故所遗留文字记述甚少，可供我们参考者不多。不过我们在这里可知道的就是《五位颂》的思想是禅家一贯的道理，与《参同契》的思想是互相发明的。

（二）《四料简》

《四料简》为临济义玄所作，原文是：

夺人不夺境，夺境不夺人，人境俱夺，人境俱不夺。

这四句可说是四种看法，或四个标准；我们可以用这些标准去观察宇宙万事万物。宇宙是"差别"相，也可说只是"一"相。因为一切法散为一一法，一一法又摄于一切法，所以差别即是平等，平等即是差别；小非大，大非小；小即大，大即小；有非无，无非有；有即无，无即有。与之，则万物皆备于我；夺之，则我育于万物。就客观说，只见有宇宙，不见有人，故曰"夺人不夺境"；就主观说，只见有人，不见有宇宙，故曰"夺境不夺人"。但只是就人与境上着眼，犹不免滞执于人与境，未能达观万物、彻悟宇宙之理，所以要进一步不为人境所系牵，不滞执于人境，这一步便是"人境俱夺"了。可是这进一步的见解也不算超绝。因这一境犹属有意作为，不是本地风光。为要不掩蔽本来面目而犹能达于超绝的境地的，则惟有"人境俱不夺"的看法。

这四句话，可以用撞钟的譬喻来说明：

夺人不夺境

这是说钟鸣而撞木不鸣，无钟则钟音不起；是在客观的境（钟）着眼，是注重境而不注重人。这是第一个标准。

夺境不夺人

这是说钟鸣实起于撞木，无撞木则钟音不起；是在主观的人（撞木）着眼，是注重人而不注重境。这是第二个标准。

人境俱夺

这是说钟鸣不起于钟，亦不起于撞木，乃是起于钟与撞木之间；

是从主观客观的关系上着眼，不专注重人或境。这是第三个标准。

　　人境俱不夺

　　这是说钟也要紧，撞木也要紧，撞木与钟之间也要紧，三者缺一不可。这种看法，是不单执著于人或境，又不故意作为而掩蔽了人或境。这是第四个标准。

　　禅家思想特重第四个标准，因这种境界，正是表现本地风光，这是"执事元是迷，契理亦非悟"的看法，是"本末须归宗，尊卑用其语"的看法，可见禅家的思想，都是一贯的。

　　总之，我们若能把握住禅家的根本立场，认识其思想要点，则凡属禅家哲理中一切话头都可领会。我们在看过《五位颂》和《四料简》之后，更可明白禅家思想的主眼。禅家因为作了这么一番的努力，所以后来在中国哲学界便发生了很大的影响，将于次节说明。

四、禅家对唐宋以后思想界的影响

　　禅家的思想是很致密的，它的一超直入的主张，最适宜生长于封建社会，而为统治阶级所欢迎。统治阶级的命令便是一超直入的，不许加以说明的，言语文字都成为赘余无用的。所以禅家思想在唐以后特别发达。

　　（一）禅家对于唐代李翱的影响

　　李翱在唐代算是一位突出的人物，他的思想虽参和着儒、佛、道三家的成分，但对于禅家的造诣独高。我们在他的《复性书》里面就可以看到他匠心独具。文云：

　　　　或问曰："人之昏也久矣。将复其性者必有渐也，敢问其方？"曰："弗虑弗思，情则不生；情既不生，乃为正思。正思者无虑无思也。"……曰："已矣乎？"曰："未也，此斋戒其心者也，犹未离于静焉。有静必有动，有动必有静，动静不息，是乃情也……方静之时，知心无思者，是斋戒也。知本无有思，动静皆离，寂然不动者，是至诚也。"……问曰："本无有思，动静皆离，然则声之来也，其不闻乎？物之形也，其不见乎？"曰："不睹不闻，是非人也，视听昭昭，而不起于见闻者斯可矣。无不知也，无不为也。其心寂然，光昭天地，是诚之明也。"

我们看了这段话，便知道他的思想全出自禅家。所谓"弗虑弗思"，所谓"正思"，便与禅家的"无念者正念也"完全吻合。禅以无念为宗，恐滞两边，恐生执著，故主无念。譬如"斋戒其心"，是犹不免执著"静"的一边；有静必有动，那就仍旧是些参同，而不是参同契，所以主张"动静皆离"，就是要把动静的执著都去了，才能达到佛心，才是所谓"至诚"。不过又要知道，所谓动静皆离，并不是不闻不见，而是"视听昭昭"。就是当视听的时候，毫不起见闻的执著，这便是禅家的功夫。禅家谈到佛，每说"将来打死与狗子吃"，这便是说执著的佛应该打死，即打破执著。学禅的人，游遍天下名山大川，问遍世间高僧法师，却一点学不到什么，但一触禅机，便能恍然大悟。凡属禅悟，都是如此。李翱完全明白这个道理，所以能见到"动静皆离"的一步。李翱曾亲承禅师药山惟俨之教，其所以能透彻禅理，也是无足怪异的。这是禅宗在唐代所发生的影响。

（二）禅家对于宋明诸儒的影响

禅家对于宋、明诸儒所发生的影响，更远非唐代所能及。宋、明诸儒几乎没有不是拿禅学做背景而别标榜所谓儒学，几乎没有不是先研究禅学许多年然后再求合于儒学，他们暗地里都结识许多禅师禅友。周濂溪的师友最多：有说他曾就学于润州鹤林寺寿涯的，有说他曾问道于黄龙山慧南及晦堂祖心的，又有说他曾请业于庐山归宗寺佛印及东林寺常聪的，大抵与佛印及常聪的关系最深。濂溪悟到窗前草与自家生意一般，全是佛印的影响。至于东林的关系更是密切：他的《太极图说》，恐怕也和东林有关；他主静的功夫，大半从东林得来。《居士分灯录》说："敦颐尝叹曰：'吾此妙心，实启迪于黄龙，发明于佛印，然易理廓达，自非东林开遮拂拭，无繇表里洞然。'"他这样尊重禅学，毋怪游定夫竟要骂他是个"穷禅客"。据东林门人弘益所记：张横渠曾与周濂溪同出东林门下，受性理之学。如果这话可信，那就是周、张之学原出于同一的系统。张横渠与程明道终日讲论于兴国寺。那时兴国寺是常有禅师主教的。可见张、程之学，又有一种禅学上的关系。程明道禅学的师授，虽不易考见，但他"出入于老、释者几十年"，也许他禅学上的朋友很不少。高景逸说："先儒惟明道先生看得禅书透，识得禅弊真。"这样看来，明道的禅学功夫，也许是从自己看书入手的。程伊川之学，系从黄龙之灵源得来。《归元直指集》说："《嘉泰普灯录》云：'程伊川……问道于灵源禅师，故伊川之作文注书，多取佛祖辞意……或全用其语。如《易传序》体用一源显微无间。'"可见伊川和灵源的关系是很深的。我们从《灵源笔语》中又可以看到伊川和灵源之师晦堂祖心有对见之事。晦堂在元符三年以七十六岁入寂，伊川在绍圣四年以六十五岁被窜于涪州，则与晦堂相见，当是绍圣四年以后之事。这些关系，在《禅林宝训》中也有说到。朱晦庵之学，则从大慧宗杲、道谦得来。"熹尝致书道谦（大慧宗杲之嗣）曰：'向蒙妙喜（大慧）开示……但以狗子话时时提撕，愿投一语，警所不逮。'谦答曰：'某二十年不能到无疑之地，后忽知非勇猛直前，便是一刀两段。把这一念提撕狗子语头，不要商量，不要穿凿，不要去知见，不要强承当。'熹于言下有省，并撰有《斋居诵经诗》。"后来道谦死时，朱晦庵祭以文，略曰："……下从长者，问所当务。皆告之言，要须契悟。开悟之语，不出于禅。我于是时，则愿学焉……始知平生，浪自苦辛。去道日远，无所问津。……师亦喜我，为说禅病。我亦感师，恨不速证……"可见朱晦庵之学是受了大慧、道谦最大的影响的。至陆象山禅学的功夫，恐怕比朱晦庵还要深，所以"宗朱者诋陆为狂禅"。陆象山之学，是远宗李翱，近继周、程的。李翱《复性书》说："东方如有圣人焉，不出乎此也。南方如有圣人焉，亦不出乎此也。"陆象山就拿住这段话做他学说的出发点。陆曾有一段自白，他说："某虽不曾看释藏经教，然于《楞严》《圆觉》《维摩》等经则尝见之。"宋代的禅学，大抵凭依《楞严》《圆觉》《维摩》等经，无怪"天下皆说先生（陆九渊）是禅学"。由陆象山而王阳明，禅学的造诣可谓达到百尺竿头。王阳明也有一段自白。他说："因求诸老、释，欣然有会于心，以为圣人之学在此矣。"可见他于老、释之学，不仅有根底，而且看得极重的。他的讲友湛甘泉，是禅门造就最高的，王阳明也许有几分受到湛甘泉的影响。照以上所述，可知宋、明儒都和禅学发生了最深的关系。现在将他们的根本思想，从《五位颂》所讲的方法加以说明。

1. 周濂溪

濂溪的《太极图说》乃是他的宇宙观和人生观的表现。他说："无极而太极。太极动而生阳，静而生明……一动一静，互为其根。"这是平等即差别、理体即事相的思想，即是"正中偏"的立场。他又在《通书》中言及心性，他说："诚者圣人之本，大哉乾元，万物资始，诚之源也。乾道变化，各正性命，诚斯立焉，纯粹至善者也。"他把诚看作无为的，超越善恶的，所以说："诚无为，几善恶。"几是几微的意思，几者，动之微。诚无为，动有为，几就是有无之际。所谓"诚无为，几善恶"，便是正中偏的思想。他主张无欲，在《圣学篇》说："圣可学乎？曰：可。有要乎？曰：有。请闻焉。曰：一为要。一者，无欲也。无欲则静虚动直，静虚则明，明则通；动直则公，公则溥；明通公溥，庶矣乎！"这也是"正中偏"的看法。

2. 张横渠

横渠主张"理一分殊"。《太和》篇云："两不立则一不可见……其究一而已。"这是偏中正的看法。他最爱讲气，由气说到虚，故说："气之聚散于太虚，犹冰凝释于水。"又说："气之为物，散入无形，适得吾体；聚为有象，不失吾常。太虚不能无气，气不能不聚而为万物，万物不能不散而为太虚。"这种看法是认差别即平等，事相即理体，正站在"偏中正"的立场。于是讲到心性问题，也莫不归结到气。他说:"由太虚有天之名,由气化有道之名,合虚与气有性之名,合性与知觉有心之名。"可见他的心性说都和气有关系。他要由气说到虚,由"太虚演为阴阳",说到"由阴阳复归太虚",因此建立了"天地之性与气质之性"。他总要人们由气质之性反到天地之性,所以他说:"形而后有气质之性,善反之则天地之性存焉。故气质之性,君子有弗性者焉。"他所以别立一个气质之性,就因为他的思想是从气质出发,也便是从"偏"出发。由偏说到正,故要由气质之性反到天地之性,即是"偏中正"的思想。他的天地之性与气质之性的说法,也许是本之《楞严经》。《楞严经·第四》说:"世间诸相杂和成一体者,名和合性,非和合者称本然性;本然非然,和合非合,合然俱离,离合俱非。"张横渠便借着这段思想大发其议论。他说:"知太虚即气则无无,故圣人语性与天道之极,尽于参伍之神。变易而已,诸子浅妄有有无之分,非穷理之学也。"他由气质之性,说到"变化气质",以为变化气质,则与虚心相表里,不至为气所使,不至走入于"气之偏"。所以说:"人之刚柔缓急,有才与不才,气之偏也。天本参和不偏,养其气,反之本而不偏,则尽性而天矣。"他这种变化气质说,后来影响于程朱很不小。

3. 程明道

程明道也看重气,不过他是偏中至的看法,所以主张"道外无物,物外无道"。程明道说:"自家原是天然完全自足之物,若无所污坏,即当直而行之;若小有污坏,即敬以治之,使复如旧。所以能使如旧者,盖为自家本质原是完足之物。"程明道拿"自家本质原是完足"的思想去看宇宙,所以看重差别相,所以看重气。这和莱布尼茨的《单子论》有些相仿佛之处。一个单子就是一个宇宙的缩图,表现自己,就是表现宇宙。所以说:"自家本质原是完足。"程明道惟其看重差别相,看重小的本体,所以说:"地亦天也。"又说:"今所谓地者,特于天中一物尔。"可见他对于"地"的看法,是和人家不同的。尼采的思想也是看重"地"的,所以都是"偏中至"的系统。程明道也论到心性,他比横渠更进一步。横渠尚痛骂"以生为性"的,(张横渠说："以生为性，既不通昼夜之道，且人与物等。故告子之妄，不可不诋。"）而明道则直接主张"生之谓性"了。故他说："生之谓性，性即气，气即性，生之谓也。"不过，我们应注意的就是明道所谓"生之谓性"，乃就"气"而说，无异于说"气之谓性"。善恶由于气禀的不同，而气即是性，故说："善固性也，然恶亦不可不谓之性也。"他以为谈到性时，便已不是性，乃是气。但专谈气而不谈性，又恐易于混淆，于是不得不取"生"为"性"的界说。所以他说："论性不论气，不备；论气不论性，不明。二之则不是。"从上所说，可知明道实具着"偏中至"的思想。故对气性的看法，一切和人不同。

4. 程伊川

伊川与其兄明道的思想适相反，明道处处着重在气，伊川则处处着重在理。伊川说："性即是理。""有理则有气。"又说："心也，性也，天也，一理也。自理而言谓之天，自禀受而言谓之性，自存诸人而言谓之心。"又说："在天为命，在物为理，在人为性，主于身为心，其实一也。"这完全是"理一元论"的看法，是"正中来"的立场。程伊川也好讲气质之性，可是他的讲法和张横渠大不相同。因为张横渠的思想，是从"气"出发，他是从"理"出发的。仿佛张横渠说气质之性是实有的，所以要人家"善反"；程伊川说气质之性是幻有的，根本不成其为性。因为"性出于天"，"性即是理"。性没有不善的，又何必讲到"善反不善反"呢？张横渠谓"气质之性，君子有弗性者焉"，是维护"偏中至"的系统，程伊川"截气质为一性，言君子不谓之性"（戴东原语），是维护"正中来"的系统，故二者各有不同。

5. 朱晦庵

朱晦庵的思想，更其为禅家哲理所浸染。在上面已说过他是亲承大慧宗杲的先慧而后定的教旨的。他在思想上的立场，是受了程伊川很深的影响，也是偏重"正中来"的看法。《语类》云："太极只是一个理字，太极只是天地万物之理。在天地言，则天地之中有太极；在万物言，则万物之中各有太极。未有天地之先，毕竟是先有此理。动而生阳，亦只是理；静而生阴，亦只是理。"这纯然是"正中来"的思想的暴露，他接着伊川的系统，也抱定"性即理"的主张。他说："'性即理也'一语，自孔子后无人见得到此，伊川此语，真是颠扑不破。性即是天理，哪得有恶？"可见他把伊川看作孔子后第一人。伊川好讲气质之性，他便扩大为"人心道心"之说。亚夫问："气质之说，起于何人？"朱晦庵说："此起于张、程，某以为极有功于圣门，有补于后学。"他后来便力持从气质之性见到本然之性之说。他又讲到欲，也是伊川的主张。伊川说欲由于气禀之浊，他的见解也正是如此，都是出发于"正中来"的。

6. 陆象山

象山的思想，是另外一个法门。既和张横渠、程明道的"气一元论"不同，也和程伊川、朱晦庵的"理一元论"有别。他不讲理气的区别，更不讲人心道心与天理人欲的差异。论到心性情欲的关系，他差不多看作是一件东西。所以说："心，一心也；理，一理也；至当归一，精义无二。此心此理，实不容有二。故孔子曰：'吾道一以贯之。'孟子曰：'夫道一而已矣'。"这样，我们知道他的思想，是站在"兼中到"的立场。

7. 王阳明

阳明比象山更明显，主张心性情欲为一，主张"心即理"。他答罗整庵书说道："理一而已。以其理之凝聚而言，则谓之性；以其凝聚之主宰而言，则谓之心；以其主宰之发动而言，则谓之意；以其发动之明觉而言，则谓之知；以其明觉之感应而言，则谓之物。故就物而言谓之格；就知而言谓之致；就意而言谓之诚；就心而言谓之正。正者，正此也；诚者，诚此也；致者，致此也；格者，格此也。所谓穷理以尽性也。天下无性外之理，无性外之物。"又说："物理不外于吾心……心之体，性也，性即理也。"这都是极力发挥"兼中到"的见解的。他答陆原静书，论到七情道："乐是心之本体，虽不同于七情之乐，亦不外于七情之乐。虽则圣贤别有真乐，而亦常人之所同有。但常人有之而不自知，反自求许多忧苦，自加迷弃。虽在忧苦迷弃之中，而此乐又未尝不存。但一念开明,反身而诚,则即此而在矣。"这种说法,实含着"正中来"的要义。所谓"虽不同于七情之乐,亦不外于七情之乐",正与李翱的"视听昭昭,而不起于见闻"相同。这是"正中来"的最明确的主张。

　　以上关于禅家哲理及禅家对中国哲学思想界的影响,大体述意。禅家是站在极端的观念论的立场,那是毋庸说明的。它所谓"不立文字,以心传心",是废止一切言论并摧废一切科学的企图,这完全是封建社会观念论发展的最高产物。就以印度的禅而论,他们仍是看重文字的,因为真正的佛教,离开文字便无从说。所以在先要积了许多的多闻熏习的工夫,然后能因事见理,随事作观,随事有省,随时悟得,这便是禅的境界。总之,以教解禅,尚有可明之理,以禅解禅,则陷于迷障不知所云。印度的禅到了中国之后,为什么会流为"不立文字"的禅宗,为什么会成为"一超直入"的禅宗,这是中国封建社会矛盾日趋于尖锐化的缘故。尤其是禅宗发展于唐以后,更明明白白地是统治阶级权力集中的反映。资本主义社会尚需要科学,若在封建形态尖锐化的社会是根本用不着科学的。这是禅宗能在中国迅速地发展的理由。禅宗既为统治阶级所欢迎,而在专以维护封建自任的儒家,更莫不变本加厉,因而有"儒表禅里"的主张。现在中国更努力于佛化,这是统治阶级所惯用的伎俩,丝毫不足怪异的。无论佛化或耶化,在统治阶级的心理,都是把它当作羁縻大众最有力的工具。所以宗教传播的问题,在现代富阶级性的国家,都成为严重的问题。

第八讲

什么是理学

关于宋代理学，体系浩大，不是短时间所能说明的。现在单提朱晦庵做代表，说明什么是理学。关于本讲的内容，分三部分来说明。

一、宋代思想发生的背景

宋代理学，固多可非议之处，但在中国哲学史上的地位却颇重要，因为它负有继往开来的责任。因此，我们对于这种思想与其发生的背景，实有探讨和说明的必要。我们现在先从这种思想的背景观察：第一，从历史方面来观察；第二，从环境方面来观察。

（一）从历史观察宋代思想的发生

中国全部思想史，可以分为三个阶段。先秦以前，是第一个阶段；从两汉到明，是第二个阶段；明末海通以后，是第三个阶段。在第一个阶段里面，是汉族文化产生兼发展的时期；在第二个阶段里面，是印度文化输入兼融合的时期；在第三个阶段里面，是西洋文化侵入的时期。宋代思想的产生，正在第二个阶段，所以它的思想处处表现它一种不同的色彩。在这个阶段里面，特别影响或构成宋代哲学的条件有三种：第一，是属于民族方面。西北方面的异民族，乘着汉民族势力衰弱的时候，于是风起云涌地侵入黄河流域，构成中国史上一个极大的纷乱期。经过五胡乱华和南北朝的对峙以后，遂有隋唐的大一统；后来又经过了纷乱而黑暗的五代，又达到宋代的统一。这种统一的精神，是给予唐代延至宋代的哲学一个暗示。第二，是属于经济方面。中国本是农业和家庭手工业联合成立的一个国家，由汉到明，这种经济形式并不曾改变。不仅如此，这种联合的经济形式，日见恶化。所谓农业经济，实际上是地主经济，便是土地集中。这种情势，自汉以后，日趋恶劣，以至富者愈富，贫者愈贫，至于家庭手工业，更败坏不可收拾，徒为有力者所垄断。以致中国的封建形态日趋于尖锐化，这也是推动中国哲学走上极端唯心论之一因。第三，是属于文化方面。两汉以来，代表中国学术思想的有两大派，就是儒家和道家。这两派思想此兴彼伏，直达到西北民族扰乱中国的时候。那时中国的文化，另起了一个波动，便是印度文化的侵入。印度文化由两方面传入中国，一由西北方面传入，一由东南方面传入，自此遂与儒道两派，三分天下。儒道佛三家的思想，最初虽相互冲突，但结果，卒由冲突而进于调融。观于唐代李翱所著的《复性书》，便可证明。由以上三种原因，宋代思想遂完全走入观念论的领域，这样看来，宋代哲学的产生，绝非偶然的事。

（二）从环境说明宋代思想的发生

宋代虽继承隋唐大一统的精神，但其所处的环境，却与隋唐迥异。隋唐两代，为汉民族势力向外发展时期。宋代虽能统一中国本部，但实为汉民族势力缩小时期。汉民族势力缩小，在过去历史中，实以宋代为最。宋代与外患相终始，初则东北有辽人之患，继则西北有西夏之患，再继则有金人之患，蒙古之患。宋人处于外患继续的压迫之下，养成一种苟安旦夕的心理。对外则屈服忍辱，纳币称臣，以求和平；对内则专事敷衍，养兵虽多，毫无所用，设官虽多，毫无建树。于是由纳币而失地，由失地而亡国。宋代哲学，产生于这样的环境之下，遂不得不以含羞忍辱为涵养深沉，不抵抗为老成持重，而一切怪诞的道德原理、哲学教义都在这里发生。这也是宋代哲学发生的主要原因之一。

二、晦庵思想体系的概说

朱晦庵是宋代哲学一个集大成的人。他是继承周张二程的思想的,尤其是受程伊川的影响最大,他提出一个"理"字说明他的全部哲学。他虽提到心性情欲,与乎心性的关系,却是特别尊重"心"和"理"的合一。其次,便是说明"性"与"理"的关系。他虽提出天地之性和气质之性的分别,但他主张天地之性是理,气质之性是理与气杂,于是又认"性"和"理"的合一。他对于修养方面,则提出居敬穷理四字。居敬是涵养的功夫,属于内的方面;穷理是致知的功夫,属于外的方面。所谓居敬,所谓穷理,实际上都指理而言。这样看来,我们可以把晦庵全部的思想,叫做"理一元论"。现在分作三部来说明。

(一) 心即理说

心和理这两个字,在晦庵的思想上,占着极端重要的地位。他说:

> 人之所以为学,心与理而已矣。心虽主乎一身,而其体之虚明,足以管乎天下之理;理虽散在万物,而其用之微妙,实不外乎一人之心,初不可以内外精粗而论也。(《学的》)

这一段话是说明"心"的体和用。心的体是虚明的,心的用是微妙的。可见晦庵是站在心的立场上去说明理。不过心究竟是怎样的一种东西呢,我们须得进一步地去研究。晦庵说:

> 身在是,则其心在是,而无一息之离;其事在是,则其心在是,而无一念之杂。(《学的》)
> 心者,人之知觉,主于身而应于事者也。指其生于形气之私者而言,则谓之人心;指其发于义理之公者而言,则谓之道心。(《学的》)

> 以一心而穷造化之原，尽性情之妙，达圣贤之蕴；以一身而体天地之运，备事物之理，任纲常之责。(《学的》)

在战国的时候，大约出了一部《道经》，可惜那部经早已亡佚了。只在《荀子·解蔽篇》里面留下两句，便是："人心之危，道心之微。"于是"人心""道心"之说，成为哲学家聚讼之林。晦庵也是爱讲"人心""道心"的。他以为"人心""道心"，只是一个心，并不是两个心，不过"生于形气之私者"为"人心"，"发于义理之公者"为"道心"。晦庵当然是看重"道心"的，所以他说：

> 圣人全是道心主宰，故其人心自是不危，若只是人心也危，故曰惟圣罔念作狂。(《学的》)

有人问晦庵，"人心"可以无否？晦庵给了一个否定的回答。他说：

> 如何无得？但以道心为主，而人心每听道心区处方可。(《学的》)

在晦庵的意思，并不是要我们完全断绝那种"生于形气之私"的"人心"，事实上我们也没法能够断绝了"人心"。他的意思只是要我们能够做到"全是道心主宰"，"人心每听道心区处"的境地而已。所以他说：

> 道心是义理上发出来底，人心是人身上发出来底。虽圣人不能无人心，如饥食渴饮之类；虽小人不能无道心，如恻隐之心是。(《学的》)

人只有一个心，并没有两个心，其所以分化的缘故，是由于心有公私的不同。庵晦说：

> 将天下正大底道理，去处置事，便公；以自家私意去处之，便私。(《语类》)
> 人只有一个公私，天下只有一个邪正。(《语类》)

他所说的"道心"，是指"公"的心而言；他所说的"人心"，是指"私"的心而言。他对于公的心，又称为义理之心；私的心，又称为利心。他认为义理之心，为人心所固有；利心，则非人心所固有。他说："仁义，根于人心之固有，利心，生于物我之相形。"(《语类》)又说：

> 义理，身心所自有，失而不知，所以复之。富贵，身外之物，求之惟恐不得，纵使得之，于身心无分毫之益，况不可必得乎？若义理求则得之，能不丧其所有，可以为圣为贤，利害甚明。人心之公，每为私欲所蔽，所以更放不下，但常常以此两端体察，若见得时，自须猛省急摆脱出来。(《语类》)

在另一个地方，曾经有过这样的一段问答：

> 问："横渠说：'客虑多而常心少，习俗之心胜而实心未完。'所谓客虑与习俗之心，有分别否？"曰："也有分别。客虑，是泛泛思虑，习俗之心，便是从来习染偏胜底心，实心是义理底心。"(《语类》)

所谓客虑，习俗之心，利心，都是指私的心而言。所谓实心，义理之心，都是指公的心而言。公的心晦庵称之为天理，私的心晦庵称之为人欲。关于天理和人欲，等到后面，再加讨论。不过在这里我们可以知道他的道心人心说是与他的天理人欲说有密切关系的。他以为

"利心生于物我之相形","仁义根于人心之固有",心虽只是一个心,却可以因天理人欲的消长而呈现为两个心。他说:"心只是一个心,非是以一个心治一个心,所谓存,所谓收,只是唤醒。"(《学的》)又说:

> 人只是此一心。今日是,明日非,不是将不是底换了是底。今日不好,明日好,不是将好底换了不好底。只此一心,但看天理私欲之消长如何尔。(《语类》)

晦庵所说的"只是一个心",究竟是一个什么心呢?他称之为"本心"。他说:"常人之性,因物有迁,惟圣人为能不失其本心。"(《学的》)"圣贤千言万语,只要人不失其本心。"(《语类》)又说:

> 人有不仁,心无不仁;心有不仁,心之本体无不仁。(《语类》)

所谓"存",所谓"收",所谓"唤醒",都是指"本心"而言,都是指"心之本体"而言。所以他说:

> 学者常用提醒此心,使如日月之方升,群邪自息。(《学的》)

晦庵对于心,何以要看重"收",看重"存",看重"唤醒"呢?这是由于他看重"用"的缘故。他说:

> 心若有用,则心有所主。只看如今才读书,则心便主于读书;才写字,则心便主于写字。若是悠悠荡荡,未有不入于邪僻者。(《学的》)
>
> 天下虽大,而吾心之体无不该;事物虽多,而吾心之用无不贯。盖必析之有以极其精而不乱,然后合之有以尽其大而无余。(《学的》)

第八讲 什么是理学

> 人之一心,湛然虚明,如鉴之空,如衡之平,以为一身之主者,固其真体之本。然而喜怒忧惧随感而应,妍媸俯仰随物赋形者,亦其用之所不能无者也。(《学的》)

又说:

> 人之一心,在外者要收入来,如求放心是也。在内者又要推出去,如扩充四端是也。大抵一收一放,一阖一辟,道理森然。(《学的》)

"心有所用,则心有所主"这一句话,关系非常重大。人之所以入于邪僻者,正由于悠悠荡荡心无所用而失其所主的缘故。举凡喜怒忧惧,妍媸俯仰,无一不是"心之用"。天下虽大,事物虽多,然而析之其所以能"极其精而不乱",合之其所以能"尽其大而无余"者,则因心为一身之主宰而能"有所用"之故。心之用,在外的求所以收,在内的求所以推,一收一推,而后心之用显,而能有所主。晦庵说:

> 心若不存,一身便无所主宰。(《语类》)
> 心者,身之所主也。(《学的》)
> 心者,人之神明,所以具众理而应万事者也。(《学的》)

又说:

> 心,主宰之谓也。动静皆主宰,非是静时无所用,及其动时方有主宰也。言主宰则混然体统自在其中,心统摄性情,非优侗与性情为一物而不分别也。(《语类》)

心既是一身的主宰,所以有"心统性情"之论。"心统性情",本

· 227 ·

是张横渠的主张,不过晦庵却给了一个详尽的解释。晦庵说:

> 心者,一身之主宰,意者,心之所发,情者,心之所动,志者,心之所之,比于情意尤重。(《语类》)
>
> 性者心之理,情者心之动,才便是那情之会恁地者,情与才绝相近……要之,千头万绪,皆是从心上来。(《语类》)

又说:

> 心,譬水也。性,水之理也。性所以立乎水之静,情所以行乎水之动;欲则水之流,而至于滥也;才者,水之气力,所以能流者。然其流有急有缓,则是才之不同。(《语类》)

意、志、性、情、才这许多东西,各有各的作用,他们与心既不同,而彼此之间亦复不同,但是他们都是从心上发出来的。晦庵更进一步地说:

> 仁义礼智,性也。恻隐羞恶辞让是非,情也。以仁爱,以义恶,以礼让,以智知,心也。性者,心之理也;情者,性之用也;心者,性情之主也。(《学的》)
>
> 心主乎身。其所以为体者,性也;所以为用者,情也。是以贯乎动静而无不在焉。(《学的》)
>
> 情之未发者,性也,是乃所谓中也,天下之大本也;性之已发者,情也,其皆中节,所谓和也,天下之达道也。皆天理之自然也。妙性情之德者,心也,所以致中和,立大本,而行达道者也。天理之主宰也。(《学的》)
>
> 静而无不该者,性之所以为中也,寂然不动者也。动而无不中者,情之发而得其正也,感而遂通者也。静而常觉,动而常止者,心之妙也,寂而感,感而寂者也。(《学的》)

第八讲 什么是理学

性是"寂然不动"的,是心之"体",是"天下之大本",所谓"中"也。情,是"感而遂通"的,是心之"用",是"天下之达道",所谓"和"也。性和情,都是属于"天理的自然"。总之,心是性和情的主宰,有一种"静而常觉,动而常止","寂而感,感而寂"的作用,能够做到"贯乎动静而无不在"的地步,因为心是天理的主宰。晦庵把心看得这样重要,说得这样周密,遂建立了宋代观念论的根基。

其次,我们要讨论晦庵对于理的看法。理,是散在万物的,晦庵说到理的时候,往往和事物并举。他说:

> 下学者,事也;上达者,理也。理只在事中。(《学的》)
>
> 上而无极太极,下至于一草一木昆虫之微,亦各有理。一书不读,则阙了一书道理;一事不穷,则阙了一事道理;一物不格,则阙了一物道理。须要逐一件与他理会过。(《学的》)
>
> 为学之道无他,只是要理会得目前许多道理,世间事无大无小,皆有道理。(《语类》)
>
> 凡事事物物,各有一个道理。(《学的》)
>
> 有是物必有是理,理无形而难知,物有迹而易见。(《学的》)

理在事中,无论事之大小,都有一个道理存在。大而至于宇宙的广大,小而至于昆虫的微细,都各有一个道理。我们为学的目的,就在于理会这许多事事物物的道理。不过物是一种易见而有迹的东西,理是一种难知而无形的东西。然而理虽难知而无形,却为我们人人所共由。晦庵说:

> 道,犹路也。(《学的》)
>
> 道者,事物当然之理,人之共由者也。(《学的》)

又说:

> 道即理也。以人所共由而言，则谓之道；以其各有条理而言，则谓之理。(《学的》)

但是我们怎样才可以把这个道理理会得出来呢？他认为只有就事物当中去理会，因为物之所以为物，"莫不各有当然之则"的缘故。他说：

> 天道流行，造化发育，凡有声色貌象而盈于天地之间者，皆物也。既有是物，则其所以为是物者，莫不各有当然之则具于人心，而自不容已，是皆得于天之所赋，而非人之所能为也。今且以其至切而近者言之，则心之为物，实主于身，其体，则有仁义礼智之性；其用，则有恻隐羞恶恭敬是非之情。浑然在中，随感而应，各有攸主而不可乱也。次而及于身之所具，则有口鼻耳目四肢之用。又次而及于身之所接，则有君臣父子夫妇长幼朋友之常，是皆必有当然之则，而自不容已，所谓理也。外而至于人，则人之理，不异于己也。远而至于物，则物之理，不异于人也。极其大，则天地之运，古今之变，不能外也；尽其小，则一尘之微，一息之顷，不能遗也。是乃上帝所降之衷，烝民所秉之彝，刘子所谓天地之中，孔子所谓性与天道，子思所谓天命之性，孟子所谓仁义之心，程子所谓天然自有之中，张子所谓万物之一原，邵子所谓道之形体者。(《学的》)

理，是自不容已的当然之则。人之理与己之理无异，物之理与人之理相同。大而言之，天地之运，古今之变，不能外乎此理；小而言之，一尘之微，一息之顷，不能遗弃此理。我们一方面要知道，"事事物物，各有一个道理"；另一方面更要知道，事事物物所各有的道理，实际上还只是一个道理。所以刘子、孔子、子思、孟子、程子、张子、邵子等一班人所说的话，表面上似乎各不相同，其实都是说的那种"当然之则而自不容已"的理。所以他说：

孔子说非礼勿视听言动,出门如见大宾,使民如承大祭,言忠信,行笃敬……孟子又说求放心,存心养性;《大学》又教人格、致、诚、正;程先生又专发明一个敬字,若只恁看,似乎参错不齐,千头万绪,其实只一理。(《学的》)

万理只是一理,学者且要去万理中,千头万绪都理会,四面辏合来,见得是一理。(《学的》)

又说:

这道理须是见得是如此了,验之于物又如此,验之吾身又如此,以至见天下道理,皆端的如此了,方得。(《学的》)

万理只是一理,一理又可推之于万理,这是晦庵的彻头彻尾的"理一元论"的尽想。惟其他把"理"之一字,看得这样重要,所以他敢于照先验家的口吻,大胆地肯定"未有天地之先,毕竟是先有此理"了。他说:

太极只是天地万物之理,在天地言,则天地中有太极;在万物言,则万物中各有太极。未有天地之先,毕竟是先有此理。

动而生阳,亦只是理;静而生阴,亦只是理。(《语类》)

理既是先天地而存在,所以动静阴阳,天地万物,都不能离开这个理字。晦庵以为:理,是人物同得于天的,物虽无情,亦有此理。譬如舟可行水,车可行陆,都由"得于天"的理。因此晦庵肯定地主张:宇宙间一切事物,只有"道理"是真实的,其余的万事万物,都是颠倒迷妄,须臾变灭的。他说:

看得道理熟后,只除了这道理是真实法外,见世间万事颠倒迷妄,耽嗜恋著,无一不是戏剧,真不堪著眼也。(《语类》)

· 231 ·

又说：

> 世间万事，须臾变灭，皆不足置胸中，惟有穷理修身为究竟法耳。（《语类》）

晦庵视万事如戏剧，只有理为究竟法的那种极端唯理论的主张，实际上是从他的极端观念论出发的，所以主张"心即理"。我们再看他对心和理的关系的说明。

晦庵认心和理是同一的东西，不过是就两方面来观察而已。他说：

> 致知格物，只是一事。格物以理言，致知以心言。（《学的》）
> 诚者，真实无妄之谓。在道则为实有之理，在人则为实然之心。（《学的》）

又说：

> 以理言之，则天地之理至实，而无一息之妄。故自古至今，无一物之不实，而一物之中，自始至终，皆实理之所为也。以心言之，则圣人之心亦至实，而无一息之妄。故从生至死，无一事之不实，而一事之中，自始至终，皆实心之所为也。（《学的》）

晦庵认心和理，都是真实无妄的。他称理为实有之理，称心为实然之心。实有之理是就道言，实然之心是就人言。理何以实有？因为"天地之理至实"；心何以实然？因为"圣人之心亦至实"。理是指的格物，心是指的致知；格物和致知，其实只是一事，所以晦庵认心和理是相即不离的。他说：

> 心包万理，万理具于一心。不能存得心，不能究得理；不能穷得理，不能尽得心。（《语类》）

"心包万理，万理具于一心"，正是"心虽主乎一身，而其体之虚明，足以管乎天下之理；理虽散在万物，而其用之微妙，实不外乎一人之心"的意思。不过我们要知道，如果要想尽得心，一定先要穷得理，但是要想穷得理，尤其是要能够先存得心。因为心不存，则理无著，理无著，当然不能做到尽心的地步。我们只要看这两段的记载，就可以明白：

> 问："心是知觉性是理，心与理如何得贯通为一？"曰："不须去著贯通，本来贯通。""如何本来贯通？"曰："理无心则无著处。"(《语类》)

> 问："祭祀之理，还是有其诚则有其神，无其诚则无其神否？"曰："鬼神之理，即是此心之理。"(《语类》)

晦庵认清了"理无心则无著处"，"鬼神之理，即是此心之理"，所以他便畅然地说道：

> 心熟后自然有见理处，熟则心精微，不见理只缘是心粗。(《语类》)

又说：

> 理只在一心，此心一定，则万理毕见。(《学的》)

晦庵以为对心和理的说明，不仅表示个人思想的中心所在，而且是儒释两家思想的分野。他说：

> 释氏虚，吾儒实；释氏二，吾儒一。释氏以事理为不紧要，不理会。(《学的》)

又说：

> 儒释之异，正为吾心与理为一，而彼以心与理为二耳。(《学的》)

以上是晦庵对"心即理"的说明。

(二) 性即理说

晦庵的性论，是从二程得来的。程伊川说："性即理也。"程明道说："论性不论气不备，论气不论性不明。"晦庵在论性的时候，往往要说到气，往往拿气和理对比着来说明性。不过晦庵的性论，还是从"理一元论"出发，所以更看重"性即理也"一语。他说：

> 伊川谓性即理也一句，直自孔子。后惟伊川说尽这一句，便是千万世说性之根基。(《学的》)

晦庵认为"性即理也"一语，是千万世说性的根基，在这里可以看到他自己的立场。他说：

> 性即理也，当然之理，无有不善者，故孟子之言性，指性之本而言。然必有所依而立，故气质之禀，不能无浅深厚薄之别。孔子曰，性相近也，兼气质而言。(《语类》)
>
> 性者，即天理也。万物禀而受之，无一理之不具。(《语类》)

又说：

> 性即理也。在心唤做性，在事唤做理。(《语类》)

理有两种，一种叫做事理，一种叫做天理。在心而言，称之为性；

在事而言，称之为理。"万理具于一心"，故谓性即是理，这是就事理来说。万物的禀受，实由于天，当万物禀而受之的时候，已经是"无一理之不具"了，所以认性即天理，这是就天理来说。于此，可知天理和事理，实际上是一样的东西。孟子论性，是就"性之本"说；孔子论性，是"兼气质"说，然而都是离不了"性即理也"的立场。但是性是怎样来的呢？晦庵认为是禀受于天。他说：

> 伊川云，天所赋为命，物所受为性，理一也。自天所赋予万物言之，谓之命；以人物所禀受于天言之，谓之性。（《学的》）性者，人所禀于天以生之理也。浑然至善，未尝有恶。（《学的》）

又说：

> 性者，人之所得于天之理也；生者，人之所得于天之气也。（《学的》）

命，是就天所赋予的方面说；性，是就物所禀受的方面说。命和性虽是就两种不同的方面而言，然而其理则一。晦庵谓"命犹令也，性即理也"。性既然是指"人物所禀受于天"的，那么，性就是"人之所得于天之理"。关于天、命、性、理四者的关系，在《语类》上曾经有过一段明白透彻的解说。

> 问："天与命、性与理四者之别。天则就其自然者言之，命则就其流行而赋予物者言之，性则就其全体而万物所得以为生者言之，理则就其事事物物各有其则者言之……合而言之，则天即理也，命即理也，性即理也，是如此否？"曰："然。"

天、命、性、理四者，分开来说，各有各的含义；合并来说，所谓天、命、性，都不外乎一个理。因此他便认定"天即理""命即理"

· 235 ·

"性即理"了。

晦庵在论性的时候，常常提到一个气字，拿气和理作对比的说明。当然在这一点上，他受明道的影响不小。他说：

> 孟子说性善，他只见得大本处，未说得气质之性细碎处。程子谓论性不论气不备，论气不论性不明，二之则不是。孟子只论性不论气，便不全备。论性不论气，这性说不尽；论气不论性，性之本领处，又不透澈。荀、扬、韩诸人，虽是论性，其实只说得气。荀子只见得不好人底性，便说做恶。扬子见半善半恶底人，便说善恶混。韩子见天下有许多般人，所以立为三品之说。就三子中，韩子说又较近，他以仁义礼智为性，以喜怒哀乐为情，只是中间过接处，少个气字。（《语类》）

又说：

> 退之说性，只将仁义礼智来说，便是识见高处，如论三品亦是。但以某观，人之性岂独三品，须有百千万品。退之所论，却少了一气字。程子曰："论性不论气不备，论气不论性不明。"此皆前所未发。（《语类》）

晦庵认孟子论性，"只见得大本处"，"只论性不论气"。荀、扬诸人，"虽是论性，其实只说得气"。韩退之论性，分性为三品，以仁义礼智为性，识见虽高，却少了一气字。只有程明道论性，最为明备，（晦庵说："自古论性，至程子方始明备。"）因为他所说的"论性不论气不备，论气不论性不明"一语，实发前人之所未发。但性和气何以有这么一重关系呢？晦庵说：

> 天地之间，一气而已。分而为二，则为阴阳。而五行造化，万物始终，莫不管于是焉。（《学的》）

> 阴阳只是一气,阴气流行即为阳,阳气凝聚即为阴,非直有二物相对也。(《学的》)
>
> 自天地言之,只是一个气。自一身言之,我之气即祖先之气,亦只是一个气,所以才感必应。(《语类》)

又说:

> 人物性本同,只气禀异。如水无有不清,倾放白碗中,是一般色,及放黑碗中,又是一般色,放青碗中,又是一般色。(《语类》)

天地之间,只是一个气,我的气就是祖先的气,因为同属此天地间之气。所有阴阳五行万物等等,无一不是这个气的作用。人物所以有分别,就由于禀受此气不同的缘故。譬如水,放在白碗里面便成白色,放在黑碗里面便成黑色,放在青碗里面便成青色,其实何尝不是一样的水。所以晦庵说:"一草一木,皆天地和平之气。"(《语类》)又说:

> 动物有血气,故能知。植物虽不可言知,然一般生意,亦可默见,若戕贼之,便枯悴不复悦怿,亦似有知者。尝观一般花树,朝日照耀之时,欣欣向荣,有这生意,皮包不住,自迸出来。若枯枝老叶,便觉憔悴,盖气行已过也。(《语类》)

动物的能知,因为是有血气。植物的欣欣向荣,充满生意,也是气的作用。假使气行过了,那便要呈现憔悴枯老的样子。譬如梨树,是一种极易枯死的植物,当它将死的时候,一定要猛结一年实,然后死去,这就是气将脱的表现。可见,一草一木,都是充满了天地间和平之气的。有人问,浩然之气和血气怎样不同?晦庵说:

只是一气，义理附于其中，则为浩然之气；不由义理而发，则只为血气。(《学的》)

晦庵在谈到气的时候，往往与理并提。他说：

天地之间，有理有气。理也者，形而上之道也，生物之本也；气也者，形而下之器也，生物之具也。是以人物之生，必禀此理，然后有性；必禀此气，然后有形。(《学的》)

理是生物之本，"未有天地之先，毕竟也只是理，有此理便有此天地"，所以称之为形而上之道。气是生物之具，"有理便有气流行，发育万物"，所以称之为形而下之器。理既是生物之本，所以必禀受此理，然后有性；气既是生物之具，所以必禀受此气，然后有形。理和气是构成天地万物的两大条件，在《语类》上有一段讨论理和气的话，非常重要。

某有疑问呈先生曰："人物之性，有所谓同者，又有所谓异者，知其所以同，又知其所以异，然后可以论性矣。夫太极动而二气形，二气形而万化生，人与物俱本乎此，则是其所谓同者。而二气五行絪缊交感，万变不齐，则是其所谓异者。同者其理也，异者其气也。必得是理，而后有以为人物之性，则其所谓同然者，固不得而异也。必得是气，而后有以为人物之形，则所谓异者，亦不得而同也。是以先生于《大学·或问》，因谓'以其理而言之，则万物一原，固无一物贵贱之殊；以其气而言之，则得其正且通者为人，得其偏且塞者为物，是以或贵或贱，而有所不能齐'者，盖以此也。然其气虽有不齐，而得之以有生者，在人物莫不皆有；理虽有所谓同，而得之以为性者，人则独异于物。故为知觉、为运动者，此气也；为仁义、为礼智者，此理也。知觉运动，人能之，物亦能之；而仁义礼智，则物固有之，而岂能全之乎？

· 238 ·

今告子乃欲指其气而遗其理,梏于其同者,而不知其所谓异者,此所以见辟于孟子。而先生于《集注》,则亦以为'以气言之,则知觉运动,人物若不异;以理言之,则仁义礼智之禀,非物之所能全也'。于此则言气同而理异者,所以见人之为贵,非物之所能并;于彼则言理同而气异者,所以见太极之无亏欠,而非有我之所得为也,以是观之,尚何疑哉!有以《集注》《或问》异同为疑者,答之如此,未知是否?"先生批云:"此一条论得甚分明,昨晚朋友正有讲及此者,亦已略为言之,然不及此之有条理也。"

这一段讨论理气同异的关系,是何等的明白透彻。太极是指理而言,二气是指气而言。人物之生,俱本乎太极,这是就理说,所谓同也。二气交感,万变不齐,这是就气说,所谓异也。人物之性,禀受于理,这是同而非异,所以说,"万物一原,固无一物贵贱之殊"。人物之形,禀受于气,这是异而非同,所以说,"得其正且通者为人,得其偏且塞者为物"。晦庵说明理同气异,则谓:"人物之生,天赋之以此理,未尝不同。但人物之禀受,自有异耳。如一江水,你将杓去取,只得一杓,将碗去取,只得一碗!至于一桶一缸,各自随器量不同,故理亦随以异。"这是就"万物一原"说。晦庵说明气同理异,则谓:"自一气而言之,则人物皆受是气而生;自精粗而言,则人得其气之正且通者,物得其气之偏且塞者。惟人得其正,故是理通而无所塞;物得其偏,故是理塞而无所知。"这是就"万物异体"说。所以他说:

以理言之,则无不全;以气言之,则不能无偏。(《学的》)

又说:

论万物之一原,则理同而气异;观万物之异体,则气犹相近,而理绝不同。(《学的》)

然则气和理是两个对立的东西吗？却又不然。他说：

  天下未有无理之气，亦未有无气之理。(《学的》)

又说：

  有是理必有是气，不可分说。都是理，都是气，哪个不是理，哪个不是气。(《语类》)

原来理和气是不能分说的，"天下未有无理之气，亦未有无气之理"，这一句话，把理和气的关系，说得是何等的明白了。理和气虽然不能分说，但是晦庵却认定理在气中。他说：

  人之所以生，理与气合而已。天理固浩浩不穷，然非是气，则虽有是理，而无所凑泊。故必二气交感，凝结生聚，然后是理有所附着。(《语类》)

又说：

  此本无先后之可言，然必欲推其所从来，则须说先有是理。然理又非别为一物，即存乎是气之中，无是气，则是理亦无挂搭处。气则为金木水火，理则为仁义礼智。(《语类》)

"故必二气交感，凝结生聚，然后是理有所附着。""理又非别为一物，即存乎是气之中，无是气，则是理亦无挂搭处。"晦庵在这两段话里面，很明显地告诉我们：理在气中。不过他以为理虽在气中，却仍以理为主。他说：

  "有是理便有是气，但理是本。"(《语类》)

第八讲 什么是理学

又说：

> 天道流行，发育万物，有理而后有气，虽是一时都有，毕竟以理为主。(《语类》)

理和气虽一时都有，却仍以理为主。于此，我们可以看出晦庵的思想，依旧是"理一元论"的立场。

晦庵论性，也是根据理和气的观点。他提出一个天地之性和气质之性的分别来。他说：

> 论天地之性，则专指理言；论气质之性，则以理与气杂而言之。未有此气，已有此性，气有不存，而性却常在。虽其方在气中，然气自是气，性自是性，亦不相夹杂。至论其遍体于物，无处不在，则又不论气之精粗，莫不有是理。(《语类》)

在这一段话里面，含着四层意思。第一，他告诉我们，天地之性是理，气质之性是理与气杂。第二，他认为："未有此气，已有此性，气有不存，而性却常在。"这与他所说的"论万物之一原，则理同而气异"相发明。第三，他说："虽其方在气中，然气自是气，性自是性，亦不相夹杂。"这与他所说的"有是理必有是气，不可分说。都是理，都是气，哪个不是理，哪个不是气"的话，似乎是冲突，其实不然，因为他又说过："观万物之异体，则气犹相近，而理绝不同。"第四，他告诉我们，理虽在气中，却仍以理为主。说明了上述几点之外，他便作出这样的结论：

> 有天地之性，有气质之性。天地之性，则太极本然之妙，万殊而一本者也。气质之性，则二气交运而生，一本而万殊者也。(《学的》)

"太极本然之妙"，是指理而言，所以认为是天地之性；"二气交运而生"，是指气而言，所以认为是气质之性。"万殊而一本"，就是他所说的"于彼则言理同而气异者，所以见太极之无亏欠，而非有我之所得为"。"一本而万殊"，就是他所说的"于此则言气同而理异者，所以见人之为贵，非物之所能并"。但气质之性何以是"一本而万殊"呢？《语类》上这样写着：

问："气质有昏浊不同，则天命之性有偏全否？"曰："非有偏全。谓如日月之光，若在露地，则尽见之；若在蔀屋之下，有所遮蔽，有见有不见。昏浊者是气昏浊了，故自蔽塞，如在蔀屋之下。然在人则蔽塞有可通之理，至于禽兽，亦是此性，只被他形体所拘，生得蔽隔之甚，无可通处。至于虎狼之仁，豺獭之祭，蜂蚁之义，却只通这些子，譬如一隙之光。至于猕猴形状类人，便最灵于他物，只不会说话耳。"（《语类》）

天命之性无偏全，气质之性有昏浊，这是由于被形体所拘的缘故。既被形体所拘，则所得之气虽同，而理实各异。物之蔽隔甚者，无可通处；虎狼、豺獭、蜂蚁，只通一隙之光；猕猴虽灵于他物，然终不若人。这便是"气同而理异"的道理，所以晦庵对于气质之性，也看得非常重要。他说：

才说性时，便有些气质在里。若无气质，则这性亦无安顿处。所以继之者只说得善，到成之者便是性。（《语类》）

又说：

孟子未尝说气质之性，程子论性，所以有功于名教者，以其发明气质之性也。以气质论，则凡言性不同者，皆冰释矣。退之言性亦好，亦不知气质之性耳。（《语类》）

天地之性是理，气质之性是理与气杂，理虽在气中，然而依旧以理为主。我们把握了这一点去观察晦庵的思想，便无难处。

(三) 修养的方法

李正叔批评晦庵的思想，有几句扼要的话，他说：

> 先生之道之至，原其所以臻斯阈者，无他焉，亦曰，主敬以立其本，穷理以致其知，反躬以践其实。而敬者，又贯通乎三者之间，所以成始而成终也。(《学的》)

主敬以立其本，是指涵养的功夫而言；穷理以致其知，是指致知的功夫而言；反躬以践其实，是指力行的功夫而言。这三句话，把晦庵的修养方法，包括无余。

现在我们先研究晦庵的涵养的功夫。晦庵说：

> 旧读程子之书有年矣，而不得其要，比因讲《中庸》首章之旨，乃知"涵养须用敬，进学则在致知"者，两言虽约，其实入德之门，无逾于此。(《学的》)

"涵养须用敬，进学则在致知"二语，成为晦庵思想的骨干。所以晦庵的涵养功夫，特别看重一个敬字，他说：

> 人之为学，千头万绪，岂可无本领？此程夫子所以有持敬之语。(《学的》)
> 敬字功夫，乃圣门第一义。(《学的》)
> 自古圣贤，自尧舜以来，便说个敬字。孔子曰："修己以敬。"此是最紧要处。(《学的》)

又说：

> 敬之一字，圣学之所以成始而成终者也。为小学者，不由乎此，固无以涵养本原，而谨夫洒扫应对进退之节，与夫六艺之教。为大学者，不由乎此，亦无以开发聪明，进德修业，而致夫明德新民之功。是以程子发明格物之道，而必以是为说焉。（《学的》）

敬字在晦庵看来，是一种成始成终的功夫。学之始，要有敬字功夫，才能着手；学之终，更要有敬字功夫，才能完成。小学的洒扫应对进退之节以及六艺之教，是以敬字功夫为涵养本原；大学的开发聪明，进德修业，以及明德新民之功，是以敬字功夫为格物之道。所以晦庵认"敬字功夫，乃圣门第一义"。敬字功夫在圣门中为什么这样重要呢？晦庵说：

> 敬者，一心之主宰，万事之本根也。（《学的》）

敬何以是一心的主宰？他说：

> 俨然端庄，执事恭恪时，此心如何？怠惰颓靡，涣然不收时，此心如何？试于此审之，则知内外未始相离，而所谓庄整齐肃者，正所以存其心也。（《学的》）

俨然端庄，执事恭恪，便是敬的表现；怠惰颓靡，涣然不收，便是不敬的表现。有诸内必形诸外，反之，形诸外必有诸内，内外本是相即不离的，所以说"庄整齐肃，正所以存其心"。有人问晦庵，敬如何用功？他答道："只是内无妄思，外无妄动。"又问下手功夫，他说："只是要收敛此心，莫要走作。"（《学的》）这两次的答话，都是从"一心的主宰"着眼的，无怪他说：

> 人之心，惟敬则常存，不敬则不存。（《学的》）

· 244 ·

敬何以又是万事的本根呢？晦庵说：

> 敬之一字，万善根本，涵养省察，格物致知，种种功夫，皆从此出，方有据依。(《学的》)

又说：

> 圣贤之学，彻头彻尾，只是一敬字。致知者，以敬而致之也；力行者，以敬而行之也。(《学的》)

致知的功夫，看重专一，只有敬，才能够专一。晦庵说：

> 贤辈但知有营营逐物之心，不知有真心，故识虑皆昏。观书察理，皆草草不精。眼前易晓者，亦看不见，皆由此心杂而不一故也。所以前辈语初学者必以敬。曰，未有致知而不在敬者。今未知反求诸心，而胸中方且丛杂错乱，未知所守，持此杂乱之心，以观书察理，故凡功夫皆一偏一角做去，何缘会见得全理。某以为诸公莫若且收敛身心，尽扫杂虑，令其光明洞达，方能作得主宰，方能见理。不然，亦终岁而无成耳。(《语类》)

"丛杂错乱"，当然是不专一，这是由于不敬的缘故，如何能做到"见得全理"的致知功夫？所以要说"未有致知而不在敬者"。力行的功夫，看重切实，只有敬，才能够切实。晦庵说：

> 学固不在乎读书，然不读书则义理无由明，要之，无事不要理会，无书不要读。若不读这一件书，便阙了这一件道理，不理会这一事，便阙这一事道理。要他底须着些精彩方得，然泛泛做又不得。故程先生教人以敬为本，然后心定理明。(《语类》)

"泛泛做",当然是不切实,这也是由于不敬的缘故。如何能做到"心定理明"的力行功夫?所以要说"以敬为本,然后心定理明"。我们既已知道致知力行,都离不了一个敬字,那么,涵养省察,格物致知种种功夫,皆是由敬而出,更可了然。所以晦庵认为,敬之一字是"万善根本"。不过"敬"的功夫,在无事时和有事时,各有不同。晦庵说:

> 无事时,敬在里面;有事时,敬在事上。有事无事,吾之敬未尝间断也。(《学的》)

又说:

> 方其无事,而存诸中不懈者,敬也;及其应物,而酬酢不乱者,亦敬也。(《学的》)

存诸中不懈者,指心而言,这是无事时的敬;应物酬酢不乱者,指理而言,这是有事时的敬。可见无论有事无事,敬的功夫总是不可间断的。上面已经说了许多关于敬的修养的话,不过"敬"之一字,究竟应该作怎样的解释呢?晦庵说:"敬者,主一无适之谓。"(《学的》)又说:

> 自秦以来,无人识敬字,至程子方说得亲切。曰,主一之谓敬,无适之谓一。故此合言之。(《学的》)

有人问主一无适,晦庵答道:

> 主一,只是心专一;无适,只是不走作。如读书时只读书,著衣时只著衣。理会一事,只理会一事;了此一件,又作一件。(《学的》)

第八讲 什么是理学

主一无适,就是"收敛此心""存其心""专一""莫要走作"之意,这是晦庵对"敬"之一字所下的解释。但是晦庵有时又从外表方面去说明。他说:

> 持敬之说,不必多言,但熟味整齐严肃,威仪俨恪,动容貌,整思虑,正衣冠,尊瞻视,此等数语,而实加工焉。则所谓直内,所谓主一,自然不费安排,而身心肃然,表里如一矣。(《学的》)
> 程夫子教人持敬,不过以整衣冠,齐容貌为先。(《学的》)

又说:

> 动容貌,整思虑,则自然生敬,只此便是下手用功处。(《学的》)

但是无论怎样注重外表,而内心的表现总是重要的,不过,外表之尊崇乃所以增加内心的力量。你看晦庵下面的话自知:

> 或问:"所谓敬者,若何而用力?"朱子曰:程子于此,尝以主一无适言之矣,尝以整齐严肃言之矣。至其门人谢氏之说,则又有所谓常惺惺法者焉。尹氏之说,则又有所谓其心收敛,不容一物者焉。此数说足以见其用力之方矣。(《学的》)

所谓"主一无适","常惺惺法","其心收敛,不容一物",哪一种不是反求诸内的功夫?我们不仅要业业兢兢,而且要不间断地业业兢兢,所以晦庵答复他人问敬,便这样说:

> 一念不存,也是间断;一事有差,也是间断。(《语类》)

然则我们只要死守着"主一无适",就可算做到了圆满的地步吗?

却又不然。晦庵说：

> 敬，有死敬，有活敬。若只守着主一之敬，遇事不济之以义，辨其是非，则不活。若熟后，敬便有义，义便有敬，静则察其敬与不敬，动则察其义与不义……须敬义夹持，循环无端，则内外透澈。(《语类》)

晦庵认为只守着主一之敬，是死敬，不是活敬。我们要能遇事济之以义，辨其是非，才算是活敬。所以他更提出一个义字来。他以为我们在静的时候，是要察其敬与不敬；但在动的时候，就要察其义与不义了。有人问，存养须用静否？他说：

> 不必然，孔子却都就用处教人做功夫。(《学的》)

就用处教人做功夫，正是叫我们遇事济之以义，辨其是非，不可仅仅死守着主一之敬。所以晦庵说：

> 方未有事时，只得说敬以直内，若事物之来，当辨别一个是非，不成只管敬去，敬义不是两事。(《语类》)
> 敬者，守于此而不易之谓；义者，施于彼而合宜之谓。(《语类》)
> 敬要回头看，义要向前看。(《语类》)

又说：

> 涵养须用敬，处事须是集义。(《语类》)

不过敬和义，虽有内外之分，静动之别，但是并非两事。他说：

> 敬义只是一事。如两脚立定是敬，行才是义；合目是敬，开眼见物便是义。(《学的》)

所以晦庵认为：

> "敬以直内，义以方外"八个字一生用之不穷。(《学的》)

我们果能做到敬义夹持，内外透彻的地步，那么，对于敬之一字的功夫，可以算得圆满成熟了。有了如此的涵养，当然不难达到"欲寡理明"的境地。晦庵说：

> 敬，则天理常明，自然人欲惩窒消治。(《学的》)
> 敬，则欲寡而理明，寡之又寡，以至于无，则静虚动直，而圣可学矣。(《学的》)

又说：

> 人能存得敬，则吾心湛然，天理粲然，无一分着力处，亦无一分不着力处。(《语类》)

我们如果透彻上述各点，就可以做到"吾心湛然，天理粲然"的境地了。

以上是说明晦庵的涵养的功夫。

其次，我们要研究晦庵的致知的功夫。晦庵对于"格物""致知"和"穷理"这几个名词，常常地说到。它们的关系，究竟怎样？晦庵说：

> 穷理以虚心静虑为本，人入德处，全在格物致知。(《学的》)
> 格物是零细说，致知是全体说。(《学的》)

格物以理言，致知以心言。(《学的》)

又说：

《大学》不说穷理，只说格物，要人就事物上理会。(《学的》)

格物致知，只是一事。格物是零细的，就散在万物之理说；致知是全体的，就管乎天下之理的心说。格物致知，是入德的下手功夫。格物致知和穷理，实际上是说明同一的关系。《大学》只说格物，不说穷理，其实说格物之处，正是说穷理之处。"穷理以致其知"，可见穷理和致知，并非两事。不过穷理的下手功夫，在于格物；穷理的目的，则在致知。我们研究晦庵的致知功夫，只要看他对穷理的说明，就可以知道。为什么要穷理呢？晦庵说：

穷理者，欲知事物之所以然，与其所当然者而已。知其所以然，故志不惑；知其所当然，故行不缪。(《学的》)

知其所以然，就致知言；知其所当然，就力行言。致知和力行，都是穷理的目的。只有真正穷理的人，然后能致知；只有穷理以致知的人，然后能力行。穷理的目的既是这样重要，所以晦庵特别看重穷理。他说：

万事皆在穷理后，经不正，理不明，看如何地持守，也只是空。(《语类》)

何以认为不穷理则持守是空呢？《语类》上这样记着：

王子充问："某在湖南，见一先生，只教人践履。"曰："义理不明，如何践履？"曰："他说行得便见得。"曰："如人行路不见，便如何行？今人多教人践履，皆是自立标致去教人，自有一般资质好底人，便不须穷理格物致知。圣人作个《大学》，便使人齐入于圣贤之域，若讲得道理明时，自是事亲不得不孝，事兄不得不弟，交朋友不得不信。"

"义理不明，如何践履？"这是晦庵穷理的中心思想。他认为一个不明义理而去践履的人，和一个看不见路而去走路的人的情形是一样的。所以他认"万事皆在穷理后"。但是穷理不是一日所能穷得尽的，也不是一穷便了的。他说：

> 程先生曰，穷理者，非谓必尽穷天下之理，又非谓只穷得一理便到，但积累多后，自当脱然有悟处。(《语类》)

又说：

> 自一身之中，以至万物之理，理会得多，自当豁然有个觉处。与人务博者，却要尽穷天下之理；务约者，又谓反身而诚，则天下之物，无不在我，此皆不是。(《语类》)

"谓必尽穷天下之理"的务博者，和"谓只穷得一理便到"的务约者，都不能算真正知道穷理的功夫。穷理的功夫，是要"理会得多"。"理会得多"，"才豁然有个觉处"。所以他说："穷理须有先后缓急，久之亦要穷尽。"(《学的》)又说：

> 穷理且令有切己功夫。若只泛穷天下万物之理，不务切己，即遗书所谓游骑无归矣。(《学的》)

"穷理且令有切己功夫"，这是何等鞭辟入里之谈。晦庵处处看重切己功夫，正是晦庵的大过人处。不过穷理究竟要如何着手呢？晦庵便提出一个读书的问题来。他说：

> 穷理之要，必在于读书；读书之法，莫贵于循序而致精；而致精之本，则又在于居敬而持志。(《学的》)

在这里，晦庵提出了三个步骤：第一，是穷理之要；第二，是读书之法；第三，是致精之本。他以为读书，是穷理之要；循序而致精，是读书之法；居敬而持志，是致精之本。他说：

> 读书以观圣贤之意，因圣贤之意，以观自然之理。(《语类》)
> 学固不在乎读书，然不读书则义理无由明。(《语类》)
> 读书已是第二义，盖人生道理，合下完具，所以要读书者，盖是未曾经历见得许多，圣人是经历见得许多，所以写在册上与人看。而今读书，只是要见得许多道理，及理会得了，又皆是自家合下元有底，不是外面旋添得来。(《语类》)

又说：

> 古人设教，自洒扫应对进退之节，礼乐射御书数之文，必皆使之抑心下气，以从事其间而不敢忽，然后可以销磨其飞扬倔强之气，而为入德之阶。今既无此矣，惟有读书一事，尚可以为慑服身心之助。(《学的》)

晦庵虽然说"读书已是第二义"，"学固不在乎读书"，但是他认为读书有两种作用。一方面可以为慑服身心之助，另一方面又可以见得许多道理。道理既"皆是自家合下元有底，不是外面旋添得来"的，所以需要慑服身心，"以销磨其飞扬倔强之气"。书册上既是写着圣贤人许多的经历，所以需要读书以观圣贤之意，"因圣贤之意，以观自然之理"。有了这两种作用，当然晦庵看重读书。无怪他说"穷理之要，必在于读书"了。晦庵对于读书的方法，提出两点意见来，一为循序，即不求速之意；一为致精，即熟读之意。他说：

> 读书之法，在循序而渐进，熟读而精思。(《学的》)

我们先看晦庵所讲的循序而渐进的读书方法。他说：

> 字求其训，句索其旨。未得于前，则不敢求其后；未通乎此，则不敢志乎彼。(《学的》)
>
> 且读一书，先其近而易知者，字字考验，句句推详，上句了然后及下句，前段了然后及后段。(《学的》)
>
> 先须读得正文，记得注解，成诵精熟，注中训释文意事物名义，发明经旨，有相穿纽处，一一认得，如自己做出来一般，方能玩味反复，向上有通透处。(《学的》)

又说：

> 读书看义理，须是胸次放开，磊落明快。恁地去，第一不可先责效，才责效便有忧愁底意，只管如此，胸中便结聚一饼子不散。今且放置闲事，不要闲思量，只专心去玩味义理，便会心精，心精便会熟。(《语类》)

"不可先责效"，"未得于前，不敢求其后；未通乎此，不敢志乎彼"，这些都是晦庵的循序而渐进的功夫。他是希望我们能够"一一认得，如自己做出来一般"的。他是要我们不责效，"专心去玩味义理"的。所以他主张：

> 宁详毋略，宁下毋高，宁拙毋巧，宁迩毋远。(《学的》)

· 253 ·

我们再看晦庵所说的熟读而精思的读书方法。他说：

先须熟读，使其言皆若出于吾之口；继以精思，使其意皆若出于吾之心。(《学的》)

学者只是要熟，功夫纯一而已。读时熟，看时熟，玩味时熟。(《学的》)

圣贤之言，常将来眼头过，口头转，心头运。(《学的》)

又说：

古人读书与今人异，如孔门学者，于圣人才问仁、问智，终身事业已在此。令人读书，仁、义、礼、智总识，而却无落泊处，此不熟之故也。(《学的》)

晦庵对于读书是非常地看重一个熟字，所谓熟，就是功夫纯一而已。功夫怎样可以纯一呢？他要我们读时、看时、玩味时，都要熟。怎样才能够熟呢？他认为只有"常将来眼头过，口头转，心头运"。达到了怎样的程度，才算得是熟呢？他以为须要做到"其言皆若出于吾之口"，"其意皆若出于吾之心"。凡是读书无落泊处的人，都是不熟的缘故。熟了以后又怎样呢？他说：

学者须是熟，熟时一唤便在目前；不熟时，须着旋思索到，思索得来，意思已不如初了。(《语类》)

心熟后自然有见理处。熟则心精微，不见理只缘是心粗。(《语类》)

且如百工技艺，也只要熟，熟则精，精则巧。(《语类》)

又说：

读书初勤敏着力，仔细穷究，后来却须缓缓温寻，反复玩味，

道理自出。又不得贪多欲速,直须要熟,功夫自熟中出。(《语类》)

原来熟了以后,是能够做到"一唤便在目前","自然有见理处","熟则精,精则巧"的地步,因为功夫是自熟中出来的。所以晦庵说:"某常谓此道理无他,只是要熟。"(《语类》)又说:

> 今学者若已晓得大义,但有一两处阻碍说不去,某这里略些数句发动,自然晓得。今诸公盖不曾晓得,纵某多言何益?无他,只要熟看熟读而已,别无方法也。(《语类》)

但是有许多人何以不能做到精熟的地步?这是由于喜博不求精的缘故。他说:

> 今人读书,务广而不求精。刻苦者,迫切而无从容之乐;平易者,泛滥而无精约之功。两者之病虽殊,然其所以受病之源则一而已。(《学的》)

在《朱子语类》上另有一段与此相同的记载:

> 山谷与李几仲帖云:"不审诸经诸史,何者最熟?大率学者喜博而常病不精,况泛滥百书,不若精于一也。有余力然后及诸书,则涉猎诸篇,亦得其精。盖以我观书,则处处得益;以书博我,则释卷而茫然。"先生深喜之,以为有补于学者。

晦庵既认为不精熟的缘故,是由于务广喜博,当然务广喜博的人,不能做到"其言若出于吾之口,其意若出于吾之心"。这正是所谓:"以书博我,则释卷而茫然。"晦庵对于读书,既然看重循序,看重致精,所以他总论读书的方法,说道:

> 严立功程，宽着意思，久之自当有味，不可求欲速之功也。（《学的》）

严立功程，就致精而言；宽着意思，就循序而言。这八个字，可以表现出晦庵读书的精神。无怪他说：

> 大凡看文字，少看熟读，一也；不要钻研立说，但要反复体验，二也；埋头理会，不要求效，三也。三者，学者当守此。（《语类》）

这几句话，可以看作"读书之法，莫贵于循序而致精"的解说。现在我们要讨论第三个步骤，便是居敬而持志，何以是致精之本？晦庵说：

> 古者小学已自暗养成了，到长来已自有圣贤坯模，只就上面加光饰。如今全失了小学功夫，只得教人且把敬为主，收敛身心，却方可下功夫。（《语类》）

因为以敬为主，收敛身心，然后读书时才能够虚心，才能够有所疑，才能够攻破大处。晦庵说：

> 读书先且虚心考其文词指意所归，然后可以要其义理之所在。近见学者多先立己见，不问经文向背之势，而横以义理加之，其说虽不倍理，然非经文本意。（《学的》）
> 观书但当虚心平气，以徐观义理之所在。如其可取，虽世俗庸人之言，有所不废；如其可疑，虽或传以为圣贤之言，亦须更加审择。（《学的》）

又说：

> 虚心切己。虚心，则见道理明；切己，自然体认得出。（《语

类》)

读书的时候,第一要虚心。虚心才能对书中道理,看得明切,才能有所怀疑,疑则深入,见理然后精细。晦庵说:

> 学者贪做功夫,便看得义理不精,读书须是仔细,逐句逐字,要见着落,若用工粗卤,不务精思,只道无可疑处,非无可疑,理会未到,不知有疑尔。(《语类》)
> 读书始读未知有疑,其次则渐渐有疑,中则节节是疑,过了这一番后,疑渐渐释,以至融会贯通,都无可疑,方始是学。(《学的》)

又说:

> 无疑者须要有疑,有疑者却要无疑。(《学的》)

疑,是疑问,是提出问题。凡是一个善于读书的人,第一步要能提出问题,第二步要能解决问题。能提出问题,是读书精细处,能解决问题,是读书有得处。但是一个初读书的人,往往不知何处可疑。须要读书既久,学养日深,才能由无疑到有疑,再由有疑到无疑。"无疑者须要有疑",是指提出问题而言;"有疑者却要无疑",是指解决问题而言。我们一定要做到这个地步,然后读书能有所得。我们既已虚心而且有所疑,但是还要能攻破大处,方可造到致精的地步。晦庵说:

> 学须先理会那大底,理会得大底了,将来那里面小底,自然通透,今人却是理会那大底不得,只去搜寻里面小小节目。(《语类》)

晦庵又说:

> 学问须是大进一番,方始有益。若能于一处大处攻得破,见

那许多零碎,只是这一个道理,方是快活。然零碎底非是不当理会,但大处攻不破,纵零碎理会得些少,终不快活。(《语类》)

"学须先理会那大底","能于一处大处攻得破","方始有益"。这是晦庵读书有得之言。但是怎样才能攻破大处呢?晦庵以为须要以敬为主,收敛身心;须要虚心;须要能有所疑。因为收敛身心,才能专一;虚心,才能见理;有所疑,才能有所获。到这时自然可以理会大底,攻破大处了。晦庵说:

> 读书须是看着他那缝罅处,方寻得道理透彻。若不见得缝罅,无由入得。看见缝罅时,脉络自开。(《语类》)

"读书须是看着他那缝罅处",这只有心境专一、仔细反复的人,才能做到。所以晦庵看重居敬,认居敬为致精之本。晦庵何以又看重持志呢?我们只要看他论科举和读书两事,就可以知道。他说:

> 士人先要分别科举与读书两件,孰轻孰重。若读书上有七分志,科举上有三分,犹自可;若科举七分,读书三分,将来必被他胜却。况此志全是科举,所以到老全使不著,盖不关为己也。圣人教人,只是为己。(《语类》)

又说:

> 非是科举累人,自是人累科举。若高见远识之士,读圣贤之书,据吾所见,而为文以应之,得失利害,置之度外,虽日日应举,亦不累也。居今之世,使孔子复生,也不免应举,然岂能累孔子耶?(《语类》)

有人问科举之业妨功否?晦庵答道:

程先生有言，不患妨功，惟恐夺志。(《语类》)

晦庵以为科举本没有什么累人之处，但是因科举而夺志，那就有累于人了。所以他特别看重持志两字。他说：

为学先须立志。志既立，则学问可次第着力。立志不定，终不济事。(《学的》)

书不记，熟读可记；义不精，细思可精。惟有志不立，直是无著力处。只如今贪利禄而不贪道义，要作贵人而不要作好人，皆是志不立之病。(《学的》)

又说：

孔子只十五岁时，便断然以圣人为志矣。志字最有力，要如饥渴之于饮食，才悠悠便是志不立。(《学的》)

立志不是一件容易的事体，是须要下一番坚卓不拔的功夫，因为"才悠悠便是志不立"了。只有立志的人，学问才可以次第著力，假使"志不立，直是无著力处"。所以晦庵认为持志也是致精之本。这是对于晦庵所说"致精之本，则又在于居敬而持志"的解说。晦庵看重读书，正是看重穷理，也就是他的致知的功夫。

以上说明了晦庵致知的功夫。

再次，我们要研究晦庵的力行的功夫。晦庵看重涵养，看重致知，同时也看重力行。他说："既涵养又须致知，既致知又须力行，亦须一时并了。非谓今日涵养，明日致知，后日力行也。"(《学的》)又说：

学之之博，未若知之之要；知之之要，未若行之之实。(《语类》)

涵养、致知和力行，只不过是一件事体的几个阶段，所以晦庵认为"须一时并了"。不过同时我们也要知道，知比学重要，行又比知重要。然而"知"和"行"终是不可偏废的。晦庵说："知与行，常相须。如目无足不行，足无目不见。论先后，知为先；论轻重，行为重。"（《学的》）又说：

> 致知力行，用功不可偏，偏过一边，则一边受病。如程子云："涵养须用敬，进学则在致知。"分明自作两脚说，但只要分先后轻重。论先后，当以致知为先；论轻重，当以力行为重。（《语类》）

为什么说"论先后，知为先"呢？晦庵说：

> 人之一身，应事接物，无非义理之所在，人虽不能尽知，然要在力行其所已知，而勉求其所未至。（《学的》）

又说：

> 须是说得分明，然后行得分明。（《学的》）

"力行其所已知，勉求其所未至"，这是告诉我们知然后能行。所以晦庵肯定地主张"须是说得分明，然后行得分明"。《语类》上有两段说明力行的话，颇切实：

> 时举云："如此者，不是知上功夫欠，乃是行上全然欠耳。"曰："也缘知得不实，故行得无力。"或问："力行如何是浅近语？"曰："不明道理，只是硬行。"又问："何以为浅近？"曰："他只是见圣贤所为，心下硬爱依他行，这是私意，不是当行。若见得道理时，皆是当恁地行。"

力行，不重"硬行"，及重"当行"。"硬行"，是由于不明道理，"当行"，则能见得道理。所以一个知得不实的人，当然要行得无力了。为什么又说"论轻重，行为重"呢？晦庵说：

> 曾子之学，大抵力行之意多。(《学的》)
> 圣贤心事，今只于纸上看，如何见得？(《学的》)
> 须反来就自家身上推究。(《学的》)

圣贤心事，不是一种空洞的话语，是他们在力行里面，所得到的实际的经验。假使我们仅仅在纸上看圣贤的心事，那一定要错看了。我们要把圣贤所说的话语，拿来力行，就自家身上推究，才能看出圣贤的心事。所以晦庵认"曾子之学，力行之意为多"。晦庵说明自己讲学的态度是这样：

> 某此间讲说时少，践履时多。事事都用你自去理会，自去体察，自去涵养。书用你自去读，道理用你自去究索。某只是做得个引路底人，做得个证明底人，有疑难处，同商量而已。(《语类》)

"自去理会，自去体察，自去涵养"，这是一种力行的功夫，只有在力行里面，才能够真有所得。所以他说：

> 文义乃是躬行之门路；躬行乃是文义之事实。(《语类》)

因此晦庵下"行"的定义说："存之于中谓理，得之于心为德，发见于行事为百行。"(《语类》) 又说：

> 以其得之于心，故谓之德；以其行之于身，故谓之行。(《学的》)

"存之于中谓理",是就涵养而言;"得之于心为德",是就致知而言;"发见于行事为百行",是就力行而言。晦庵认"行"是"发见于行事,是"行之于身",可见晦庵也很看重行。晦庵对于力行提出三个意见:第一是反躬,第二是务实,第三是存天理、去人欲。反躬是力行的功夫,务实是力行的要件,存天理、去人欲是力行的目的。晦庵说:

> 反躬以践其实。(《学的》)

原来反躬的目的,是在践其实。有人问,所谓格物致知之学,与世之所谓博物洽闻者,奚以异?晦庵答道:

> 此以反身穷理为主,而必究其本末是非之极至。彼以徇外夸多为务,而不核其表里真妄之实然。必究其极,是以知愈博而心愈明;不核其实,是以识愈多而心愈窒。此正为人为己之分,不可不察也。(《学的》)

格物致知,是一种为己的功夫;博物洽闻,是一种为人的功夫。前者"必究其本末是非之极至",而以"反身穷理为主",当然是"知愈博而心愈明"了;后者"不核其表里真妄之实然",而以"徇外夸多为务",当然是"识愈多而心愈窒"了。所以晦庵说:

> 读书不可只专就纸上求理义,须反来就自家身上推究。秦、汉以后,无人说到此,亦只是一向去书册上求,不就自家身上理会。自家见未到圣人,先说在那里,自家只借他言语,来就身上推究始得。(《语类》)

"读书不可只专就纸上求理义,须反来就自家身上推究"始得,这正是晦庵看重"反躬以践其实"之处。但是反躬的功夫,不是一件容易的事体。他说:

第八讲 什么是理学

讲学固不可无，须是更去自己分上做功夫。若只管说，不过一两日，都说尽了，只是功夫难。且如人虽知此事，不是不可为，忽然无事，又自起他念。又如临事时，虽知其不义，不要做，又却不知不觉自去做了，是如何？又如好事，初心本是要做，又却终不肯做，是如何？盖人心本善，方其见善欲为之时，此是真心发见之端，然才发，便被气禀物欲，随即蔽锢了，不教他发，此须自去体察存养。看得此，最是一件大功夫。(《语类》)

体察存养，不是一件容易做到的事体，最是一件大功夫。晦庵说：

其存之也虚而静；其发之也果而确；其用之也，应事接物而不穷；其守之也，历变履险而不易。(《学的》)

这种存、发、用、守的功夫，是何等的重要！但是怎样才可以做到呢？晦庵认为只有收敛身心之一法。他说：

人常须收敛个身心，使精神常在这里，似担百十斤担相似，须硬着筋骨担。(《语类》)

又说：

学者为学，未问真知与力行，且要收拾此心，令且个顿放处，若收敛都在义理上安顿，无许多胡思乱想，则久久自于物欲上轻，于义理上重。须是教义理心重于物欲，如秤令有低昂，即见得义理自端的，自有欲罢不能之意，其于物欲自无暇及之矣。苟操舍存亡之间，无所主宰，纵说得，亦何益。(《语类》)

在晦庵的意思，是叫我们收敛身心，都在义理上安顿，能够使精神常在这里，硬着筋骨去担负重担。所以他特别看重反躬，看重存养。无怪他说：

> 持养之说，言之，则一言可尽；行之，则终身不穷。(《语类》)

晦庵的力行的功夫，是非常看重务实的，我们只要看他临终时的一番谈话，就可以看出他的务实的精神。

> 朱子疾且革，诸生入问疾。朱子起坐曰："误诸君远来，然道理亦止是如此。但相率下坚苦功夫，牢固著足，方有进步处。"(《学的》)

"相率下坚苦功夫，牢固著足"，这是晦庵的务实的精神，也是晦庵的成功的秘诀。晦庵曾自白读书用功之难：

> 某旧时用心甚苦。思量这道理，如过危木桥子，相去只在毫发之间，才失脚，便跌落下去，用心极苦。(《语类》)

何以晦庵要如此地自苦呢？他说：

> 看来前辈以至敏之才，而做至钝底功夫；今人以至钝之才，而欲为至敏底功夫，涉猎看过，所以不及古人也。(《语类》)

原来晦庵之所以务实，晦庵之所以自苦，都是由于他的那种"牢固著足"，"做至钝底功夫"的精神而来。所以晦庵对寒泉之和昌父两人辞别时的赠言，只有务实两字。

> 寒泉之别，请所以教。曰："讲论只是如此，但须务实。"请益。曰："须是下真实功夫。"未几，复以书来，曰："临别所说务实一事，途中曾致思否？今日学者不能进步，病痛全在此处，不可不知也。"(《语类》)
>
> 昌父辞，请教。曰："当从实处做功夫。"(《语类》)

第八讲 什么是理学

但是怎样才能做到务实的功夫呢？晦庵提出"克己"两字来。他说：

> 孟子更说甚性善与浩然之气，孔子便全不说，便是怕人有走作，只教人克己复礼。到克尽己私，复还天理处，自是实见得这个道理，便是贴实底圣贤……圣人说克己复礼，便是真实下功夫。一日克己复礼，施之于一家，则一家归其仁；施之于一乡，则一乡归其仁；施之天下，则天下归其仁，是真实从手头过。（《语类》）

有人问，圣贤大公固未敢请，学者之心，当如何？晦庵答道：

> 也只要存得这个在，克去私意这两句，是有头有尾说话。（《语类》）

"克尽己私，复还天理"，"存得这个在，克去私意"，这是晦庵所时时牢记着的。所以力行的功夫，结果不得不归结到他所主张的"存天理去人欲"上面去。他说：

> 人之一心，天理存则人欲亡，人欲胜则天理灭，未有天理人欲夹杂者，学者须要于此体认省察之。（《语类》）
> 大抵人能于天理人欲界分上，立得脚住，则尽长进在。（《语类》）
> 人只有个天理人欲，此胜则彼退，彼胜则此退，无中立不进退之理。凡人不进便退也。（《语类》）

天理和人欲，是不能夹杂的。天理存，人欲亡；人欲胜，天理灭。我们做功夫的要点，就在于对此天理和人欲的界分上，能够立得住脚，加以一番体认省察的功夫，然后有所长进。所以他说：

> 《动箴》"旷顺理则裕，从欲惟危"两句，最紧要，这是生死

· 265 ·

路头。(《学的》)

但是天理和人欲之分甚微。他说：

  天理人欲，同行异情。循理而公于天下者，圣贤之所以尽其性也，纵欲而私于一己者，众人之所以灭其天也。二者之间，不能以发，而其是非得失之归，相去远矣。(《学的》)
  天理人欲之分，只争些子，故周先生只管说几字。然辨之又不可不早，故横渠每说豫字。(《语类》)

惟其天理人欲之分甚微，故不能不看重一个几字。惟其辨别此几微之分的天理人欲，不可不早，故不能不看重一个豫字。晦庵说：

  几者，动之微，是欲动未动之间，便有善恶，便须就这里理会。若到发出处，便怎生奈何得。(《学的》)
  微动之初，是非善恶，于此可见。一念之生，不是善，便是恶。(《学的》)
  几微之间，善者，便是天理；恶者，便是人欲。才觉如此，便存其善去其恶可也。(《学的》)
  戒惧是防之于未然，以全其体；谨独是察之于将然，以审其几。(《学的》)

戒惧，是"豫"字的功夫，是要防之于未然，目的在于"全其体"。谨独，是"几"字的功夫，是要察之于将然，目的在于"审其几"。"豫"字是一种静的功夫，所以看重存养；"几"字是一种动的功夫，所以看重省察。晦庵说：

  存养是静功夫，省察是动功夫。(《学的》)
  静，而不知所以存之，则天理昧而大本有所不立矣；动，而

不知所以节之，则人欲肆而达道有所不行矣。(《学的》)

天理是心之本有的，属于静的方面，所以看重"存"，所以晦庵主张"存天理"。人欲是动而后生的，属于动的方面，所以看重"节"，所以晦庵主张"去人欲"。他说：

修德之实，在乎去人欲，存天理，不必声色货利之娱，官室观游之侈也。但存诸心，小失其正，便是人欲。(《学的》)

又说：

耳目口鼻四肢之欲，虽人所不能无，然多而不节，未有不失其本心者，学者所当深戒也。(《学的》)

晦庵对天理人欲的解释，有一种颇奇特的见解，他拿活心死心去解释。他说：

心要活，活是生活之活，对着死说。活是天理，死是人欲，周流无穷，活便能如此。(《语类》)

有人问，程子所说的"要息思虑，便是不息思虑"，怎讲？晦庵说：

思虑息不得，只敬，便都没了。(《语类》)

晦庵认为只有敬之一字，可以做到一切的功夫。当然存天理去人欲的功夫，也不能离开一个敬字。他说：

敬则欲寡而理明，寡之又寡，以至于无，则静虚动直，而圣可学矣。(《学的》)

晦庵希望我们以敬的功夫，做到欲寡理明的地步，做到"寡之又寡，以至于无"的地步，这便是他所认为"圣可学"的功夫。

关于晦庵思想的体系，略如上述。现在择要加以批判。

三、晦庵思想的批判

晦庵的思想是融合儒、道、释三家思想而成的，又为周、张、二程诸人思想之集大成者，在中国思想界确实是个有数的人物。儒家思想在中国社会上已经占了很长久的历史，可是自晦庵产生以后，儒家的地位更特别地增高。教育家的孔子，到了晦庵手里，就变成宗教家的孔子了；伦理学家的孔子，到了晦庵手里，就变成玄学家的孔子了。他所集注的《论语》《孟子》《中庸》《大学》，成为儒家的圣经；他所讲的格物、致知、居敬、穷理，成为士林的圭臬。这些，都可以看到他在中国社会上影响之大。毋怪他的思想，在中国学术界笼罩了有六七百年之久。平心地说，他一生做学问的坚苦牢固的精神是可以敬佩的，他所讲的格物，本着程伊川的精神，"今日格一件，明日又格一件"，这对于中国尊重知识尊重考证的学派也是影响很大的。除了这些，我们就只看见他拼一生的心血以加强中国社会的封建意识，以增多无知民众的固定观念，以厚植维护宗法的儒家势力。我们现在且提出他思想中几个要点来批评。

首先，使我们惊诧的，便是他的绝对观念说。我们知道，西洋第一个观念论者柏拉图，他把世界截成两个：一个是观念界，他认为这是真实界；一个是感觉界，他认为这是迷妄界。这两个世界是绝不交通的。这样，他便走上一个无法解释的二元论。不料我们的考亭朱子，正怀着同样的见解。他也把世界截成两个：一个是真实的，一个是迷妄的；而所谓真实的，是一个虚无缥缈的理。他说："除了这道理是真实法外，见世间万事颠倒迷妄，耽嗜恋着，无一不是戏剧，真不堪着眼也。"柏拉图把世间万事比作"幻影"，朱晦庵便把世间万事比作"戏剧"，是出于同样的看法。无怪晦庵更补充地说："世间万事，须臾变灭，皆不足置胸中。"把须臾变灭的世间万事抛开，试问所谓真实界的理,如何真实起来?这一著不弄清,那就全般的说教都不免要瓦解。那就晦庵所谓理,任它如何真实,根本与我们不发生关系,正犹柏拉图的观念界与我们不发生关系一样。这是第一点可批评的地方。

其次,是他的理先天地说。在西洋哲学上第二个观念论者便是康德。他提出一种先验的主张,认客观世界是由悟性之先天的形式,所谓范畴者的制限而成立,即是说先有范畴才有客观世界。不幸我们的考亭朱子,也牢守着这样的立场。他以为"未有天地之先,毕竟是先有此理"。"有此理,便有此天地"。试问未有天地之先,理存于何处?我们只知道"理"是随着世界的产生而产生的,随着世界的发展而发展的。有这样一种存在物,就产生这样一种法则,有那样一种存在物,就产生那样一种法则,法则总是随着存在物而产生而变化的。法则不能离开存在物而有所谓超然的存在。这便是存在决定思维,思维不能决定存在。这只有主观的观念论者,会离开存在物而相信有法则,离开感觉而相信有理性。法则离开了存在物,理性离开了感觉,那就会成为一种虚无缥缈的东西。如果讲到真理,那就会拿自己的意见当作真理,或则武断着世间只有一个真理。晦庵说:"人只有一个公私,天下只有一个邪正。"这是他的明明白白的主观的观念论之暴露。晦庵以为离开了天地会有理,和康德认为离开了客观世界会有范畴,不是一样的看法么?康德的看法是认客观世界根本是由范畴造成的;而晦庵也明白地说:"有此理,便有此天地。"不是认"此天地"根本是由"此理"造成的吗?这完全是主观的观念论一派的见解,和真正的客观的真理是距离得很远很远的。

再次,我们要批评他的天理人欲说。他的天理人欲说,是从他的绝对观念说而来。在他的绝对观念说里面,把世界截成真实界和迷妄界,因此在他的修养法里面,就有天理人欲说。他主张天理宜存,人欲宜去,但人欲如何可去呢?他说:"敬则欲寡而理明,寡之又寡,以至于无。"试问人类可以无欲么?世间上有没有"无欲"的人类?这都是由于晦庵看"耽嗜恋着,无一不是戏剧"。不然,欲望在人类,正是一种生机,"饮食男女,人之大欲",如何可去,如何可无?晦庵把世界截成两段，当然从他的玄学演绎到他的伦理学，不能不得出这样一种结论。

最后，我们要批评他的读书的态度。晦庵认"读便是学，学便是读"，关于这点，清代学者如颜习斋一流人曾加以批难，后当论及。我此刻所要说的，是晦庵认"读书一事，尚可以为慑服身心之助"。他以为古人设教，自洒扫应对进退之节，礼乐射御书数之文，必皆使之抑心下气。现在这些礼节都没有了，只有拿读书来替代。晦庵主敬，正与这种态度相同。他说："古者小学已自暗养成了，到长来已有圣贤坯模……如今全失了小学功夫，只得教人且把敬为主。"无论主敬也好，读书也好，他的根本意思是在"销磨飞扬倔强之气"。自经晦庵这番的说明，于是后来的统治阶级，尤其是清代，遂专用这种态度，提倡读书，以销磨被统治阶级的飞扬倔强之气。晦庵对于读书，既抱着这样的一种态度，毋怪他对科举毫不加非难。并且说："非是科举累人，自是人累科举。"用慑服身心、销磨志气的态度，提倡读书，只是表现一个御用学者的可悯的心境。

自晦庵以后，反对晦庵的很多，我们现在单提出反对而颇具力量的三个人：一是王阳明，他根据他的极端唯心论去反对；二是颜习斋，他根据他的实践的精神去反对；三是戴东原，他根据他的理欲一元论去反对。现在依次略加说明。

王阳明是一个极端的观念论者，他觉得朱晦庵的观念论还不够数，因为晦庵虽主张心理合一，但他还认事事物物，各有一理，阳明便直截了当地主张"求理于心"。这样，便一切的一切无往而非观念了。阳明在答顾东桥的书中，批评晦庵颇严厉。书云：

> 夫物理不外于吾心，外吾心而求物理，无物理矣。遗物理而求吾心，吾心又何物耶？心之体，性也，性即理也。故有孝亲之心，即有孝之理，无孝亲之心，即无孝之理矣；有忠君之心，即有忠之理，无忠君之心，即无忠之理矣。理岂外于吾心耶？晦庵谓人之所以为学者，心与理而已。心虽主乎一身，而实管乎天下

之理；理虽散在万事，而实不外乎一人之心。是其一分一合之间，而未免已启学者心理为二之弊。此后世所以有"专求本心，遂遗物理"之患，正由不知心即理耳。夫外心以求物理，是以有暗而不达之处；此告子义外之说，孟子所以谓之不知义也。心一而已，以其全体恻怛而言谓之仁，以其得宜而言谓之义，以其条理而言谓之理；不可外心以求仁，不可外心以求义，独可外心以求理乎？外心以求理，此知、行之所以二也。求理于吾心，此圣门知行合一之教，吾子又何疑乎！（《传习录中》）

阳明的观念论，可谓登峰造极，可是还没有达到荒谬的态度，像下面的话，就荒谬极了。

先生游南镇，一友指岩中花树问曰："天下无心外之物，如此花树，在深山中自开自落，于我心亦何相关？"先生曰："你未看此花时，此花与汝心同归于寂；你来看此花时，则此花颜色一时明白起来，便知此花不在你的心外。"（《传习录下》）

英国有一个极端的观念论者贝克莱，他这样观察世界。他说："凡存在的都是被感觉的。"意思是说，凡不感觉的都是不存在的。有人问他："你不曾出生时那些旧的东西，为什么会存在？"他说："这是由于先辈有人去感觉它。"又问："异地的东西为什么会存在？"他说："这有异地的人去感觉它。"西方有个贝克莱，东方便有个王阳明，都陷入唯我论，真可谓无独有偶。用这样的观点去批评朱晦庵，朱晦庵是不接受的。

其次讲颜习斋，颜习斋的见解便高明多了。习斋处处看重实用，他便用实用的观点批评晦庵。晦庵说："古人只去心上理会……今人只去事上理会。"习斋便从这点下攻击。习斋说：

见理已明，而不能处事者，多矣。有宋诸先生，便谓还是见

理不明，只教人明理。孔子则只教人习事。迨见理于事，则已彻上彻下矣。此孔子之学与程、朱之学所由分也。(《颜氏学记》)

"见理于事"和"求理于心"，是两种刚刚相反的见解。这么一来，晦庵便站不住了。还有，关于读书问题，习斋也对晦庵攻击最力。晦庵说："书只贵读，读多自然晓……尝思之，读便是学……学便是读……若读得熟而又思得精，自然心与理一，永远不忘。"习斋以为这种读书法也不对。他主张"读之以为学"，而反对晦庵"读便是学"的看法。习斋说：

周公之法，春秋教以礼乐，冬夏教以诗书，岂可不读书？但古人是读之以为学，如读琴谱以学琴，读礼经以学礼。博学之，是学六府、六德、六行、六艺之事也。专以多读书为博学，是第一义已误，又何暇计问思辨行也！(《颜氏学记》)

元为此惧，著《存学编》，申明尧、舜、周、孔三事、六府、六德、六行、六艺之道。明道不在章句，学不在诵读，期如孔门博文约礼，实学实习实用之天下。(《颜氏学记》)

可见习斋的话是处处针对晦庵而发的。不过习斋所谓学，还是以学尧、舜、周、孔之道为主，其维护封建的思想，是和晦庵一致的。

戴东原的哲学，则为针对宋代一般学者的思想而发，其对晦庵攻击之处，更为鞭辟近里。晦庵主张存天理、去人欲，东原则明目张胆地认天理和人欲并非两事，因而揭起理欲一元论的旗帜。东原说：

欲者，血气之自然，其好是懿德也，心知之自然。(《疏证上》)
圣人顺其血气之欲，则为相生养之道。(《疏证上》)

又说：

有血气则有心知，有心知则学以进于神明，一本然也。(《疏

证上》）

东原认血气是就欲的方面而言，心知是就理的方面而言，都是属于一种自然的状态。但是必定要先有血气之欲，然后才能有心知之理。"有血气则有心知"一语，是东原理欲一元论的中心思想。在晦庵一方面，则主张"未有天地之先，毕竟是先有此理"，"万理具于一心"。无怪东原对于晦庵所说的"理"，要力加攻击了。东原首先告诉我们：欲不可无。他说：

　　孟子言："养心莫善于寡欲。"明乎欲不可无也，寡之而已。（《疏证上》）
　　天理者，节其欲而不穷人欲也。是故欲不可穷，非不可有。（《疏证上》）

又说：

　　欲其物，理其则也。（《疏证上》）

晦庵却说："欲寡理明，寡之又寡，以至于无。"明明是"无欲"的主张了。这点也是东原所攻击的。其次，东原告诉我们理在事中。他说：

　　物者，事也。语其事不出乎日用饮食而已矣。舍是而言理，非古贤圣所谓理也。（《疏证上》）

又说：

　　是故就事物言，非事物之外别有理义也。有物必有则，以其则正其物，如是而已矣。就人心言，非别有理以予之而具于心也。心之神明于事物，咸足以知其不易之则。譬有光皆能照，而中理者，乃其光盛，其照不谬也。（《疏证上》）

· 273 ·

再次，东原告诉我们：不可视理如有物。他说：

> 举凡天地人物事为，求其必然不可易，理至明显也。从而尊大之，不徒曰天地人物事为之理，而转其语曰理无不在，视之如有物焉，将使学者皓首茫然，求其物不得。(《疏证上》)

晦庵的主张，明明是"欲不可有"，"求理于心"，"视理如有物"，那么，他所谓理者，仅不过是一种意见。若以意见为理，流弊所及，将有不堪设想之处。所以东原对晦庵便下了这样的警告：

> 自宋以来，始相习成俗，则以理为如有物焉，得于天而具于心，因以心之意见当之也。于是负其气，挟其势位，加以口给者理伸，力弱气慑口不能道辞者理屈。呜呼，其孰谓以此制事以此制人之非理哉？(《疏证上》)
>
> 人莫患乎蔽而自智，任其意见，执之为理义。吾惧求理义者以意见当之，孰知民受其祸之所终极也哉？(《疏证上》)

又说：

> 人死于法，犹有怜之者。死于理，其谁怜之？(《疏证上》)

东原对晦庵的攻击，可谓达到百尺竿头，但所持的理由，却是很正确的。在封建社会统治阶级的淫威之下，"死于理"的确实要比"死于法"的更可怜。这是东原的识解过人之处。

总之，晦庵谈理，建立一种理学，结果，对于封建社会统治阶级的效用大，而对于被统治阶级的帮助却是极微极微，宜乎在中国现代社会也成为一般人攻击的目标。

第九讲

体用一源论

今天讲第九讲，以清代哲学家王船山为主题。清代哲学是和宋、明哲学完全不同的。关于清代哲学的社会背景，须得有个说明。不过我还有一讲是讲清代哲学的，那么，关于这点率性留在下一次来讲，现在单讲船山哲学。船山在中国哲学史上的地位，我看比朱晦庵、王阳明还要高，也比颜习斋、戴东原诸人来得重要。就清代哲学说，我认为船山是第一个人，只可惜很少有人研究他，或者进一步理解他。他的哲学是完全站在"体用一源"的立场上。我们现在分作五段来讲明。

一、船山思想的体系

船山在《张子正蒙注·太和》篇里面说道：

> 太和，本然之体未有知也，未有能也，易简而已。而其所涵之性，有健有顺，故知于此起，法于此效，而大用行矣。

"体"是指的大自然的本体而言，在这本体的大自然当中，一切事物之所以能够产生的原因，完全是由于"用"的关系。"用"，离开了"体"，就无从发生；"体"，若是没有"用"，也就不能显其存在。体和用实际是一件东西，我们不应把它分开，也无法把它分开。船山说：

> 乾坤有体则必生用，用而还成其体。(《正蒙注》)

用是从体发生的，有了体，一定是要发生出用来，用不仅是从体发生，用来显现出体的存在，就算了事，还要从用的关系里面，产生出一个新的体来。大自然的本体是体，显现出大自然存在的关系是用，因有这显现大自然存在的用，于是在大自然当中产生了万有不齐的各种新的事物，这许多新的事物的本身又是新"体"。这些新"体"，是从显现大自然存在的"用"而成的。同时在各种事物的新"体"当中，又有一种新的"用"的关系存在。如此推演不已，因而产生万物，这就是大自然之所以为大自然了。所以船山说："中涵者，其体；是生者，其用也。"船山关于太和两字的解释，曾有这样的一段话，他说：

> 太和，和之至也。道者，天地人物之通理，即所谓太极也。阴阳异撰，而其絪缊于太虚之中，合同而不相悖害，浑沦无间，和之至矣。未有形器之先，本无不和；既有形器之后，其和不失，故曰太和。(《正蒙注》)

他对"太和"两字的解释，正是说明"体"和"用"的关系。"未有形器之先"，是指的那个"浑沦无间"的大自然而言，就是所谓"太极"。当然，在这个"浑沦无间"的大自然当中，哪里会有不和之可言。既然有了大自然的本体，于是因体生用，因用而产生万事万物的新体，这就是所谓"既有形器之后"了。这些万事万物的形器，各有其体，各有其用，"合同而不相悖害"，所以"其和不失"，这就叫做太和，这就叫做"天地人物之通理"。所以船山说：

> 神，行气而无不可成之化，凡方皆方，无一隅之方。易，六位错综，因时成象，凡体皆体，无一定之体。(《正蒙注》)
>
> 体者，所以用；用者，即用其体。(《正蒙注》)

第九讲 体用一源论

我们从这两段话里面,可以知道体之为体,是由于"六位错综,因时成象"的关系,所以"无一定之体"可言。不过体虽无定,然而我们可以认识因体而发生的用,更可以从用的关系上来确定体的关系。船山认为如果废用,则体亦无实。所以他说:"佛、老之初,皆立体而废用。用既废,则体亦无实;故其既也,体不立而一因乎用。庄生所谓寓诸庸,释氏所谓行起解灭是也。君子不废用以立体,则致曲有诚,诚立,而用自行。逮其用也,左右逢原,而皆其真体。"(《思问录》)因此我们知道"由体生用,废用无体"。譬如说,有了目就可以见色,有了耳就可以听音,有了舌就可以尝味,有了肢体就可以辨物。目、耳、舌和肢体,都是指体而言,见、听、尝、辨,都是指用而言,没有见、听、尝、辨的用,怎能显现得出目、耳、舌和肢体的存在,因此,我们可以从见、听、尝、辨的用的关系上面,认识了目、耳、舌和肢体的体的关系。这就是说:"体者,所以用;用者,即用其体。"船山说:

> 天无体,用即其体,范围者大心以广运之,则天之用显,而天体可知矣。(《正蒙注》)

我们不但要知道"体者所以用",我们不但要知道"用者即用其体",我们尤其应当更进一步地了解,所谓用,就是体的本身,因为用之显,然后体之存可知。无体,用固无从发生;无用,体亦不能存在。用和体不但不能分开,实际上就是同一的东西,船山称之为"体用一源"。他说:

> 因理而体其所以然,知以天也;事物至而以所闻所见者证之,知以人也。通学识之知于德性之所喻,而体用一源,则其明自诚而明也。(《正蒙注》)

"体用一源"这四个字,是船山思想全部的中心。他认为宇宙间一切事物的聚散屈伸推演生长的关系，都是"体"和"用"在那里发生作用。所以他说："人者，动物得天之最秀者也。其体愈灵，其用愈广。"人之所以能够超出动物之上，日求改善自身的生活，并且进而做出许多征服自然的事业出来，其原因是由于人类得天最秀的关系，所谓得天最秀者，就是体灵，惟其"体灵"，所以"用广"，这就是人之所以为人。船山虽然认清了体用是一源的，然而他对体和用却有一种不同的看法，他认为："变者，用也；不变者，体也。"变和不变，是"用"和"体"所以不同的地方，也正是宇宙间一切事物推演生长的关键。在这里我们可以看出船山思想的体系。

二、船山的有和动

船山从体用一源的中心思想推演出他的全部哲学。他从体的观点上面，看重了一个"有"字；他从"用"的观点上面，看重了一个"动"字。"有"和"动"这两个字，在船山的全部思想上，占着非常重要的地位。船山因为反对释氏的无，所以提出一个"有"字；船山因为反对老氏的静，所以提出一个"动"字。"有"和"动"这两个字，虽然是针对着释、老两氏的思想而发，然而却成为船山全部思想的两根柱石。

船山之所谓体，是指的实体而言。他从体的观点上，看重了有，所谓有，当然是指的实事实物而言。张载在《正蒙》上说："气之聚散于太虚，犹冰凝释于水。知太虚即气则无无。"太虚，是指的一无所有的空间而言。气，不是一个空虚的名词，而是指的实物的气体而言，所谓太虚，就表面看来，似乎是空无一物，似乎可以算得是无了，然而究其实际，所谓太虚者，事实上是充满了无量数的实物，这种实物，我们称它做气体。不过气体这种东西，在表面上似乎是视之不见，听之不闻，触之不得。惟其在表面上似乎是不见不闻不知的缘故，所以我们就要误认太虚为无。其实这种看法，仅仅是一种错觉罢了，哪里能够算得是正确的观念。太虚且不能称之为无，宇宙间更有何处，能容得一个"无"字存在。所以船山说：

> 虚空者，气之量。气弥沦无涯，而希微不形，则人见虚空而不见气，凡虚空，皆气也。(《正蒙注》)
>
> 人之所见为太虚者，气也，非虚也。虚涵气，气充虚，无有所谓无者。(《正蒙注》)

充满宇宙间的尽是实物，没有所谓无的关系存在的余地，所谓无，不过是人们的一种误认，一种错觉罢了。所谓"盈天地之间者，法象而已矣"。(张子《正蒙》)但是人们为什么要认为有一种"无"的观念存在呢？船山对此曾作一种反复的说明。他说：

> 聚而明得施，人遂谓之有；散而明不可施，人遂谓之无。不知聚者暂聚，客也，非必为常存之主。散者返于虚也，非无固有之实。人以见不见而言之，是以滞尔。(《正蒙注》)
>
> 无形，则人不得而见之，幽也。无形，非无形也；人之目力穷于微，遂见为无也。心量穷于大，耳目之力穷于小。(《正蒙注》)
>
> 圣人……知幽明之故，而不言有无也。言有无者，徇目而已。(《正蒙注》)
>
> 可见谓之有，不可见遂谓之无。(《正蒙注》)
>
> 聚则见有，散则疑无。(《正蒙注》)

船山认为：一般人之所谓有，是由于聚的关系，见的关系，明的关系，因而称之为有；一般人之所谓无，是由于散的关系，不见的关系，幽的关系，因而称之为无。要知道聚非常存，有聚则必有散；散非消灭，散而复成为聚。视聚散为有无，仅不过是宥于耳目所能见及的狭小的范围而已。以耳目所能见及之狭小的范围，来衡定一切事物之有无，所得安能正确？须知耳目受着空间和时间的限制，我们不能把我们所能见及的空间以内的事物，视之为有，而把存在于我们所能见及的空间以外的一切事物，视之为无；我们也不能把我们生存着的一段时间，视之为有，而把我们未生存以前的一段更长的时间，反视之为无。若以耳目所不见及者谓之无,则其所谓无者,实为一种错觉而已。这就是说明"言有无者,绚目而已"的关系。无既然是一种错觉,为什么大家还要去信任它传说它呢?船山认为以不知为无,正可以给人以一种躲闪的余地,这就是无之所以能存在的关系,也就是大家之所以相信的缘故。船山认为用无来做护符的,远则有释氏的思想,近则有姚江的学说。他说:

  释氏谓:心生,种种法生;心灭,种种法灭。置之不见不闻,而即谓之无。天地本无起灭,而以私意起灭之,愚矣哉!(《正蒙注》)
  以虚空为无尽藏,故尘芥六合;以见闻觉知所不能及为无有,故梦幻人世。(《正蒙注》)
  释氏之邪妄者,据见闻之所穷,而遂谓无也。(《正蒙注》)
  释氏以真空为如来藏,谓太虚之中,本无一物,而气从幻起,以成诸恶,为障碍真如之根本,故斥七识乾健之性,六识坤顺之性,为流转染污之害源。(《正蒙注》)
  释氏缘见闻之所不及,而遂谓之无。故以真空为圆成实性,乃于物理之必感者,无理以处之,而欲灭之。灭之而终不可灭,又为化身无碍之遁辞。乃至云淫坊酒肆,皆菩提道场,其穷见矣。(《正蒙注》)
  寻求而不得,则将应之曰无,姚江之徒以之。天下之寻求而不得者众矣,宜其乐从之也。(《思问录》)

释氏和姚江之徒之所以发生"无"的观念,是由于"寻求而不得",是"据见闻之所穷",是"以见闻觉知所不能及"者,称之为无。实际上他们之所谓无,仅不过是把实事实物,"置之不见不闻"的地位而已。实事实物决不因他们的不见不闻,而即失其存在的地位,宜乎他们是以有作无,视真为幻。所以他们认为实物的气,是从幻而起,以致造成了无量数的恶因,他们终于走入了"梦幻人世"的一条错觉的道路。我们要知道凡是一种学说,希望它能够成立,一定要有建树这种学说的理由存在。我们不应当抱着那种"寻求而不得,则将应之曰无"的偷懒的态度,我们更不应当采取那种"置之不见不闻"的躲闪的办法。所以船山说:

> 言无者,激于言有者而破除之也。就言有者之所谓有,而谓无其有也。天下果何者而可谓之无哉?言龟无毛,言犬也,非言龟也;言兔无角,言麇也,非言兔也。言者,必有所立,而后其说成。今使言者立一无于前,博求之上下四维古今存亡而不可得,穷矣。(《思问录》)

"言者必有所立而后其说成",这句话,是船山攻击释氏重无最有力量的话语,也就是船山自己建树他的重实重有的主张的基础。假使我们是言而无所立,我们的主张所建树的基础,就不能牢固,那么,我们又何贵乎来讲这样无聊的话语。所以我们在言龟时,只应当言龟,而不应当说到毛;在言兔时,只应当言兔,而不应当说到角。如果我们说到无毛无角,那么,我们所说的已经不是龟和兔,而是那种有毛的犬和生角的麇了。船山认为释氏之所以发生那种错误的虚无思想的原因,是因为他们看重了生灭的关系,既然宇宙当中有所谓消灭的关系存在,当然就要发生无的思想。不过事实上就以释氏自身来说,他们也不能彻底地做到消灭的境地。所以船山说他们是"灭之而终不可灭",乃至于有那种"淫坊酒肆,皆菩提道场"的遁词。那种"化身无碍"的遁词,正足以证明释氏所主张的无和灭,不过是一种不能成立的错误的思想而已。所以船山曾经慨乎其言之说道:

"天下恶有所谓无者哉?于物或未有,于事非无;于事或未有,于理非无。寻求而不得,怠惰而不求,则曰无而已矣。甚矣,言无之陋也。"(《正蒙注》)然则船山自己怎样来说明宇宙间一切现象的关系呢?他认为宇宙间的一切,都是聚散屈伸的关系,根本就没有所谓生灭。聚散屈伸的意义,和生灭的意义完全不同。生灭是说明从无生有,灭有为无的关系，聚散屈伸是说明显和隐的关系。我们知道无中不能生有，有亦不能消灭为无。若隐显之说，则与生灭之说大异。所谓显者，是我们对于事物，能见能闻的时候；所谓隐者，是我们对于事物，不能见不能闻的时候。不过我们要知道，事物虽由于我们的能见能闻与否，而有所谓显和隐的关系，然而事物本身，则永存于宇宙之间，决不因我们的不见不闻而有所消灭。船山说："吾目之所不见，不可谓之无色；吾耳之所不闻，不可谓之无声；吾心之所未思，不可谓之无理。以其不见不闻不思也，而谓之隐，而天下之色有定形，声有定响，理有定则也。何尝以吾见闻思虑之不至，为之藏匿无何有之乡哉！"（《经义》）这就是船山的思想和释氏的思想一个重要的分野，也就是船山之所以重有，释氏之所以重无的关键。所以船山说：

> 散而归于太虚，复其缊缊之本体，非消灭也；聚而为庶物之生，自缊缊之常性，非幻成也。（《正蒙注》）
>
> 聚而成形，散而归于太虚……聚而可见，散而不可见尔。其体岂有不顺而妄者乎？（《正蒙注》）
>
> 聚则显，显则人谓之有；散则隐，隐则人谓之无。（《正蒙注》）
>
> 故曰往来，曰屈伸，曰聚散，曰幽明，而不曰生灭。生灭者，释氏之陋说也。（《正蒙注》）

散非消灭，聚非幻成，散而不可见，聚而可见，散则隐，聚则显。故船山反复说明聚散屈伸的关系，而不言生灭。明乎此，则知船山之所以重有，与其所以反对释氏的无的缘故。

我们在上面曾经说过，重有重动，是船山全部思想的两大柱石。我们又说过，船山重有的思想，是从他的体的观念出发；船山重动的思想，是从他的用的观念出发。他因为反对释氏的无，所以重有；因为反对老氏的静，所以重动。关于他的重有的思想，我们已经说明一个大概，现在进而讨论他的重动的思想。船山说：

第九讲 体用一源论

> 太极动而生阳,动之动也;静而生阴,动之静也。废然无动而静,阴恶从生哉!一动一静,阖辟之谓也。由阖而辟,由辟而阖,皆动也。废然之静,则是息矣。至诚无息,况天地乎!维天之命,於穆不已,何静之有!(《思问录》)

又说:

> 时习而说,朋来而乐,动也;人不知而不愠,静也,动之静也;嗒然若丧其耦,静也,废然之静也。天地自生,而吾无所不生。动不能生阳,静不能生阴。委其身心,如山林之畏佳,大木之穴窍,而心死矣。人莫悲于心死,庄生其自道矣乎!(《思问录》)

船山把动和静的关系,分为三种:第一为动之动;第二为动之静;第三为废然之静。他认为宇宙间的一切,都是时刻在变动不停,所谓静,不是停息不动的意思,静,不过是动的另一种方式,所以称之为动之静。假如是真的停息不动了,我们不应叫它做静,只应叫它做息。这种停止不动的息,船山称之为废然之静。我们要知道静和废然之静,是完全不同的。静是动的另一方式,静是包含在动的关系当中,所谓静,实际上就是动,不过是名词不同,不过是一件事的两面观而已。所以船山称之为动之静。至若废然之静,其含意大不相同。废然之静是息,是停止不动的意思。所谓息,是指不动而言。息与动处于对立的地位。息则不动,动则不息,息和动,决无同时并存的可能。我们知道宇宙间的一切,都是"由阖而辟由辟而阖"地变动着,永远没有停息的时候。假如说宇宙是不动的,那么,生机断绝,作用全失,宇宙还能成其为宇宙吗?所以船山说:"至诚无息,况天地乎!"因此船山认为庄生之"嗒然若丧其耦",为"废然之静",而称之为"心死"。老氏因为主静,所以看重一个朴字,船山对此,异常反对。他说:"朴之为说,始于老氏,后世习以为美谈。朴者,木之已伐而未裁者也。

· 283 ·

已伐则生理已绝,未裁则不成于用,终乎朴,则终乎无用矣。如其用之,可栋可楹,可豆可俎,而抑可溷可牢,可杻可梏者也。"(《俟解》)又说:"养其生理自然之文,而修饰之以成乎用者,礼也。《诗》曰:'人而无礼,胡不遄死。'遄死者,木之伐而为朴者也。"(《俟解》)木之未伐的时候,生机盎然,充满条达荣茂,这是动的缘故,也正是用的缘故。木之已伐而裁之以用,大而用之则可栋可楹可豆可俎,小而用之则可溷可牢可杻可梏,这依旧是动的缘故,也正是用的缘故。至于朴,是指的那种停息不动的已伐之木而未裁之以用的关系而言。此种生理已绝不成于用的废物,有何价值之可言!所以船山称此已伐而未裁的朴,为"遄死",为"终乎无用"了。船山曾经说明动和用的关系,有如下的话语。他说:

> 存诸中者为静,见诸行者为动。(《正蒙注》)
> 中涵者其体,是生者其用。(《正蒙注》)
> 温凉,体之觉;动静,体之用。(《正蒙注》)
> 乾坤有体则必生用,用而还成其体,体静而用动。故曰,静极而动,动极而静,动静无端。(《正蒙注》)

我们看他既说"存诸中者为静",又说"中涵者其体";既说"见诸行者为动",又说"是生者其用"。所谓"存诸中",就是"中涵"的意思;所谓"见诸行",就是"是生"的意思。可见静,是指体而言;动,是指用而言。所以他说"体静而用动"。但是"体静而用动",是就动和静的本身而言,若以动静对体的关系来看,则又不同。何以故?因为"静极而动,动极而静,动静无端"的缘故。所谓"动静无端"者,就是说动静都是用的关系。船山所谓"动"是动之动,"静"是动之静,正是这个缘故。他说:

> 动极而静,静极复动,所谓动极静极者,言动静乎。(《思问录》)

方动即静，方静旋动，静即含动，动不合静，善体天地之化者，未有不如此者也。(《思问录》)

在这两段话里面，可以看出船山说明动和静的关系。但是动和静是怎样发生的呢？他以为是由于阴阳二气的作用。他说：

阴阳二气，充满太虚，此外更无他物，亦无间隙。天之象，地之形，皆其所范围也。散入无形，而适得气之体；聚为有形，而不失气之常。(《正蒙注》)

虚者，太虚之量；实者，气之充周也。升降飞扬而无间隙，则有动者以流行，则有静者以凝止。于是而静者以阴为性，虽阳之静，亦阴也；动者以阳为性，虽阴之动，亦阳也。(《正蒙注》)

感者，交相感。阴感于阳，而形乃成；阳感于阴，而象乃著。遇者，类相遇。阴与阳遇形乃滋，阳与阴遇象乃明。感遇则聚，聚已必散，皆升降飞扬自然之理势。(《正蒙注》)

动静者，即此阴阳之动静，动则阴变于阳，静则阳凝于阴……非动而后有阳，静而后有阴，本无二气，由动静而生，如老氏之说也。(《正蒙注》)

"阴阳二气，充满太虚，此外更无他物，亦无间隙"，这是就体而言。"散入无形，而适得气之体，聚为有形，而不失气之常"，这是就用而言。惟其有体和用的关系，所以发生阴阳动静的作用。静，以阴为性。动，以阳为性，静以凝止，动以流行。因为有动和静的关系，于是阴阳二气，发生感和遇的作用。阴阳交相感，然后形乃成而象乃著；阴阳类相遇，然后形乃滋而象乃明。这种成形、著象、滋形、明象的感和遇的作用，完全是由于动和静的关系。不过我们要知道，动静，就是阴阳二气本身的动静，并不是说在阴阳二气之外，另有一种动静的关系存在。如果说因动而后有阳，因静而后有阴，那就等于是说，在未有体之先，已有用的关系存在，先有用而后有体。我们知道，用的关系，从体而生，用何能先体而存在。动静的关系，从阴阳而生，动静又何能先阴阳而存在。船山以为老氏那种本无阴阳二气，由动静而生阴阳的说法，完全是一种先有用而后有体的倒果为因的谬说。但这点也是船山思想和老氏思想的一个很重要的分野。船山对于这种体用动静的关系，曾有一段明白晓畅的说明。他说：

> 虚必成实，实中有虚，一也；而来则实于此虚于彼，往则虚于此实于彼，其体分矣。止而行之动，动也，行而止之静，亦动也，一也；而动有动之用，静有静之质，其体分矣。聚者聚所散，散者散所聚，一也；而聚则显，散则微，其体分矣。清以为浊，浊固有清，一也；而清者通，浊者碍，其体分矣。使无一虚一实一动一静一聚一散一清一浊，则可疑太虚之本无有，而何者为一？惟两端迭用，遂成对立之象。于是可知所动所静所聚所散为虚为实为清为浊，皆取给于太和絪缊之实体。一之体立，故两之用行。如水惟一体，则寒可为冰，热可为汤，于冰汤之异，足知水之常体。（《正蒙注》）

"一之体立，两之用行"，是船山说明体用以及阴阳动静关系的一句最明了的话语。我们既然知道动静和阴阳的关系，那么当阴阳发生了动静的作用以后，将成何种状态呢？船山以为那是一种变化不息，日新不已的状态。他说：

> 有象斯有对，对必反其为；有反斯有仇，仇必和而解。（《正蒙注》）

> 以气化言之，阴阳各成其象，则相为对。刚柔寒温生杀必相反而相为仇，乃其究也，互以相成，无终相敌之理，而解散仍返于太虚。（《正蒙注》）

> 相反相仇则恶，和而解则爱。阴阳异用，恶不容已。阴得阳，阳得阴，乃遂其化，爱不容已。（《正蒙注》）

> 形者，言其规模仪象也，非谓质也。质日代而形如一，无恒器而有恒道也。江河之水，今犹古也，而非今水之即古水。灯烛之光，昨犹今也，而非昨火之即今火。水火近而易知，日月远而不察耳。爪发之日生，而旧者消也，人所知也；肌肉之日生，而旧者消也，人所未知也。人见形之不变而不知其质之已迁，则疑今兹之日月，为邃古之日月；今兹之肌肉，为初生之肌肉。恶足以语日新之化哉？（《思问录》）

宇宙间的一切，是永远在继续不停地日新月异地变化着。为什么我们好像感觉到一种"质日代而形如一"的关系存在呢？这原因是由于我们往往只觉察到一些近而易知的事物，是在那里变化着；对于那些远边而难察的东西，好像是有一种千古不变永存的关系。我们对于近而易知的水火，知道他是今昔不同；不过对于远而难察的日月，就认为是永古不变的。不但如此，就以我们本身的关系来说，我们所能察知有变化消长的关系的，仅仅限于易知易见的爪发而已，对于自身的日生着的肌肉，则反以为是没有变化消长的关系，而认为是"今兹之肌肉，为初生之肌肉"。但是我们要知道宇宙的万事万物，是永在日新变异之中，易知易察的水火爪发，固然是在日新不已地变动着，难知难察的日月肌肉，也同样地是在日新不已地变动之中。因为只要有象，在他的本身当中，就存立着一种与之相对而相反的关系，有了这种相对而相反的关系，因而更发生一种相仇的作用。在这种"反而仇"的作用当中，就产生那种"和而解"的结果。因此，我们知道，相反相仇的恶，和那种和而解的爱，正是说明万事万物日新不已的变动的法则。于此，船山的"体用一源"的思想，得到了一种圆满而有力的完成。

三、船山的性论

关于船山的思想体系，我们已经有了一个大概的说明，现在可以研究船山的性论。船山的思想体系，是建筑在"体用一源"说的基础之上，船山的性论，是建筑在"理气一源"说的基础之上。船山的"理气一源"的思想，当然是从他的根本思想"体用一源"说引申出来的。他说：

> 乾道变化，各正性命，理气一源，而各有所合于天，无非善也。而就一物言之，则不善者多矣。唯人则全具健顺五常之理；善者，人之独也。（《正蒙注》）
>
> 神化者，气之聚散不测之妙，然而有迹可见；性命者，气之健顺有常之理，主持神化而寓于神化之中，无迹可见。若其实，则理在气中，气无非理；气在空中，空无非气。通一而无二者也。（《正蒙注》）
>
> 人之有性，函之于心，而感物以通，象著而数陈，名立而义起，习其故而心喻之，形也，神也，物也，三者相遇而知觉乃发。故由性生知，以知知性，交涵于聚而有间之中，统于一心。由此言之，则谓之心。顺而言之，则惟天有道，以道成性，性发知道。逆而推之，则以心尽性，以性合道，以道事天。惟其理本一原，故人心即天，而尽心知性，则存顺没宁。（《正蒙注》）
>
> 由太虚有天之名；由气化有道之名；合虚与气，有性之名；合性与知觉，有心之名。（《正蒙注》）
>
> 物与我皆气之所聚，理之所行，受命于一阴一阳之道，而道为其体。不但夫妇鸢鱼为道之所昭著，而我之心思耳目，何莫非道之所凝承，而为道效其用者乎！唯体道者，能以道体物我则大，以道而不以我。（《正蒙注》）

又说：

> 未生则此理在太虚，为天之体性；已生则此理聚于形中，为人之性；死则此理气仍返于太虚。形有凝释，气不损益，理亦不杂，此所谓通极于道也。（《正蒙注》）

第九讲 体用一源论

性、命、理、气，这许多名称，看起来似乎是并不相同，各有各的含义，各有各的范围。但是我们要知道这许多含义不同、范围各异的名称，实际上均是那个大自然的体所发生出来的各种不同的用。所以说"物与我皆气之所聚，理之所行"。气虽然是有聚散变化的关系存在，虽然有时是有迹可见，有时是无迹可寻，然而它总离开不了那种体和用的关系。所以说："理在气中，气无非理，气在空中，空无非气。"

我们知道：当我们未生的时候，所谓理，是寄存在太虚的当中，我们称它做天的体性；等到已生之后，在我们的本身，也有一个形体存在，于是理聚于我们的形体之中，我们称它做人之性；及至于我们死亡以后，形体又归于消灭了，那么理气就仍然返之于太虚之中。所以我们说，形体虽然有凝聚和散释的变迁，然而气和理则永存于宇宙之间，没有所谓损益和杂乱的现象。所以称"性命为气之健顺有常之理"。因此，船山说，"其理本一原"，"通一而无二者也"，"乾道变化，各正性命，理气一源"。船山又说：

> 名者，言道者分析而名，言之各有所指，故一理而多为之名，其实一也。（《正蒙注》）

这一段话，正是说明理气一源的关系。名之发生，是由于说道者为了便利起见，于是分析为各种不同的名称，以便于指示各种不同的关系，我们就表面上看来，虽然是名目繁多，然而按之实际，还是不能离开那个根本的道理。我们知道，天之名，是由太虚而生；道之名，是由气化而生；性之名，是合虚与气而生；心之名，是合性与知觉而生。所谓天、道、性、心这许多名称，当然是各有各的来源。但是，它们那些生成变化的关系，又怎能离开体和用的范围？所以船山认为名虽多而理则一，理气同是一源。船山说性，不是一种唯心的空洞的说法，他认为性和形和气，都有连贯的关系，尤其是他说性的产生，是有一种客观的关系存在，他说：

· 289 ·

> 天气入乎地气之中，而无不浃，犹火之暖气入水中也。性，阳之静也；气，阴阳之动也；形，阴之静也。气浃形中，性浃气中，气入形则性亦入形矣。形之撰气也，形之理则亦性也。形无非气之凝，形亦无非性之合也。故人之性虽随习迁，而好恶静躁，多如其父母，则精气之与性，不相离矣。由此念之，耳目口体发肤，皆为性之所藏，日用而不知者，不能显耳。鸢飞戾天，鱼跃于渊，道之察上下，于吾身求之自见矣。(《思问录》)

性、气、形，这三种东西，虽然是各自有其不同的关系存在，但是实际上都是脱离不了阴阳动静的作用。气周匝于形体中，性又周匝于气中，在气的凝聚而成的形体里面，已经含有性的存在。无怪说：形，无非是气之所凝，形，亦无非是性之所合了。不过我们要知道，一个已经成形了的人，他的性，往往跟随着环境的关系而有所变迁，但是各个人的好恶静躁的本性，却又各自不同。因为我们各个人的形体，都是从我们父母的形体所分化出来的，在我们未成形之前，我们的好恶静躁的本性，大体上早已由父母的形体代为决定了。所以船山认为"人之性虽随习迁，而好恶静躁，多如其父母"。这是何等客观而唯物的至理名言呀！因此船山认为性和精气，是不能离开的，他更进一步地要我们知道：在我们本身上的耳目口体发肤各方面，都是性之所藏的地方，不过我们终日用之而不能察觉而已。船山认为性是我们人类所独有的，人类和禽兽草木的分别，就在一个性字上面。他说：

> 动物皆出地上，而受五行未成形之气以生。气之往来在呼吸，自稚至壮，呼吸盛而日聚；自壮至老，呼吸衰而日散。形以神而成，故各含其性。(《正蒙注》)
>
> 植物根于地而受五行已成形之气以长。阳降而阴升，则聚而荣；阳升而阴降，则散而槁。以形而受气，故但有质而无性。(《正蒙注》)
>
> 禽兽无道者也，草木无性者也，唯命则天无心无择之良能，

因材而笃物,得与人而共者也。(《正蒙注》)

又说:

夫人之于禽兽,无所不异,而其异皆几希也。禽兽有命而无性,或谓之为性者,其情才耳。即谓禽兽有性,而固无道,其所谓道者,人之利用耳。若以立人之道,较而辨之,其几甚微,其防固甚大矣。(《经义》)

草木的生长,因为"受五行已成形之气",所以是"但有质而无性"。动物的生存,因为"受五行未成形之气",所以是"各含其性"。人和禽兽虽然同是动物,然而却有一种很大的不同的关系在里面。禽兽仅有情才,而无所谓性。即或我们对于禽兽的情才,也称之为性,而禽兽和人,依旧还有一个很大的分别。这分别就是因为禽兽是无道的,人类是有道的。禽兽何以无道而人类何以独能有道呢?这是因为"人则全具健顺五常之理"的缘故。所以说:"禽兽无道者也,草木无性者也。"所以说:"就一物言之,则不善者多矣……善者,人之独也。"我们既经知道:性和形是同时发生的,那么,在未有形体以先,我们的性,大体上已经由那种决定形体的环境所决定了。我们又知道:人和禽兽草木的分别,是在于性,因为性是人类所独有的。现在我们可以进一步来讨论性的各方面的关系。

船山在谈性的时候,往往说到"才"和"情"这两字。才和情对于性的关系,究竟怎样?才和情的相互之间,又有怎样的不同?我们应当先弄明白这许多关系,才能明了船山谈性的真意。船山对于才和性的关系,曾经说过这样的话:

性者善之藏,才者善之用。用皆因体而得,而用不足以尽体。故才有或穷,而诚无不察。于才之穷,不废其诚,则性尽矣。多闻阙疑,多见阙殆,有马者借人乘之,皆不诎诚,以就才也。充

其类，则知尽性者之不穷于诚矣。(《思问录》)

程子谓天命之性与气质之性为二。其所谓气质之性，才也，非性也。张子以耳目口体之必资物而安者，为气质之性，合于孟子，而别刚柔缓急之殊质者为才。性之为性，乃独立而不为人所乱。盖命于天之谓性，成于人之谓才。静而为之谓性，动而有之谓才。性不易见，而才则著。是以言性者，但言其才而性隐。张子辨性之功大矣哉！(《正蒙注》)

在这两段话里面，船山告诉我们：才不是性。"性者善之藏，才者善之用"。"静而为之谓性，动而有之谓才"。我们再看船山对于情和性的关系，是怎样的说法。他说：

或谓声有哀乐，而作者必导以和；或谓声无哀乐，而惟人之所感。之二说者之相持久矣。谓声有哀乐者，性之则，天之动也；谓声无哀乐者，情之变，人之欲也。虽然，情亦岂尽然哉。(《经义》)

圣人之哀，发乎性而止乎情也。盖性无有不足者，当其哭而哀，足于发为生之情，理所不发，而抑戛暇及之。此孟子体尧、舜之微而极言之。曰，德纯乎性者，情亦适如其性，如其性者之情，不容已之情也。夫人之于情，无有非其不容已者矣，而不知不容已者之固可已也，则不已者意以移而已焉矣。其惟圣人乎。(《经义》)

又说：

天欣合于地，地欣合于天，以生万汇。而欣合之际，感而情动，情动而性成。(《经义》)

我们从"声有哀乐者，性之则，天之动；声无哀乐者，情之变，人之欲"，"发乎性而止乎情"和"情动而性成"，这几句话里面，可以看出船山对于情和性的看法。船山虽然有时是情才并举，如他说："禽兽有命而无性，或谓之为性者，其情才耳。"但是船山认为情和才并非一物。他说：

> 才之可竭，竭以诚而不匮；情之可推，推以理而不穷。(《经义》)

船山对于"才"，则提出了一个"竭"字，而济之以诚；船山对于"情"，则提出了一个"推"字，而济之以理。这又是船山对于情和才的一种看法。船山认为性是体的关系，情和才是用的关系。有了性的体，然后始有情和才的用。当静的时候，情才之用不显，而性之体，则藏之于耳目口体发肤之间；当动的时候，则由性之体而发生情才之用，更由情才之用，而显现出性之存在。所以船山在说情和性的时候，一则曰"情动而性成"；再则曰"发乎性而止乎情"。船山在说才和性的时候，则曰"静而为之谓性，动而有之谓才"；再则曰"性者善之藏，才者善之用"。这就是因为情和才对于性的关系，正是用对于体的关系。船山对于情和才，虽同认为是性之用，但是认为情和才的相互之间，却又不同。他以为情是由内而发的，才是由外而成的。他说明情之生，则谓："感于物乃发为欲，情之所自生也。"(《正蒙注》)他说明才之成，则谓："命于天之谓性，成于人之谓才。"(《正蒙注》)惟其说情是发之于内的，所以看重一个"推"字。这种发于心而推于外的情，是始于理而终于理的，所以说"推以理而不穷"。因此他说："情贞而性自凝也，此所谓本立而道生也。"(《经义》)惟其说才是成之于外的，所以认才有匮竭的时候。他提出一个"减"字，便是补救的办法。所以说"竭以诚而不匮"。因此更补充说："居移气，养移体，气体移则才化，若性则不待移者也。"(《正蒙注》)从上面的说明，我们可以知道：情，是发之于内的，是"无有不足者"，所以是尽善；才，是成之于外的，是有时可竭，所以未必是尽善，这其中有全和偏的分别。才不但未必尽善，有时且足为性之累。船山说：

性借才以成用，才有不善，遂累其性，而不知者，遂咎性之恶。此古今言性者，皆不知才性各有从来，而以才为性尔。(《正蒙注》)

　　船山在一方面虽然告诉我们说："才有不善，遂累其性。"但在另一方面，却又告诉我们，才不过是性之役，全固不足以为善，偏亦不足以为害。他说：

　　陷溺深则习气重，而并屈其才；陷溺未深而不知存养，则才伸而屈其性。故孟子……言为不善非才之罪，则为善亦非才之功可见。是才者性之役，全者不足以为善，偏者不足以为害，故困勉之成功，均于生安。学者当专于尽性，勿恃才之有余，勿诿才之不足也。(《正蒙注》)

　　然而才若与习相狎，则性不可得而复见，这是一个不容忽视的事情。我们假如要想矫习复性，则必先矫正其才，使之不偏而后可，不然，则虽善而隘。他说：

　　才既偏矣，不矫而欲宏，则穷大失居，宏非其宏矣。盖才与习相狎，则性不可得而见。习之所以溺人者，皆乘其才之相近而遂相得，故矫习以复性者，必矫其才之所利。不然，陷于一曲之知能，虽善而隘，不但人欲之局促也。(《正蒙注》)

　　所以船山要说：

　　变，谓变其才质之偏；化，则宏大而无滞也。(《正蒙注》)

　　于此，我们可以知道船山是怎样地说明才和性的关系，同时我们也可以明了才和情所以不相同的地方。以后我们要讨论船山对理和欲的看法。

四、船山对理和欲的看法

船山的思想，是立足于由体生用、即用显体的基础上面。所以他认为一切的关系，都是建筑在实物之上，离开了实物，则无一切关系之可言。他对于理和欲的看法，也正是如此。他这样说明理：

> 尽物之性者，尽物之理而已。（《正蒙注》）
> 理在气中，气无非理。（《正蒙注》）
> 天之所以叙万物者无方，而约之曰理。（《经义》）
> 在天而为象，在物而有数，在人心而为理。（《思问录》）

他对于欲的说明，则谓：

> 爱恶之情，同出于太虚，而卒归于物欲。（《正蒙注》）
> 感于物乃发为欲，情之所自生也。（《正蒙注》）
> 欲曰人欲，犹人之欲也。积金囷粟，则非人之欲，而初不可欲者也。（《俟解》）

我们知道他所谓理，即指物理，舍物则无理之可言；所谓欲，即指物欲，舍物亦无欲之可言。物由于气之凝聚而成形，形成则形显于外而性含于中，初无所谓理和欲的关系。所谓理者，是因为"叙万物者无方"，然后才"约之曰理"，因而认为"尽物之理"，就是"尽物之性"。所谓欲者，"犹人之欲也"，因为"爱恶之情"，必感于物而后乃能发生。此种因感而生的情，虽"同出于太虚"，但"卒归于物欲"。所以船山说：

> 理与欲皆自然，而非由人为。（《正蒙注》）

这就是说明有物然后有性，有性然后理和欲的关系才能发生。假使没有物，则性无所存，当然更谈不到理和欲了。所以我们在说理的时候，则称之为物理；在说欲的时候，则称之为物欲。这正是船山的理气一源的看法。船山对于理和欲的说明，分为两个步骤：第一个步骤，是谈理而不谈欲，谈公而不谈私。他认为要天理流行，必须私欲净尽。第二个步骤，是说明理在欲中，舍欲无理；欲即是理，理欲一元。这两个步骤，本有冲突矛盾的地方，但在他看来，实在不然。船山在第一个步骤里面所说的欲，是指"私"和"蔽"而言。他恐怕我们对于"私""蔽"和"欲"的分别，不能看得清楚，误认一己之私，为天下之大公；一己之蔽，为天下之至理。若果如此，则将发生最不幸的恶果。所以他尽力地说明"私"和"蔽"的害处，要我们知道去"私"去"蔽"的重要。这就是他所认为要得天理流行，必须私欲净尽的缘故。船山在第二个步骤里面所说的欲，是指物欲之欲而言，他所说的理，也是指物理之理而言。理和欲虽然是两个不同的名词，但是它们的产生，是出于同一个对象的物的关系。所以我们要知道，所谓理和欲，实际上是同一物的两面。譬如说，我们有了目，就有看美色的欲望，如果要我们除去了这种看美色的欲望，只有使目不见物，然后可能；但是当我们目不见物的时候，又怎能有分辨出各色不同的至理？有了耳就有听好音的欲望，如果要我们除去了这种听好音的欲望，只有使耳不闻声，然后可能；但是当我们耳不闻声的时候，又怎能有分辨出声音高下的至理？所以船山认为欲即是理，舍欲无理，理在欲中，理欲一元。我们且看船山对于这两个步骤，曾经有过何等样的说明，船山说：

　　以理烛物，则顺逆美恶，皆容光必照，好而知恶，恶而知美，无所私也，如日月之明矣。(《正蒙注》)
　　大其心，非故扩之使游于荒远也。天下之物相感而可通者，吾心皆有其理，唯意欲蔽之则小尔。由其法象，推其神化，达之于万物一源之本，则所以知明处当者，条理无不见矣。天下之物

皆用也，吾心之理其体也，尽心以循之，则体立而用自无穷。（《正蒙注》）

意欲之私，限于所知而不恒，非天理之自然也。（《正蒙注》）

心之初动，善恶分趣之几，辨之于早，缓则私意起而惑之矣。（《正蒙注》）

性者，神之凝于人，天道，神之化也，蔽固者，为习气利欲气蔽。（《正蒙注》）

船山认为理和私是对立的，理则属于公的一方面，明的一方面；私则属之于己的一方面，蔽的一方面。若能以理临照一切，则所谓私者，无所存之心，对于客观环境的一切事物，无论其为顺也好，逆也好，美也好，恶也好，都能了如指掌，好像是日月之光明一样。但是一旦以私存心，则非天理之自然，对于事物的观察，也就不能明了正确，又安能分别得出顺逆美恶的关系？船山认为私的发生，是由于蔽和习的关系，他以为蔽是起于意，而习则由于才。我们先看船山说明蔽和习的害处。就"蔽"的害处说：

形蔽明而成影，人欲者，为耳目口体所蔽，而窒其天理者也。耳困于声，目困于色，口困于味，体困于安，心之灵，且从之而困于一物，得则见美，失则见恶，是非之准，吉凶之感，在眉睫而不知，此物大而我小，下愚之所以陷溺也。（《正蒙注》）

……是蔽其用于耳目口体之私情，以己之利害，为天地之得丧。（《正蒙注》）

又说：

性无不善，有纤芥之恶，则性即为蔽。故德之已盛，犹加察于几微。（《正蒙注》）

凡是我们的用，为私情所遮蔽着的时候，我们往往就要把"一己之利害"，看成"天地之得丧"，那么，就要"窒其天理"了。这就等于说，当我们的形体，遮蔽了光明的时候，就要成为一个影子，如果要在这个影子上面认识原来的形体，这是不可能的。并且我们要知道，我们的性虽无有不善，但随时都有被私情遮蔽的可能，那就不免要失去正确的作用。所以我们要时时刻刻地加以留意，虽对极小的事情，都不容轻易放过。这是船山对蔽的害处的说明。我们再看他说明"习"的害处：

> 忽然一念横发，或缘旧所爱憎，或驰逐于物之所攻取，皆习气暗中于心，而不禁其发者，于此而欲遏抑之，诚难。(《俟解》)
> 末俗有习气，无性气，其见为必然而必为，见为不可而不为。以婷婷然自任者，何一而果其自好自恶哉？皆习闻习见而据之，气遂为之使者也。习之中于气，如瘴之中人，中于所不及知，而其发也，血气皆为之瀇涌。故气质之偏，可致曲也，嗜欲之动，可推以及人也，惟习气移人为不可复施斤削。(《俟解》)
> 开则与神化相接，耳目为心效日新之用；闭则守耳目之知，而困于形中，习为主而性不能持权。故习，心之累，烈矣哉！(《正蒙注》)

习气的移入甚速，往往在不知不觉的生活中，早已与之同化。如同一个中了瘴气的人，当他中毒的时候，他自己一些儿不觉得，等到发觉之后，却是中毒很深了。而且"习气暗中于心"，或因旧时的爱憎，或因外物的攻取。因为这时我们"困于形中"，仅能守着耳目之知，性已失去主持之权，习反得操主持之实。所以船山认习为"心之累"。这种祸患是非常厉害的。我们既然知道蔽和习的害处，我们再看船山对于"蔽和意"以及"习和才"的关系，是怎样的说明。关于前者，船山这样说道：

> 意者，心所偶发，执之则为成心矣。圣人无意，不以意为成

心之谓也。盖在道为经，在心为志，志者始于志学而终于从心之矩，一定而不可易者，可成者也。意则因感而生，因见闻而执同异攻取，不可恒而习之为恒，不可成者也。故曰，学者当知志意之分。(《正蒙注》)

意者，人心偶动之机，类因见闻所触，非天理自然之诚，故不足以尽善。(《正蒙注》)

意之所发，或善或恶，因一时之感动而成乎私。(《正蒙注》)

意、必、固、我，以意为根，必、固、我者，皆其意也。无意，而后三者可绝也。(《正蒙注》)

天理一贯，则无意、必、固、我之鉴。(《正蒙注》)

天下无其事，而意忽欲为之，非妄而何？必、固、我，皆缘之以成也。(《正蒙注》)

船山对"成心"两字的解释是："成心者，非果一定之理，不可夺之志也。乍然见闻所得，未必非道之一曲，而不能通其感于万变，徇同毁异，强异求同，成乎己私，违大公之理，恃之而不忘，则执一善以守之，终身不复进矣。"(《正蒙注》)船山对"凿"字的解释是："凿者，理所本无，妄而不诚。"(《正蒙注》)我们看了上面的话，知道他所谓意，是由于见闻之一时的感动，而成为一己的私意，当然"非天理自然之诚"。假使我们执著"非天理自然之诚"的私意，我们一定要"以意为成心"而成为"凿"了。而且"必、固、我皆缘意以成"。我们如果执著"意、必、固、我"，那就一定要达到那种"无其事而忽为之"的狂妄的境地。因为"意、必、固、我"这些东西，都是蒙蔽着我们，使我们失去真确闻见的能力的。所以船山要说："意欲之私……非天理之自然也。""唯意欲蔽之则小尔。"以上是说明"蔽和意"的关系。至关于"习和才"的关系，船山也有这样的解释：

气之偏者，才与不才之分而已。无有人生而下愚，以终不知有君臣父子之伦及穿窬之可羞者。世教衰，风俗坏，才不逮者，

染于习尤易，遂日远于性，而后不可变。象可格而商臣终于大恶，习远甚而成乎不移，非性之有不移也。(《正蒙注》)

才与习相狎，则性不可得而见，习之所以溺人者，皆乘其才之相近而遂相得，故矫习以复性者，必矫其才之所利。(《正蒙注》)

陷溺深则习气重，而并屈其才；陷溺未深，而不知存养，则才伸而屈其性。(《正蒙注》)

在人与人之间，有才与不才以及才之偏和全的分别。但无论是怎样一个不才的人，他总会知道穿窬为盗，是一件应该羞耻的事情。只有与习相染之后，才会日远于性，终于成为"习远甚而不可移"了。当积习未深的时候，要想加以矫正，我们一定要先矫正了"才"，才能"矫习以复性"。因此，我们知道习气之所以暗中于心，成为难以遏抑，为心之累的缘故，完全是由于才与习相狎的关系。因为习之溺人，"皆乘其才之相近而遂相得"。不过我们也要知道，当陷溺未深的时候，是性屈才伸；但是等到习气已重的时候，不但是屈性，还要"并屈其才"。我们既已知道"蔽和意"以及"习和才"的关系，又知道由蔽和习至于发生各种私欲私念，那就非对于"私"加以大大的攻击不可。所以船山说：

所欲与聚，所恶勿施，然匹夫匹妇，欲速见小，习气之所流，类于公好公恶，而非其实。正于君子而裁成之，非王者起必世而仁。习气所扇，天下贸贸然，胥欲而胥恶之，如暴潦之横集，不待其归壑而与俱泛滥，迷复之凶，其可长乎！是故有公理，无公欲，公欲者，习气之妄也。(《思问录》)

又说：

有公理，无公欲，私欲净尽，天理流行，则公矣。天下之理得，则可以给天下之欲矣。以其欲而公诸人，未有能公者也。即

或能之，所谓违道以干百姓之誉也，无所往而不称愿人也。(《思问录》)

此处所谓公欲，是指一己之私和习气之妄而言。如果要想把一己之私和习气之妄，视为天下人的公欲，在事实上不仅不可能，而且要发生弊病。因为他们之所谓公，实际上不过是一种私的关系。所以船山说："以其欲而公诸人，未有能公者也。"

船山并进一步说：

> 天无特立之体，即其神化以为体，民之视听明威，皆天之神也。故民心之大同者，理在是天即在是，即吉凶应之。若民私心之恩怨，则祈寒暑雨之怨恣，徇耳目之利害，以与天相忤，理所不在，君子勿恤，故流放窜殛，不避其怨而逢其欲。己私不可徇，民之私亦不可徇也。(《正蒙注》)

船山既认一切恶因的发生，都由于私的关系。那么，我们应该用怎样的方法去矫正呢？船山于此，提出了一个"诚"字。他说：

> 天之诚，圣人之无私，一也。(《正蒙注》)
> 天自有其至常，人以私意度之，则不可测。神非变幻无恒也。天自不可以情识计度，据之为常，诚而已矣。(《正蒙注》)
> 形有定而运之无方，运之者，得其所以然之理，而尽其能然之用。惟诚，则体其所以然，惟无私，则尽其能然。所以然者，不可以言显，能然者，言所不能尽。言者，但言其有形之器而已。故言教有穷，而至德之感通，万物皆受其裁成。(《正蒙注》)
> 化之有灾祥，物之有善恶灵蠢，圣人忧之，而天不以为忧。在天者无不诚，则无不可成其至教也。(《正蒙注》)

又说：

神，非变幻不测之谓，实得其鼓动万物之理也。不贰，非固执其闻见之知，终始尽诚于己也。此至诚存神之实也。(《正蒙注》)

诚和私是相反的，对立的，诚则无私，私则不诚。诚，就天的关系而言；无私，就人的关系而言，其实只是一件东西。天本有其至理存在，并不是"变幻无恒"的，但是普通的人，妄以私意计度，则天成为"不可测"的东西了。天并不是"不可测"的。测天之法，只有测之以诚。诚和无私，虽然是一件东西，却是它们所指示的关系，显现着两种不同的方向。诚是"体其所以然"的；无私是"尽其能然"的。"所以然"是指"体"的关系而言；"能然"是指"用"的关系而言。"所以然"指"体"，"体"是不容易用言语说明的，故"不可以言显"；"能然"指"用"，"用"则千变万化，无有尽穷，故"言所不能尽"。只有本着至德——诚的感通，然后"万物皆受其裁成"。所以他说："在天者无不诚，则无不可成其至教也。"于此，我们知道：只有诚，才能把握住鼓动万物的至理；只有始终的"尽诚于己"，才不固执著一己之私的"闻见之知"。船山说：

诚者，成身也。非我则何有于道，而云无我者，我，谓私意私欲也。欲之害理，善人信人几于无矣。唯意徇闻见，倚于理而执之，不通天地之变，不尽万物之理，同我者从之，异我者违之，则意即欲矣。无我者，德全于心，天下之务皆可成，天下之志皆可通，万物备于我，安土而无不乐，斯乃以为大人。(《正蒙注》)

我，谓私意私欲，也就是意、必、固、我的我。张载对于意、必、固、我，曾经有过这样的解释，他说："意，有思也；必，有待也；固，不化也；我，有方也。四者有一焉，则与天地为不相似。"张载以为我们必须忘却这四项，才能体天而达于成德的极致。他这样认为："天地诚有而化行，不待有心以应物"，然后无"意"；"施生无方，栽培倾覆，无待于物以成德"，然后无"必"；"四时运行，成功而不居"，然后无"固"；"并育并行，无所择以为方体"，然后无"我"。当我们有着私意私欲的时候，当然是"不通天地之变，不尽万物之理"。因为这时的"我们"是"意徇闻见，倚于理而执之"的缘故。假如我们要想达到那种"德全于心"的境地，必定先要能够"无我"。因为"无我"，才可断绝私意私欲；断绝私意私欲，才可达到"诚"的境地。船山并用"诚"说明顺吉逆凶的关系。

他说：

> 诚者，吾性之所必尽，天命之大常也。顺之，则虽凶而为必受之命；逆，则虽幸而得吉，险道也。险，则未有不危者。(《正蒙注》)

他又认为诚是不息的，惟其不息，所以大公。他说：

> 天不息而大公，一于神，一于理，一于诚也。大人以道为体，耳目口体无非道用，则入万物之中，推己即以尽物，循物皆得于己，物之情无不尽，物之才无不可成矣。(《正蒙注》)

船山对于诚之一字，看得非常重要。他以为诚是无所不在，无所不包的。所以说：

> 诚者，神之实体，气之实用。在天为道，命于人为性，知其合之谓明，体其合之谓诚。(《正蒙注》)

于此，我们可以看出船山是何等的重视"诚"了。同时，我们更可以明白船山对于那种成为恶因的"私"是何等的深恶痛绝！这是船山说明理和欲的关系的第一个步骤。我们再看船山对于理和欲的关系的第二个步骤，是怎样的说法。他说：

> 有公理，无公欲。私欲净尽，天理流行，则公矣。(《思问录》)

> 是故有公理，无公欲。公欲者，习气之妄也。(《思问录》)
> 反天理则与天同其神化，徇人欲则其违禽兽不远矣。(《正蒙注》)
> 天下之公欲，即理也，人人之独得，即公也。道本可达，故无所不可达之于天下。(《正蒙注》)

我们看了上面所引用的几段话以后，不免要发生一种极大的怀疑。就是觉得船山一方面说，"有公理，无公欲"；而另一方面却又说，"天下之公欲，即理也"。一方面反对人欲，而说"徇人欲则其违禽兽不远矣"；另一方面却又认为欲即是理。这两种不同的而且矛盾冲突的思想，都从王船山一人的嘴里讲了出来，这不是一种很怪异的现象吗？假使我们不能把这种关系说得明白，我们又怎能了解船山对于理和欲的看法？我们要知道船山所认为欲即是理的欲，是指"物欲"的欲而言。船山所反对的欲，是指"意欲""私欲""人欲"的欲而言。"物欲"的欲，与"意欲""私欲""人欲"的欲，大有分别。船山对于"意欲"的解释，则谓："意者，心所偶发，执之则为成心矣。"(《正蒙注》) 对于"私欲"的解释，则谓："以其欲而公诸人，未有能公者也。"(《思问录》) 对于"人欲"的解释，则谓："人欲者，为耳目口体所蔽，而窒其天理者也。"(《正蒙注》) 所谓"心所偶发"，"以其欲"，"为耳目口体所蔽"，都是指"蔽于一己之见闻"的私欲而言。如果我们要想以这种蔽于一己之见闻的私欲，公诸人，视私为公，误蔽为明，强人同己，结果怎能达到公的地步？不但不能达到公的境地，反而不免"执之则为成心"，且"窒其天理"了。所以船山说，"有公理，无公欲"，"徇人欲则其违禽兽不远矣"，"私欲净尽，天理流行，则公矣"，"公欲者，习气之妄也"。至于"物欲"的欲，则与"意欲""私欲""人欲"的欲，迥不相同。物欲是自然流行，天下所同的欲。无论什么人，都不能够把这种物欲，占之为一己之私；同时也没有一个人，会失去了这种物欲。这就叫做"人人之独得"。这种"人人之独得"的，自然流行、天下所同的公欲，正是宇宙间的一种永存的至理。所以船山说，"人人之独得，即公也"，"天下之公欲，即理也"。

我们现在且举一个例子,来说明这两种不同的关系。我们知道:凡是一个人,有了眼睛,都有一种喜欢看见美色的欲望,这是人人之所同,也是"人人之独得";这是自然之流行,也是"天下之公欲",这就叫做"物之欲"。假如说,现在有一个人,在他的眼中看来,他认为只有红色是最美的,其余的各种颜色,都是不美的,他现在要把他个人所认为最美的红色,公之于人,要想强迫天下之人,都与他抱着同样的见解,认为其他的颜色,都是不美的,只有红色是最美的,这就是所谓"执之则为成心""习气之妄""为耳目口体所蔽"的了。我们看了他这两种不同的意见,不但觉得他在思想方面,没有丝毫矛盾冲突的地方,而且正可以在这里,看出船山的思想的精深和见解的独到,成为有清一代突出的人物。我们既已明了船山对于"物欲"和"意欲""私欲""人欲"的两种不同的看法,那么,我们可以更进一步讨论船山的理欲一元论。他说:

> 气质者,气成质而质还生气也。气成质,则气凝滞而局于形,取资于物以滋其质。质生气,则同异攻取,各从其类。故耳目口鼻之气,与声色臭味相取,亦自然而不可拂违。此有形而始然,非太和絪缊之气,健顺之常,所固有也。(《正蒙注》)
>
> 盖性者,生之理也。均是人也,则此与生俱有之理,未尝或异。故仁义礼智之理,下愚所不能灭,而声色臭味之欲,上智所不能废,俱可谓之为性。(《正蒙注》)
>
> 天以其阴阳五行之气生人,理即寓焉,而凝之为性。故有声色臭味以厚其生,有仁义礼智以正其德,莫非理之所宜。声色臭味顺其道,则与仁义礼智不相悖害,合两者而互为体也。(《正蒙注》)

耳目口鼻属于形,是指体的方面而言;声色臭味属于动,是指用的方面而言;仁义礼智证于事,是指行的方面而言。我们知道这种耳目口鼻的体,和声色臭味的用,以及仁义礼智的行,是有一种连贯的关系存在。凡是一个成为形体的人,一定具有耳目口鼻等器官,耳目口鼻显之于用，则成为声色臭味之欲；声色臭味之欲，见之于行事之中，能够与自然流行之理相适合的，则为仁义礼智。所以我们知道"耳目口鼻""声色臭味""仁义礼智"这几种关系，实际上同是一种自然流行之理，不过表现在几种不同的方向而已。虽属上智，也不能废去声色臭味之欲，同时也不必废去声色臭味之欲；即或下愚，纵不尽合仁义礼智的行为，但是也不能尽灭仁义礼智之理。这是因为"天以其阴阳五行之气生人，理即寓焉"，"均是人也，则此与生俱有之理，未尝或异"的缘故。那么，我们可以了解：仁义礼智之理，与声色臭味之欲，是可以相合而互为体的。而且所谓仁义礼智之理，是以声色臭味之欲为依据，若是舍弃了声色臭味之欲，则又有何仁义礼智之理可言？所以船山认为欲即是理，理欲一元。船山说：

> 理与欲皆自然，而非由人为。（《正蒙注》）
> 故万物之情，无一念之间，无一刻之不与物交，嗜欲之所自兴，即天理之所自出。（《正蒙注》）

正是说明这个道理。船山不但告诉我们，欲即是理，理欲一源；而且还要进一步地主张，理在欲中，舍欲无理。他说：

> 以累于形者之碍吾仁也，于是而以无欲为本之说尚焉。乃或绝形以游于虚，而忘己以忘物，是其为本也，无本者也。形皆性之充矣，形之所自生，即性之所自受，知有己即知有亲，肫然内守，而后起之嗜欲，不足以乱之矣，气无所碍矣。（《经义》）

"形皆性之充矣，形之所自生，即性之所自受"，这几句话，非常值得我们注意。船山在《思问录》里面，曾经说过："形，无非气之凝；形，亦无非性之合也。"与这里所引用的几句话，是一致的看法，所以要说"形之所自生，即性之所自受"。关于形和性的问题，我们在上面已经有过一个较详细的说明，现在我们所要讨论的是理和欲的问题。我们既已知道，有了形，性即含于形中；不过我们也要知道，所谓理和欲，实即由性而生。性中不但含着理，同时也含着欲。不仅此也，我们还要知道，所谓理，实即包含在欲中，无欲，则理亦不能存在。船山说："食色以滋生，天地之化也。"（《正蒙注》）食色是指欲而言，滋生是指理而言，滋生的理，是从食色的欲里面发生的，必先有了食色的欲，然后发生滋生的理，这种从食色的欲所产生出来的滋生的理，正是"天地之化"的至理。这就是说明理在欲中，舍欲无理的关键。因此他认为"以无欲为本之说"，实际上就一无所本。因为无欲是要"绝形以游于虚"，"忘己以忘物"的。形，是一个实有的形体，怎能够绝？己和物也是真实存在的，又怎能够忘？所谓绝，所谓忘，不过是一种空想，不过是一种妄见。船山说："老之虚，释之空，庄生之逍遥，皆自欲宏者，无一实之中道，则心灭而不能贯万化矣。"这正是说明离开了实物，只有空虚幻妄而已。我们知道欲是从形产生的，有了形，就有欲存在，又何须乎无欲？而且我们又何能够无欲？"以无欲为本"，"无本者也"。讲到这里，我们可以知道，船山不但是把理和欲看作是同一的东西，而且认为舍欲无理，可见他重欲尤重于理。所以凡是船山说明理的地方，也正是船山说明欲的地方。他说："无往而非天理，天理无外，何窬之有！"（《正蒙注》）"穷理，尽性之熟也。"（《正蒙注》）同时却又说："天下之公欲，即理也。"正是这个道理。不过我们对于船山所说的"后起之嗜欲，不足以乱之"这两句话，有另加说明的必要。他在《大易篇》里面说道：

  欲而能反于理，不以声色味货之狃习，相泥相取，一念决之，而终不易。（《正蒙注》）

  他对于"反"的解释，则谓："善反者，应物之感，不为物引以去。"（《正蒙注》）他在另一方面，却又说过"不为物欲所迁"（《正蒙注》）的话。我们要知道，船山所说的"欲而能反于理""不为物引以去""不为物欲所迁"，与他所说的"后起之嗜欲"，是同一样的看法，也是指的同一样的关系，都是指外物引诱的嗜欲而言。这种外物引诱的欲，与我们上面说明的"欲即是理"的欲，迥然有别。"欲即是理"的欲，是含于物中，与生俱来，有此物即有此欲，是一种自然流行的至理。外物引诱的欲，是发生于外的，是有那种蔽与习的关系，对于我们的本性，当然有一种能引能迁能乱的作用。这样看来，外物引诱的欲，与自然流行含于物中的"物欲"，何可混为一谈？这是我们应该注意的。但是我们对于这种能引能迁能乱的外物之欲，要怎样去应付呢？船山叫我们"善反"，叫我们"应物之感，不为物引以去"，叫我们"不以声色味货之狎习，相泥相取"，而"能够壹反于理"，而且他还叫我们能够重养重教，以预加防范。他说：

外利内养，身心率循乎义，逮其熟也，物不能迁，形不能累，唯神与理合，而与天为一矣。(《正蒙注》)

养之，则性现而才为用；不养，则性隐而惟以才为性，性终不能复也。(《正蒙注》)

有其质而未成者，养之以和，以变其气质，犹鸟之伏子。(《正蒙注》)

养其生理自然之文，而修饰之以成乎用者，礼也。(《俟解》)

天之德德，地之德养，德以立性，养以适情。(《思问录》)

性统万物而养各有方也。(《思问录》)

我们在这里可以看出"养"有两种作用：第一，"养其生理自然之文"，所以说"养以适情"，"养各有方"；第二，"养之以和，以变其气质"，所以说"养，则性现而才为用"，"不养，则以才为性，性终不能复"。如果我们能把"养"的功夫，做得很纯熟了，我们就可以"不为物迁不为形累了"。所以他又说：

天地之生，人为贵，惟得五行敦厚之化，故无速见之慧。物之始生也，形之发知，皆疾于人，而其终也钝。人则具体而储其用，形之发知，视物而不疾也多矣，而其既也敏。孩提始知笑，旋知爱亲，长始知言，旋知敬兄，命日新而性富有也。君子善养之，则耄期而受命。(《思问录》)

这一段文字，把养的关系，看得何等地重要，说得何等地透彻。人是"具体而储其用"的，所以人能够"命日新而性富有"。"储其用"这三字，关系非常重大。用储于中，所以贵养。养之目的，即是把那储于中的用，发展引申出来，以达到"命日新而性富有"的境地。所以说："存养以尽性，学思以穷理。"船山在养的关系以外，又提出了一个"教"字，其实船山之所谓教，不过是养的另一种关系而已。他说：

养之之道，沉潜柔友刚克，高明强弗友柔克，教者，所以裁成而矫其偏。若学者之自养，则惟尽其才于仁义中正，以求其熟而扩充之，非待有所矫而后可正。故教能止恶，而诚明不倚于教，人皆可以为尧、舜，人皆可以合于天也。(《正蒙注》)

教人者，知志意公私之别，不争于私之已成，而唯养其虚公之心，所谓禁于未发之谓豫也。(《正蒙注》)

又说：

此言教者在养人以善，使之自得，而不在于详说。(《正蒙注》)

教是矫其偏，养是养其用，教的目的，是在于矫正他的错误，使其用归于正，而防止那种为恶的倾向。所以说，"教者在养人以善"，"教人者……唯养其虚公之心"，"教能止恶"。我们可以知道教和养是同一的，教是养的另一种作用，教包含在养的关系之中。质言之，教即是养。他说：

化之有灾祥，物之有善恶灵蠢，圣人忧之，而天不以为忧，

在天者无不诚，则无不可成其至教也。(《正蒙注》)

所谓诚，所谓养，所谓教，实际是同一的看法。我们既已知道船山对于理和欲的看法，又知他所以提出一个诚字，一个养字，一个教字，即是为着矫正那些意欲、私欲、人欲和外物引诱之欲。但是所谓偏、全、善、恶这些关系，究竟在什么地方显现出来呢？船山在这里，便提出一个"行"字来。他对于知和行这个问题，曾这样说道：

识知者，五常之性所与天下相通而起用者也。知其物乃知其名，知其名乃知其义，不与物交，则心具此理而名不能言，事不能成。赤子之无知，精未彻也；愚蒙之无知，物不审也。(《正蒙注》)
名之必可言，言或有不可名者矣；言之必可行，行或有不容言者矣。(《思问录》)

行在先，从行为当中，发生出言语来，有了言语，才有指定事物的名称。我们要知道一件事物的意义，必先知道它的名称，我们要知道这事物的名称，当然要与它先相接触。如果你不与物相接触，纵然你的心里面藏着这种道理，但是"依旧名不能言，事不能成"。所以说赤子的无知，由于精之未彻；愚蒙的无知，由于物之不审。他说：

惟于天下之物，知之明，而合之离之消之长之，乃成吾用。不然，物各自物，非我所得用，非物矣。(《正蒙注》)

他认为只有对于天下的事物，知道得很明白了，然后能使物成为我用。不过怎样才能做到"知之明"的地步呢？他以为"缘见闻而生其知，非真知也"。(《正蒙注》) 也不是"感于闻见，触名思义，触事求通之得谓之知能"(《正蒙注》) 的。只有在行为当中，我们才能求知，才能得"知之明"，才能证实我们所知的程度。他说：

知及之，则行必逮之，盖所知者以诚而明，自不独知而已尔。动而曰徙义者，行而不止之谓动。(《正蒙注》)

故曰吉行，吉在行也。(《思问录》)

又说：

知之始有端，志之始有定，行之始有立。(《思问录》)

船山对于"行"之一字，看得何等重要。他认为知在行中，舍行无知。所以他说：

故知先行后之说，非所敢信也。(《思问录》)
近世王氏之学，舍能而孤言知，宜其疾入于异端也。(《思问录》)

船山的思想，出发于体用一源，而归结于行，这正是他的一贯的体系。

五、船山思想略评

对于船山的全部思想，我们应当特别提出批评的，至少有两点：第一，是船山对于释、老两氏的攻击；第二，是船山自己的重"心"重"我"的倾向。我们已经说过，船山提出"有"字，攻击释氏的无；船山提出"动"字，攻击老氏的静。他对释、老的攻击，实际上是误解释、老。他在其他方面，对于释、老两家的思想，又往往并加攻击。譬如他在《乾称篇下》说：

庄、老言虚无，言体之无也；浮屠言寂灭，言用之无也。而浮屠所云真空者，则亦销用以归于无体。盖晋、宋间人缘饰浮屠以庄、老之论，故教虽异而实同。其以饮食男女为妄，而广徒众以聚食，天理终不可灭，唯以孩提之爱为贪痴，父母为爱惑所感，

毁人伦，灭天理，而同于盗贼禽兽尔。(《正蒙注》)

释氏所说的真空，不可视之为"无"，其云寂灭，亦非废"用"。老氏对于体和用的关系，亦很重视，而且说得异常透彻。譬如云："反者道之动，弱者道之用。"对于"动"和"用"及"动"和"用"之所由发生，说得何等明白，岂能说老氏的思想是主张不动的么？至谓释、老两氏，"教虽异而实同"，并释、老为一谈，尤为大错。释、老两氏的思想，纵多可评议之处，但是他们自有他们的立脚点。释言心外无境，境由心造；老言心外有境，境自无生。又释言无生法忍，勘破生灭；老言久视长生，本无死地。这样看来，释、老立场各异，又何能并为一谈？关于船山攻击释、老两氏的地方，我们只能说是船山的聪明自用。这是我们应该注意的第一点。船山的思想虽然重"体"，重"气"，重"形"，然而他的归结，仍不免有重"心"的倾向；船山虽然是主张"毋我"，主张"物我同源"，然而仍不免有重"我"的倾向。而船山重"我"的倾向，又是从他的重"心"的倾向发生出来的。船山思想所以陷于这样的矛盾，大半是受着时代和环境的限制的缘故。他说：

闻见，习也。习之所知者，善且有穷，况不善乎！尽性者，极吾心虚灵不昧之良能，举而与天地万物所从出之理，合而知其大始，则天下之物，与我同源，而待我以应而成。故尽孝而后父为吾父，尽忠而后君为吾君，无一物之不自我成也。非感于闻见，触名思义，触事求通之得谓之知能也。(《正蒙注》)

所谓"天下之物，与我同源，而待我以应而成"，这是何等重"我"的倾向。所谓"尽性者，极吾心虚灵不昧之良能"，这是何等重"心"的倾向。惟其有重"我"的倾向，所以要说"无一物之不自我成也"。惟其有重"心"的倾向，所以要说"大其心"。"心之所存，推而行之，无不合于理，则天不能违矣"。"知象者，本心也，非识心者，象也"(《正蒙注》)。为什么说船山重"我"的倾向是从重"心"

的倾向发生出来的呢？他说：

> 目所不见之有色，耳所不闻之有声，言所不及之有义，小体之小也，至于心而无不得矣。思之所不至而有理，未思焉耳。故曰，尽其心者知其性。心者，天之具体也。（《思问录》）

我们看了"心者，天之具体也"这句话以后，我们知道船山依旧是一个十足的唯心论者。就西洋哲学的情形说，一个唯我论者必定是个唯心论者，而一个唯心论者，却不一定是唯我论者。船山则二者兼而有之，而唯心的倾向更强于唯我。这是很值得注意的地方。船山的思想，虽然是从"体用一源"出发，虽然是重"有"重"动"，虽然能够说出那种"有象斯有对，对必反所为；有反斯有仇，仇必和而解"的变化法则的至理，然而他的归结点，毫不能掩盖他的唯心论的企图。这是我们应该注意的第二点。不过我们对于船山的思想，依旧不容忽视。船山对于姚江之学，攻击最力。他在《俟解》中曾说："侮圣人之言，小人之大恶也……至姚江之学出，更横拈圣言之近似者，摘一句一字以为要妙，窜入其禅宗，尤为无忌惮之至。"船山对于宋儒则相当推崇，而于张载则极为景仰。他在《张子正蒙注序》里面说道："张子之学，上承孔、孟之志，下救来兹之失，如皎日丽天，无幽不烛，圣人复起，未有能易焉者也。"船山的思想，为姚江之学的反动，这是当时环境的一个必然的趋势。船山虽然推崇宋儒，而以孔、孟为依归，然其思想体系之伟大，实非孔、孟与宋儒之思想所能范围之。我们处处可以看出船山的思想，是重"用"、重"动"、重"欲"、重"行"，而其重"动"、重"欲"、重"行"的思想，实从其重"用"的思想推演而成。重"欲"的思想，是清儒对于宋、明以来重"理"的思想的一个共同的反动。后此颜习斋的实践精神，似与船山重"行"的思想相一致；而戴东原的"生"的哲学，则直接由船山的重"动"的思想推演而成。我们觉得像船山这样伟大的思想家在中国哲学史上，是值得我们替他大书而特书的。

第十讲

生的哲学

今天是讲戴东原的"生的哲学"。戴东原的思想体系，虽不若王船山那样来得博大，但是在清代的思想史上，除开王船山以外，只有戴东原一人。东原思想，颇受王船山和颜习斋两氏的影响，而为反对宋、明理学最有力之一员。船山虽攻击姚江之学，但对宋儒尚相当推崇；东原则对宋、明之学，同样加以攻击。习斋的思想，处处看重一个"事"字，以针对宋、明之学的空疏；东原则处处看重一个"欲"字，对于宋、明理学，加以根本的掊击，这正是东原的思想之所以值得我们注意的地方。我们在叙述东原思想以前，请先说明清代思想产生之各方面的关系。

一、清代思想发生的几个原因

清代思想发生的原因，我们可以从几方面来观察。第一，宋、明理学的反动。宋、明诸儒思想的来源，有几方面：一为老、庄的思想，一为禅宗的思想，一为孔、孟的思想。他们集合这三方面的思想，而建树一种儒表佛里的新哲学。宋儒言理，每视同浑全之物，或予以绝对之称。朱晦庵说"一理浑然"，"太极只是一个理字"。程伊川说："心也、性也、天也，一理也。"这是把理视同浑全之物的看法。宋儒以理为实物，朱晦庵说："人之所以生，理与气合而已。天理固浩浩不穷，然非是气，则虽有是理而无所凑泊。故必二气交感，凝结生聚，然后是理有所附著。"又说："止此气凝聚处，理便在其中。"这是把

· 314 ·

理当作实物的看法。宋儒又以势言理,朱晦庵说:"凡物有心而其中必虚……人心亦然。止这些虚处便包藏许多道理……推广得来,盖天盖地,莫不由此。此所以为人心之妙欤。理在人心,是谓之性。……心是神明之舍,为一身之主宰。性便是许多道理,得之天而具于心者。"这是把理当作一种势的看法。到了晚明王学极盛而敝之后,学者习于"束书不观,游谈无根",理学家不复能维系社会上的信仰,于是清儒起而矫之。顾亭林首倡"舍经学无理学"之说。王船山攻击王学甚力,曾说:"侮圣人之言,小人之大恶也……姚江之学出,更横拈圣言之近似者,摘一句一字以为要妙,窜入其禅宗,尤为无忌惮之至。"颜习斋则主张:"学问固不当求诸冥想,亦不当求诸书册,惟当于日常行事中求之。"至戴东原出,更能洞察宋、明儒言理的害处,他说:"苟舍情求理,其所谓理无非意见也,未有任其意见而不祸斯民者。"这是何等剀切沉痛的话。反对宋、明理学,是清代思想发生的一种原因。

　　第二,民族革命的反抗运动。清初诸大师,若顾亭林、黄梨洲、王船山诸人,都是亲身参加民族反抗运动的有力分子,事败退隐,著书传世,希望把这种民族革命的精神,深深地散布到社会里面,留传后世。他们认为明代所以灭亡的原因,是由于一班士大夫空谈性天的流弊所致,所以他们对于这一方面力加攻击。李塨说:"宋后二氏学兴,儒者浸淫其说,静坐内视,论性谈天,与夫子之言,一一乖反。而至于扶危定倾,大经大法,则拱手张目,授其柄于武人俗士。"又说:"当明季世,朝庙无一可倚之臣,坐大司马堂,批点《左传》,敌兵临城,赋诗进讲,觉建功立名,俱属琐屑,日夜喘息著书,曰,此传世业也。卒至天下鱼烂河决,生民涂炭。呜呼,是谁生厉阶哉?"惟其他们看清了社稷覆灭生民涂炭的原因是在此,所以他们要提倡致用的精神,以求挽救这种空谈的颓废的习气。顾亭林说:"孔子删述六经,即伊尹、太公救民水火之心,故曰:'载诸空言,不如见诸行事。'……愚不揣有见于此,凡文之不关于六经之旨、当世之务者,一切不为。"黄梨洲说:"明人讲学,袭语录糟粕,不以六经为根底,束书而从事于游谈,更滋流弊,故学者必先穷经。然拘执经术,不适于用,欲免迂儒,必兼读史。"致用的精神,是清儒矫正时弊的一个特点,也正是清儒反抗精神的一种表现。这种反抗的精神,在黄梨洲的《明夷待访录·原君》里面,更是明目张胆地充分地表现出来。他说:"后之为人君者……以为天下利害之权,皆出于我,我以天下之利尽归于己,以天下之害尽归于人,亦无不可。使天下之人,不敢自私,不敢自利;以我之大私为天下之公,始而惭焉,久而安焉。"又说:"今也天下之人,怨恶其君,视之如寇仇,名之为独夫,固其所也。而小儒规规焉以君臣之义,无所逃于天地之间,至桀、纣之暴,犹谓汤、武不当诛之……岂天地之大,于兆人万姓之中,独私其一人一姓乎?"这是何等大胆的革命的言论。民族革命的反抗运动,是清代思想发生的第二种原因。

第三,欧洲资本主义的侵入。1497年,印度航路发现,欧西各国先后东来,首为葡萄牙,继之有西班牙、荷兰、英吉利等国。此时与中国发生关系最多的,则为葡人;沿海各省,多有葡人足迹。明嘉靖十四年,葡人租澳门为通商的地方。二十四年,宁波居民,屠杀教徒,焚毁葡船。二十八年,泉州的葡人,亦为吏民所逐。西班牙则以菲律宾的马尼拉为中、西两国的市场,因此墨西哥的银币,间接传入中国内地。他如英人攻陷虎门炮台,因而允许通商;荷人援助清军,倾覆厦门郑氏的根基,都可以看出当时欧洲资本主义之咄咄逼人。由资本主义的侵入,遂使中国的思想界,直接间接地,起了一个莫大的变动。商业资本主义所反映出来的东西,不是那些空洞的"天理""良心"的思想,而是与实际生活发生密切关系的"实用""实证"的思想。王船山讲"用",讲"动",颜习斋讲"事",讲"行",戴东原讲"生",讲"欲",都未尝不是社会环境的反映。当时的资本主义,除经济侵略以外,还着重文化侵略,这便是基督教的传布。教士以传道为侵略的法门,不过关于学术思想的鼓吹,亦有相当的影响。如数学、地理、天文等科学思想的灌输,便是很显然的事实。明臣徐光启、李之藻、杨廷筠辈,服习教士利玛窦之说,折节与游。明、清之际,教士在中国著书的人很多,内容虽多肤浅,但亦不无影响。杭世骏在梅文鼎的传上,曾说:"自明万历中利玛窦入中国,制器作图颇精密……学者张皇过甚,无暇深考中算源流,辄以世传浅术,谓古九章尽此,于是薄古法为不足观。而或者株守旧闻,遽斥西人为异学,两家遂成隔阂。鼎集其书而为之说,稍变从我法,若三角比例等,原非中法可贬,特为表出,古法方程,亦非西法所有,则专著论,以明古人精意。"全祖望曾经说过:"梅文鼎本《周髀》言天文,世惊为不传之秘,而不知宗羲实开之。"我们可以看出,黄、梅两氏关于天算方面的知识,直接间接都有受到欧西学术影响的地方。就以戴东原所著的《原象》《续天文略》《勾股割圆记》《策算》等书而论,亦不难寻出其中与欧西学术思想的关系。东原曾说:"知得十件而都不到地,不如知得一件却到地也。"这种求真的治学态度,亦与欧洲的科学精神相合。可以说欧洲资本主义的侵入,是清代思想发生的第三种原因。

二、王颜两氏给予戴东原的影响

戴东原的思想,颇受王船山、颜习斋两氏思想的影响。我们为明了东原思想的来源起见,有先说明王、颜与东原的关系的必要。关于船山的思想,在第九讲中已经有过较详细的介绍,现在仅作一个简单的说明。

船山给予东原最大的影响,是他的"动"的观点。船山的哲学完全站在"体用一源"的立场上,他特别着重宇宙间一切变动的现象,这不能说不是船山思想的一种特色。他认为:"乾坤有体则必生用,用而还成其体。"由体生用,由用产生新体,新体更生新用,这种体用相生的关系,正是说明一切现象变动的道理;他把这种进化不已的现象,称之为"日新之化"。譬如江河的水,就表面看来,现在的水好像和往昔的水一样;灯烛的光,就表面看来,昨天的光好像和今天的光无别。实际上并不是这样。现在的水绝不是往昔的水,昨天的光也不同于今天的光。不但近而易知的水火是如此,就是远而难察的日月,也未尝不如此。不过因为距离太远,不易察觉而已。现在的日月,既不是往古的日月,也不是未来的日月。身外的一切现象,固然是时刻不停地变动着,但是就我们本身来看,又何尝不是时刻不停地变动着。我们的爪,我们的发,是时刻不停地在那里生长着新爪新发出来,以代替那些消退了的旧爪旧发,这是人人所容易觉察的。但是我们的肌肉,又何尝不是同样地在生长着新的肌肉出来,以代替那消退了的旧的肌肉,不过我们不易觉察罢了。我们不能因为不易觉察,就认为没有新陈代谢的变动的作用。因此我们知道,少壮的肌肉,绝不是初生的肌肉;衰老的肌肉,也绝非少壮的肌肉。这就是船山所主张的"日新之化"。船山对于这种变化不息日新不已的关系,曾经说过一句极有价值的话,便是:"有象斯有对,对必反其为;有反斯有仇,仇必和而解。"(《正蒙注》)在象的本身里面,发生一种与之相对立而相反的作用,因而至于相仇,相仇之后,便达到"和而解"的地步,结果产生新象。不用说,在新象的本身当中,又有一种与之相对立而相反的作用,随之而生。这正是说明由体生用,由用产生新体,新体更生新用的关系。船山的思想,是从体用一源的观点出发,他在说明体和用的关系的时候,也正是处处在说明变动的关系,这是船山思想所以值得我们注意的地方。船山的"动"的观点,对于东原的思想,发生极大的作用。东原全部思想,最看重一个"生"字,他认为宇宙间一切的现象,都可以归结到"生"。他说:

生生者化之原,生生而条理者化之流。(《原善上》)

"生生"和"生生而条理",虽然是表现两种不同的作用,但它们同样地是一种"化"的关系,同样地是一种变动的现象,不过"生生"表现出"化之原","生生而条理"表现出"化之流"而已。"生生"和"条理",仅仅是一种"原"与"流"的分别,所以"生生"和"条理"这两种现象,是同时存在而不能分开的。假使说只有"生生"而没有"条理",那就等于说有源而无流;假使说只有"条理"而没有"生生",那就是一条无源之水了。所以东原认为"未有生生而不条理者";同时又说明:"失条理而能生生者,未之有也。"东原

第十讲 生的哲学

把"生生"和"条理"间的联系，看得何等明白！他更补充地说：

> 生生之呈其条理，显诸仁也；惟条理是以生生，藏诸用也。（《原善上》）

在这里我们可以说明东原和船山两人在思想上的关系。东原所谓"生生"，就是船山之所谓"用"；东原所谓"条理"，就是船山之所谓由"用"而生的"新体"；东原所说的"生生之呈其条理"，就是船山的由"用"发生"新体"的关系；东原所说的"惟条理是以生生"，就是船山的由"新体"更生"新用"的作用。讲到这里，我们可以很正确地推定东原的"生的哲学"是从船山的"动的哲学"而来的。东原和船山对于"息"之一字的解释，微有不同，我们也不妨在这里顺便说明。船山在说明动和静的时候，认为"息"是"废然之静"，是"不动"。东原则把"息"和"生"对立，视"息"为"生"的另一种作用。所以他认为"生则有息，息则有生"。"生者动而时出，息者静而自正"。"显也者，化之生于是乎见；藏也者，化之息于是乎见"。"生者，至动而条理也；息者，至静而用神也"。所以他要我们从"卉木之枝叶华实"以"观夫生"；从"果实之白，全其生之性"以"观夫息"。船山尚对于所谓"废然之静"，或不动的"息"，加以攻击，以说明"不动"的现象不能存在，若东原便连"不动"的观念都消去了。所以他把"息"和"生"对立，而认为"息"是"化之息"了。东原所谓"息"，相当于船山之所谓"静"；东原所谓"化之息"，相当于船山所谓"动之静"。船山言静，东原言息，正是一样的看法。他们处处说明变动的关系，足见清代哲学另是一个轮廓。

东原的思想，受颜习斋的影响，亦复很大。我们为说明颜、戴两氏思想上的关系起见，先把习斋的思想，作一个较详细的介绍。

习斋的思想，最看重"事物"两个字。戴望在《颜元传》上说：

> 先生之学，以事物为归，而生平未尝以空言立教。

"以事物为归",不"以空言立教",这两句话把习斋思想的全部面目完全显露出来。戴望在《颜元传》上引用习斋自己的话,说道:

> 必有事焉,学之要也。心有事则存,身有事则修,家之齐,国之治,皆有事也,无事,则道与治俱废。故正德、利用、厚生,曰事,不见诸事,非德非用非生也。德、行、艺,曰物,不征诸物,非德非行非艺也。

正德、利用、厚生,都叫做事,只有在实事里面,才可以看出德之正、用之利、生之厚的关系出来;如果离开了事,根本就没有所谓正德、利用、厚生了。德、行、艺都叫做物,只有在实物当中,才可以看出关于德、行、艺的不同处来;如果离开了物,也就失去了德、行、艺的根据了。总之,离开了事物,便一切俱废,不但是治废,同时道亦废。这样看来,大而言之,治国、齐家,小而言之,修身、存心,无一不以事物为基础。所以说"学之要","必有事"。习斋在《存学编》里面说道:

> 见理已明,而不能处事者多矣。有宋诸先生,便谓还是见理不明,只教人明理。孔子则只教人习事。迨见理于事,则已彻上彻下矣。此孔子之学与程、朱之学所由分也。

习事和明理,虽可分而为二,但在"事"当中,实包含着"理"。当我们处理一件事体的时候,我们必定要先研究这件事体发生的种种原因,认明这件事体的重心所在,然后决定应付的步骤,并推测应付后的影响。这些经过,都属于明理。所以必须一个习于事的人,才能够做到明于理的地步。但是一个所谓明理的人,就未必能够处事。譬如说,一个学习游泳的人,他不到水里实地练习,只在陆地上学习了许多关于游泳的方法,自以为知道游泳了,这样的人,未有不遭灭顶之患的。习事和明理的关系,正是如此。习事好比是游泳,明理好比是知道游泳的方法，离开了事要想明理的人，与那些离开了水来学习游泳的人，是同样的错误。所以不习事而要想明理的人，才真是"见理不明"的。只有见理于事的人，才能够彻上彻下地看清前因后果的关系。我们只要看习斋对于王法乾的一件事体的批评，就可以看出他的主张是异常的正确。在李塨、王源所撰的习斋的年谱里面，曾经有过这样的一段记载：

> 王法乾为定州，过割地亩，于己名下，书状不如式，气象郁郁然。先生曰："为爱静空谈之学，久必至厌事，厌事必至废事，遇事即茫然，贤豪不免，况常人乎！予尝言误人才，败天下事者，宋人之学，不其信夫？"

我们看了这一段记载以后，可以知道习斋的"见理于事"的主张，不是一句空话，是从实际生活里面体验出来的。"见理于事"这四个字，是习斋全部思想一个标志。习斋本身既然是处处以"事物为归"，当然他不能不强烈地反对宋人的"空谈立教"。关于习斋对宋儒的反对，我们可以从几方面来观察。

（一）反对读书

宋儒颇看重读书，习斋对此，力加攻击，著有《存学》一编，其动机即对此而发。他在与陆道威书的上面说道：

> 著《存学编》，申明尧、舜、周、孔三事，六行、六府、六德、六艺之道。明道不在章句，学不在诵读，期如孔门博文约礼，实学实习，实用之天下。

"道不在章句，学不在诵读"这两句话，是习斋反对读书最有力的口号。"实学实习，实用之天下"这句话，却又是习斋建树自己主张的一种明白的宣言。他为什么要反对读书呢？他自己曾经举过一个

· 321 ·

例子，来说明他的意见。他说：

> 譬之于医，《黄帝素问》《金匮》《玉函》，所以明医理也；而疗疾救世，则必诊脉制药，针灸摩砭为之力也。今有妄人者，止务览医书千百卷，熟读详说，以为予国手矣；视诊脉制药，针灸摩砭，以为术家之粗，不足学也。……一人倡之，举世效之，岐黄盈天下，而天下之人病相枕，死相接也。可谓明医乎？(《学辨一》)

博览医书，熟读详说，是指诵读方面而言。诊脉制药，针灸摩砭，是指实学实习方面而言。如果一个医生只在熟读医书一方面下工夫，对于诊脉、制药、针灸、摩砭等等方法的实习反而忽略了，他还能认清病状，明了病因，恰到好处地替人家治病吗？结果恐怕不是手足无措，就要胆大妄为。他接下去说：

> 愚以为从事方脉药饵针灸摩砭，疗疾救世者，所以为医也；读书取以明此也。若读尽医书，而鄙视方脉药饵针灸摩砭，不惟非岐黄，并非医也，尚不如习一科、验一方者之为医也。

所谓医，乃是指对于那些方脉药饵针灸摩砭的"从事"而言。假使说一个学医的人，不"从事"于方脉药饵针灸摩砭等医治的方法，他还配称为一个医生吗？所以习斋认为"读尽医书，而鄙视方脉药饵针灸摩砭"的假医生，反不如"习一科、验一方"确能替人治病的真医生。我们从他所举的这个例子上面，可以看出他所以反对读书的态度。无怪他要说：

> 读尽天下书，而不习行六府、六艺，文人也，非儒也，尚不如行一节、精一艺者之为儒也。(《学辨一》)

然则习斋是主张不读书的么？我们知道他并非如此。我们只要看继承习斋思想的李塨，就可以明了。李塨不但是读书，而且是一个好读书的人，他读书几乎有万卷之多，岂有一个老师主张不读书，而他最得意的弟子，反读书有万卷之多的道理？在冯辰、刘调赞所撰的李塨的年谱里面，曾经有过这样的一段记载：

> 先生（指李塨）尝言，吾少年读书，强记四五过始成诵，比时同学者多如此。而予逾后，阅书几万卷者，好故也。故学在好，不在质高。

我们看了这一段话以后，可以知道习斋并不是一个主张不读书的人。他所以反对读书，是指那些"专以读书为博学"，却离开了实事实物的人。所以他说：

> 周公之法，春秋教以礼乐，冬夏教以诗书，岂可不读书？但古人是读之以为学，如读琴谱以学琴，读礼经以学礼，博学之，是学六行、六府、六德、六艺之事也。专以多读书为博学，是第一义已误，又何暇计问思辨行也。（《学辨二》）

习斋并不是主张不读书，而是主张读书应有一个态度。他的读书的态度，是"读之以为学"。"读书"和"学"通常人看作两件事体，把"读书"和"学"分离。因此学是学，读书是读书。如学琴的人只是读琴谱，并不是学琴；学礼的人只是读礼经，并不是学礼。这是因为他们不知读书的态度。读书应有一个态度，便是读书的时候，应自己发问，何故读书？或读书之后，所学何事？如果这样，便立时可以觉悟到应具的态度。态度是表明对实事实物认识到若何的程度，如果只是读死书，与实事实物不发生关系，就根本不能表示态度出来。宋儒做学问的方法便是这样，所以他说：

> 宋儒如得一路程本，观一处，又观一处，自喜以为通天下路程，人人亦以晓路称之，其实一步未行，一处未到，周行榛芜矣。（《年谱》）

习斋因此特别提出"习行"两个字来，以矫正读书。他曾经教导他的学生李塨，注意到三减，便是：

> 减冗琐以省精力，减读作以专习行，减学业以却杂乱。（《年谱》）

"减读作以专习行"，就是习斋矫正宋人专以读书为博学的一种方法。他把"习行"的关系，看得非常的重要。他说：

> 孔子……只教人习事，迨见理于事，则已彻上彻下矣。（《存学编》）
> 何不举古人三事三物之经世者，使人习行哉？后儒之口笔，见之非，无用；见之是，亦无用。（《年谱》）
> 孔门为学而讲，后人以讲为学，千里矣。（《年谱》）

这样看来，习斋反对读书，是反对读死书，反对读书不以为学，反对"以讲为学"，反对学不求致用，这就是习斋所以反对读书而主张习行的缘故。

（二）反对静坐

静坐是禅家的功夫，与孔门之学，完全不同。宋儒受禅宗影响极深，对于静坐，亦颇重视。静坐是建筑在空幻的基础之上，与习斋所主张的实学实习，完全是格格不入的。所以习斋对此，攻击最力，他说：

> 静极生觉，是释氏所谓至精至妙者，而其实洞照万象处，皆是镜花水月，只可虚中玩弄光景。(《性理评》)

> 洞照万象，昔人形容其妙，曰镜花水月。宋、明儒者所谓悟道，亦大率类此。吾非谓佛学中无此意也，亦非谓学佛者不能致此也。正谓其洞照者，无用之水镜；其万象皆无用之花月也。(《存人编》)

> 镜中花，水中月，去镜水，则花月无有也。即使其静功绵延，一生不息，其光景愈妙，虚幻愈深，正如人终日不离镜水，玩弄花月一生，徒自欺一生而已，何与于存心养性之功哉？(《性理评》)

又说：

> 今玩镜里花，水中月，信足以娱人心目。若去镜水，则花月无有矣。即对镜水一生，徒自欺一生而已矣。若指水月以照临，取镜花以折佩，此必不可得之数也。故空静之理，愈谈愈惑；空静之功，愈妙愈妄。吾愿求道者，尽性而已矣。(《存人编》)

释氏讲洞照，但所洞照的，不过是镜花水月之境。幻境的花月，是由于镜水的关系造成的，如果离开了镜水，当然那幻境的花月，也就失其根据。即或能把握到幻境的花月，试问这于实事实物的认识，有何补益？习斋更用水作譬，说明永远不能达到洞照之境。他说：

> 不至于此，徒苦半生，为腐朽之枯禅；不幸而至此，自欺更深。何也？人心如水，但一澄定，不浊以泥沙，不激以风石，不必名川巨海之水，能照百态，虽渠沟盆盂之水，皆能照也。今使竦起静坐，不扰以事为，不杂以旁念，敏者数十日，钝者三五年，皆能洞照万象，如镜花水月，功至此，快然自喜，以为得之矣。或豫烛未来，或邪妄相感，人物小有征应，愈隐怪惊人，转相推

服,以为有道矣。(《存人编》)

天地间岂有不流动之水?不着地,不见沙泥,不见风石之水?一动一著,仍是一物不照矣。(《存人编》)

水是能够临照百态的,当浊以沙泥,激以风石的时候,就不能够临照百态了。如果水能够不为泥沙所浊,不为风石所激,平静澄清,当然是百态映照。不但是名川巨海之水是如此,就是微细的沟渠,甚至盆盂之水,亦莫不如此。不过我们要知道:宇宙当中,绝对没有不流动、不着地、不为泥沙所浊、不为风石所激的水存在。人的心正复如此。因此习斋认为从静坐而达到的那种洞照的境地,仅不过是一种镜花水月,自欺欺人而已。习斋反对静坐,并不是单就理论方面说,乃是他自己"身历"的结果。他说:

予戊申前,亦尝从宋儒用静坐功,故身历而知其为妄,不足据也。(《存人编》)

"身历而知其为妄",正是习斋的实践的精神,所以他在反对静坐的时候,能够处处得力,搔着痒处,这是习斋独到的地方。因此他认为宋儒和孔孟是绝对不容相混的两种不同的系统。他曾经举过一个极有趣味的例子,来说明这种不同。他以为我们现在可以画两个堂室:一个堂上坐着孔子,他身上所佩带的是剑佩、觿决、杂玉、革带、深衣之类,两旁侍立的有七十二子。他们有的在演习着礼,有的在鼓瑟鼓琴,有的在羽箭舞文,干戚舞武,有的在问仁问孝,有的在商议兵农政事,他们身上所佩带的,也同孔子一样。四壁所放置的尽是弓矢、钺戚、箫磬、算器、马策,以及习礼时候所用的那些衣冠等等的东西。一个堂上坐着程子,他身上所穿戴的却是博带峨冠,两旁侍立的乃是游、杨、朱、陆等人。他们有的在返观静坐,有的在执书伊吾,有的在对谈静敬,有的在搦笔著述。四壁所放置的尽是书籍、字卷、翰研、黎枣等物。我们试比较一下,这两个堂室是不是相同的呢?习斋因

第十讲 生的哲学

此说:

> 予未南游时,尚有将就程、朱附之圣门之意。自一南游,见人人禅子,家家虚文,直与孔门敌对;必破一分程、朱,始入一分孔、孟,乃定以为孔、孟、程、朱,判然两途,不愿作道统中乡愿矣。(《年谱》)

这是习斋反对静坐的坚决的态度。习斋因为反对静坐,所以提出"实用"两个字来。他的学生李塨说:

> 所学即其所用,所用即其所学,乌有所谓静坐观空,泛滥书传以为学者哉?(《圣经学规纂》)
> 宋儒内外精粗,皆与圣道相反。养心,必养为无用之心,致虚守寂;修身,必修为无用之身,徐言缓步;为学,必为无用之学,闭门诵读。不去其病尽,不能入道也。(《李塨年谱》)

实用和静坐,是刚刚相反的两种态度。如果是静坐观空的话,结果就要成为无用之心、无用之身、无用之学。譬如我们的五官百骸,各有其用,现在有言不听,人来不视,则耳目之用失;手不接物,足恶动作,则手足之用失;静坐观心,身不喜事,则身心之用失。可见实用和静坐,是一实一虚,一有用,一无用。所以他们主张,"所学即其所用,所用即其所学"。在颜习斋的《年谱》上,曾经记载过习斋和陈同甫的会话。

> 陈同甫说:"人才以用而见其能否,安坐而能者不足恃;兵食以用而见其盈虚,安坐而盈者不足恃。"习斋说:"德性以用见其醇驳,口笔之醇者不足恃;学问以用而见其得失,口笔之得者不足恃。"

实用和静坐,一个是动态,一个是静态;一个是活泼泼地,一个是麻木不仁。毋怪习斋说:"一体不仁,则一用不具。"

(三)反对以气质为恶

宋儒谓人性有天地之性和气质之性之分,他们认为一切的恶端,都是由于气质之性。习斋对此,甚为反对。他认为气质不但非性之累,而且舍去了气质就无法做到存养的地步。这是清儒的一贯的看法。我们且看习斋曾经有过这样的说明,他说:

> 程、朱惟见性善不真,反以气质为有恶,而求变化之,是戕贼人以为仁义,远人以为道矣。(《存性编》)
>
> 心性非精,气质非粗,不惟气质非吾性之累,而且舍气质无以存养心性。(《存性编》)
>
> 气质拘此性,即从此气质明此性,还用此气质发用此性,何为拆去?且何以拆去?(《存性编》)
>
> ……故曰人为万物之灵,故曰人皆可以为尧、舜。其灵而能为者,即气质也。非气质无以为性,非气质无以见性也。今乃以本来之气质而恶之,其势不并本来之性而恶之不已也。(《存性编》)

气质和性,实际上是一个东西,本没有什么精粗善恶的分别。所谓性,就是指的气质,离开气质,则无性之可言。如果强以气质为恶,结果一定要做到戕贼人性的地步。习斋曾经举过一个例子,说明这种关系。譬如我们的眼睛,眶、疱、睛之属,好比是气质,光明能见物,好比是性。我们不能说,能见物的东西专视正色,眶、疱、睛之属便专视邪色。我们知道,能见物的东西和眶、疱、睛之属是不必分开的,也无从分开的。目能视,是指目之性;目见物,是指情之动;视物有详略远近的不同,乃是指才之能,都没有什么恶之可言。只有被外界的邪色所引动,而障蔽其明的时候,然后有所谓淫视,而发生了恶。

其所以被外界的邪色所引动,不是性之咎,当然也不是气质之咎。如果一定要归咎于气质,那就非先去掉能视的目不可。习斋说:

> 若谓气恶,则理亦恶,若谓理善,则气亦善。盖气即理之气,理即气之理,乌得谓理纯一善,而气质偏有恶哉?(《存性编》)

正是说明这个道理。所以习斋主张:"不惟有生之初,不可谓气质有恶,即习染极凶之余,亦不可谓气质有恶也。"然则"恶"是怎样发生的呢?习斋认为是由于两种关系。第一是误用其情,第二是引蔽习染。何谓误用其情?他说:

> 如火烹炮,水滋润,刀杀贼,何咎?或火灼人,水溺人,刀杀人,非火水刀之罪也,亦非其热寒利之罪也。手持他人物,足行不正途,非手足之罪也,亦非持行之罪也。耳听邪声,目视邪色,非耳目之罪也,亦非视听之罪也。皆误也,皆误用其情也。(《存性编》)

何谓引蔽习染,他曾引朱晦庵一段话以当说明。朱晦庵说:

> 人生而静,天之性,未尝不善。感物而动,性之欲,此亦未尝不善。至于物至知诱,然后好恶形焉。好恶无节于内,知诱于外,不能反躬,天理灭矣,方是恶也。

习斋更补充地解释:

> 误始恶,不误不恶也。引蔽始误,不引蔽不误也。习染始终误,不习染不终误也。(《存性编》)

恶的发生,是由于误。何以有误,又是因为引蔽的缘故。若不加以习染，尚有觉悟的可能，若是习染已深，便终误而永无自觉的机会。所以习斋很肯定地主张：

气质之性无恶，恶也者，蔽也，习也。

习斋又拿水说明性。他说：

澄澈渊湛者，水之气质。其浊之者，乃杂入水性本无之土，正犹吾言性之有引蔽习染也。其浊之有远近多少，正犹引蔽习染之有轻重浅深也。若谓浊是水之气质，则浊水有气质，清水无气质矣，如之何其可也？（《存性编》）

……不知原善者，流亦善；上流无恶者，下流亦无恶。其所谓恶者，乃是他途歧路，别有点染。譬如水出泉，若皆行石路，虽自西海达于东海，绝不加浊，其有浊者，乃亏土染之，不可谓水本清而流浊也。知浊者为土所染，非水之气质；则知恶者，是外物染乎性，非人之气质矣。（《存性编》）

水之浊，是由于泥土的杂入，不是水的气质。人的恶，是由于外物的引蔽习染，不是人的气质。可见气质本来不是恶的。不过人与水比较，究竟有不同。泥土杂入水中，在水的本身是无可如何的；但是人对于外物的引蔽习染，却不能不负相当的责任。所以习斋说：

水流未远而浊，是水出泉即遇易亏之土，水全无与也，水亦无如何也。人之自幼而恶，是气质偏驳，易于引蔽习染，人与有责也，人可自力也，如何可伦？（《存性编》）

水浊了，我们有一种洗水的方法。传说从前的人，曾经把惠山上面的泉水带到京师里去。有的时候水臭了，京师里面的人，知道一种洗水的方法，他们把沙石放在筦中，然后把水倾倒在上面，水经过了

第十讲 生的哲学

沙石流到下面,如此者数十次,水才能够慢慢地恢复原状,成为一种清泉。我们要知道这种洗水的方法,是洗去了水的习染,并不是洗去了水的气质。水浊了,有洗水的方法,人对于引蔽习染的关系,则将何如?习斋说:

> ……然则气质偏驳者,欲使私欲不能引染,如之何?惟在明明德而已。存养省察,摩厉乎诗书之中,涵濡乎礼乐之场,周、孔教人之成法固在也。自治以此,治人即以此,使天下相习于善,而预远其引蔽习染,所谓以人治人也。(《存性编》)

周、孔教人的成法,是那些三事、六行、六府、六德、六艺之道,是指的实事实物而言。我们在实事实物当中,能够下一番存养省察的工夫,就可以做到"预远其引蔽习染"的地步,气质纵有偏驳也可以不为私欲所引染。恶既然是由于引蔽习染的关系,当然气质本身便无恶之可言了。以气质为恶,是程、朱以后的看法。习斋说:

> 大约孔、孟而前责之习,使人去其所本无;程、朱以后责之气,使人憎其所本有。是以人多以气质自诿,竟有山河易改,本性难移之谚矣。其误世岂浅哉!(《存性编》)

宋人以气质为恶,是错误的根源,为什么当时都不能觉察到呢?这是由于"空谈易于藏拙"的缘故。他说:

> 大约宋儒仞性,大端既差,不惟证之以孔、孟之旨不合,即以其说互参之,亦自相矛盾者多矣。如此之类,当时皆能欺人,且以自欺,盖空谈易于藏拙,是以舍古人六府、六艺之学,而高言性命也。(《存性编》)

为什么"空谈易于藏拙"?这正是"画鬼容易画马难"的道理。

习斋对于那些空谈而自欺的学说，是尽力反对的，他所注重的仍是六府、六艺之学。他说：

> 周、孔似逆知后世，有离事物以为道，舍事物以为学者，故德、行、艺总名曰物。明乎六艺固事物之功，即德行亦在事物内，大学明亲之功何等大，而始事只曰在格物。空寂静悟，书册讲诵，焉可溷哉！（《年谱》）

> 内笃敬而外肃容，体之根心也，静时践其形也；六艺习而百事当，性之良能也，动时践其形也；絜矩行而上下通，心之万物皆备也，同天下践其形也。禅宗焉能乱我哉！（《年谱》）

总之，习斋的思想，处处反对空言立教，处处以事物为归，所谓见理于事，便是他的实践的精神。

关于习斋的思想，既已说明一个大概，现在对于颜、戴两氏思想上的关系，可以加以讨论。

习斋给予东原最大的影响，是他的"见理于事"，"以事物为归"的主张。东原的思想，虽然出发于"生生"，虽然处处看重一个"欲"字，然而他的归结，却是着重"人伦日用"。这种思想，是很明显地受了习斋的影响。东原说：

> 全乎智仁勇者，其于人伦日用行之，而天下睹其仁，睹其礼义，善无以加焉，自诚明者也。学以讲明人伦日用，务求尽夫仁，尽夫礼义，则其智仁勇所至，将日增益于圣人之德之盛，自明诚者也。（《孟子字义疏证》）

又说：

> 就人伦日用举凡出于身者，求其不易之则，斯仁至义尽而合于天，人伦日用，其物也；曰仁、曰义、曰礼，其则也。（《孟子

字义疏证》)

人伦日用,是指的日常的事物和人与人之间的一切关系而言。我们为学的目的,就在讲明这种人伦日用,以求做到"尽夫仁、尽夫礼义"的地步。只有在人伦日用里面,才可以看出仁与礼义的关系。人伦日用是物,仁义礼是则,有物必有则,有人伦日用,必有仁义礼。东原更拿饮食和知味做例子,来说明这种关系。他说:

然智愚贤不肖,岂能越人伦日用之外者哉?故曰:"人莫不饮食也,鲜能知味也。"饮食喻人伦日用,知味喻行之无失。使舍人伦日用以为道,是求知味于饮食之外矣。(《疏证》)

我们不能在饮食之外求知味,当然我们也不能舍去人伦日用,而另求其所谓道了。所以他说:

极言乎道之大如是,岂出人伦日用之外哉?(《疏证》)

东原所说的人伦日用,正是习斋所说的事、所说的物。东原所说的仁、义、礼,正是习斋所说的正德、利用、厚生,以及所谓德、行、艺。东原所说的"学以讲明人伦日用","于人伦日用行之",与习斋所说的"见理于事,则以彻上彻下矣",用意正同。东原以为舍人伦日用,则无道之可言,也与习斋所说的"不见诸事,非德非用非生也","不征诸物,非德非行非艺也",是同一的看法。可见东原受习斋的影响很不小。

至于清儒对理和欲的问题,似乎都是取着同一的观点。王船山说:"天下之公欲,即理也;人人之独得,即公也。"颜习斋说:"气质之性无恶;恶也者,蔽也,习也。"戴东原说,"凡有血气心知,于是乎有欲","生养之道,存乎欲者也"。这种看重"欲"的思想,是王、颜、戴诸氏的一致的看法,也正是清儒思想的一大特色,我们可以看

· 333 ·

到清代哲学和宋、明哲学完全立于正反对的地位。

三、戴东原的"生的哲学"

东原全部思想，都在说明一种"动"的现象，他用"生生"两个字表现出来。他说：

> 气化之于品物，可以一言尽也，生生之谓欤！（《原善上》）

"生生"这两个字，是东原说明气化与品物的根据，同时也正是东原全部思想的出发点。东原处处在告诉我们：气化流行的关系，生生不息的现象，以及发生万有不齐的品物的所以然。"因气化而有生生，因生生而有品物"，这两句话可看作东原全部思想的缩影。何谓气化？东原以为，充满宇宙间的，只有一种"气"的存在。在宇宙当中，也只有一种变动不已的"化"的作用。一切万物的滋长绵延，都是由于"气化"的作用。关于气化之理，他这样说明：

> 凡有生即不隔于天地之气化。阴阳五行之运而不已，天地之气化也，人物之生生本乎是。（《疏证中》）

气化和阴阳五行的关系，究竟怎样？在这里有说明的必要。气化和阴阳，并不是两件东西。所谓气，就含着阴阳二气，二气相反而相成。当它们相感相遇的时候，就要发生一种运行不已的变化的作用。我们对于阴阳二气感遇而生的变化，就称之为"气化"。可见，气，正是指的阴阳二气而言；化，正是指的阴阳二气相感相遇时所发生的变化而言。气化和阴阳是同一的东西，并不是说，在阴阳二气之外，另有所谓气化的作用存在。王船山在说明阴阳和动静的关系的时候，也曾经说过这样的话：

> 动静者，即此阴阳之动静，动则阴变于阳，静则阳凝于阴

……非动而后有阳，静而后有阴，本无二气，由动静而生。(《正蒙注》)

船山认为动静即此阴阳之动静，东原认为气化即此阴阳之气化，正是同一的看法。五行的关系，又怎样呢？东原说：

举阴阳则赅五行，阴阳各具五行也；举五行即赅阴阳，五行各有阴阳也。(《疏证中》)

五行的相克相生，和阴阳的相感相遇，同样地要发生一种变化的作用。可以说宇宙间一切变化的作用，都不出相感相遇相克相生的关系以外。而且在阴阳二气里面，就含着五行相克相生的关系；在五行里面，也就含着阴阳相感相遇的作用。所以说："阴阳各具五行，五行各有阴阳"；"举阴阳则赅五行，举五行则赅阴阳"。气化和阴阳五行的关系，既已说明，我们就可以知道东原拿阴阳五行运而不已一点来说明气化的原因。东原说：

阴阳五行以气化言也。(《绪言上》)

气化是从阴阳五行运而不已的关系显现出来的，但是宇宙间的万事万物，却又是从气化里面发生出来的。凡是一个有生命的东西，都不能与天地之气化隔离；一旦隔离，则其生机即将断绝。因为人物的生生，正是本乎天地的气化。东原便把握着这种关键，以建树他的"生的哲学"。

东原所说的"生生"，与"流行"的意义不同。"流行"是单指一种运行不已的变动的现象，"生生"却包括扩大、发展、绵延、滋长的现象而言。所以他在说了一句"流行不已"之后，还要加上一句"生生不息"。他说：

> 天地之气化，流行不已，生生不息。(《绪言上》)
> 一阴一阳，流行不已，生生不息。(《绪言上》)

东原把那种扩大、发展、绵延、滋长的"生生不息"的现象称之为"化"。他处处在说明"生生"，也正是他处处在说明"化"。所以他说：

> 生生者，化之原；生生而条理者，化之流。(《原善上》)

有了气化，就发生一种变动的现象；这现象是由于一种动力，以使其"运行不已"，东原便称之为"生生"；有了这种动力，就产生万有不齐的品物。各依其类，有条不紊地滋长绵延着，成为一种动向，东原便称之为"条理"。"生生"可以说明发展的过程，"条理"可以显现发展的关系。假使没有"生生"，根本不能成为"条理"；假使没有"条理"，根本无法显现"生生"。"条理"和"生生"，实际上只是一件事体的两面。就其藏诸体者而言，就称之为"生生"；就其显诸用者而言，就称之为"条理"。"条理"不仅显现了"生生"的本质，在"条理"本身就潜藏着"生生"的本质。"生生"不仅说明了"条理"的不同，在"生生"的瞬间，就潜伏着"条理"的不同。这便是所谓"化"，所谓"气化"。关于"生生"和"生生而条理"，东原实在说得很透彻。不过说到"孳生"的"类"，东原的思想就有问题了。譬如他说：

> 气化生人生物以后，各以类孳生久矣；然类之区别，千古如是也，循其故而已矣。在气化分言之曰阴阳，又分之曰五行，又分之则阴阳五行，杂糅万变。是以及其流形，不特品类不同，而一类之中，又复不同。(《绪言上》)

"气化生人生物以后，各以类孳生"，"杂糅万变……一类之中，又复不同",这仍是他的"由气化而有生生,由生生而有品物"的看法。不过所谓"类之区别,千古如是,循其故而已矣",这简直是一种"类"不变的思想,这还谈得上生的哲学吗?不谓以标榜"生生"的东原,却见不及此,可见成见的摆脱是一件颇不容易的事。

东原处处着重"化"的说明,即以"生生"和"生生而条理"说明"化"的两种现象,并建树他的思想体系。他把宇宙当中一切的现象,分为三类:第一,自然的;第二,必然的;第三,本然的。"自然的"关系,他叫做"顺";"必然的"关系,他叫做"常";"本然的"关系,他叫做"德"。另外又提出一个"道"字来,叫我们在道里面,明了"天地之顺";提出一个"善"字来,叫我们在善里面,察知"天地之常";提出一个"性"字来,叫我们在性里面,通晓"天地之德"。表面上好像在说明"道"和"顺"的关系,"善"和"常"的关系,"性"和"德"的关系,实际上却是处处在说明所谓"自然""必然"和"本然",也即是说明所谓"化"。我们现在就根据这三方面,对东原思想体系,作一番检讨。

(一) 道

东原对于"道"之一字的说明,是从他的中心思想的"化"出发。他对于"道",好像说得非常复杂,实际上是很简单的。他恐怕我们对这种表面上好像复杂的"道",不能了解,不能认识,所以处处提出一种"自然"来解释。他认为所谓"道",就是那种"自然"的现象,任自然的现象自由发展,不加伤害,就可认识这个"道",把握这个"道"。东原下"道"之一字的定义说:

> 道,言乎化之不已也。(《原善上》)
> 一阴一阳,盖言天地之化不已也,道也。(《原善上》)

"道",指"化"而言,指"化之不已"而言。天地间何以能够发生"化"的作用?"化"的作用又何以能够"不已"?这是由于天地间有阴阳的两种不同的作用的缘故。当这两种不同的作用相接触的时候，就发生一种"动"的作用，在"动"的作用里面，就潜藏着"化"。"动"的作用，永无停止，那么，"化"也当然是"不已"。为什么在"动"的作用里面潜藏着"化"？为什么"动"的作用又永无停止？他曾经提出"生"和"息"两个字来说明。他说：

> 动而输者立天下之博，静而藏者立天下之约。博者其生，约者其息，生者动而时出，息者静而自正。君子之于问学也，如生；存其心，湛然合天地之心，如息。人道举配乎生，性配乎息。生则有息，息则有生，天地所以成化也。（《原善上》）
>
> 生生之呈其条理，显诸仁也。惟条理是以生生，藏诸用也。显也者，化之生于是乎见。藏也者，化之息于是乎见。生者至动而条理也，息者至静而用神也。卉木之枝叶华实，可以观夫生。果实之白，全其生之性，可以观夫息。（《原善上》）

关于生生和条理，我们已另有说明。这两个名词，对于东原的全部思想，关系颇为重大。讲到后面，我们还要详加阐述，在这里仅连带地说说。东原以为宇宙当中一切的现象，可以用两个字包括净尽，一个是"动"字，一个是"静"字。"动"和"静"就表面看来，好像是相反的，其实不然。"动"，是就显诸外的那种外表的现象而言；"静"，是就藏诸内的那种内部的关系而言。"动"和"静"，实际上是一件事体的两面。更正确地说，所谓静者，实即是动，是动的另一种作用。因为有了动的作用就发生天下的万事万物，这就叫做"立天下之博"，这便是所谓"生"。又因为有了静的作用，就潜藏着那种发生万事万物的原动力，这就叫做"立天下之约"，这便是所谓"息"。"生"即是那种"时出"而"条理"的"动"，"息"即是那种"自正"而"用神"的"静"。"静"既然是一种原动力，我们怎能说"静"不是"动"呢？东原对"生"和"息"的看法，也正相同。他认为："生"，不是一个单纯的"生"，而是"化之生"；"息"，不是

第十讲 生的哲学

一个单纯的"息",而是"化之息"。假如我们把生和息仅仅看作一种单纯的作用,那就是一种机械的看法。宇宙间万事万物滋长绵延的现象,是那种"生生"的作用。惟其有了滋长绵延的生生,所以就产出那许多有条不紊的品物的条理来,这就叫做"显诸仁"。但是在那许多有条不紊的品物的条理里面,却又潜藏着那种滋长绵延的生生的新的作用,这就叫做"藏诸用"。由"显诸仁"可以看到"化之生",由"藏诸用"可以看到"化之息"。"生"是"息"的一种显现,"息"里面正潜藏着"生",一生一息,形成永无停止的"动",即形成"不已的化"。东原更恐怕我们对于"生"和"息"的关系,不能了解得十分透彻,于是更举例证明。他以为人伦日用是生,而我们的性却能适合于人伦日用,这便是息。我们日新月异地研究学问,是生,而我们的存心,却能体验所学,见诸实行,这便是息。草木的发芽滋长、株成叶茂、华繁果熟的现象,是生,但是那些发芽滋长、株成叶茂、华繁果熟的现象,无一不包含于果实之白里面,这果实之白便是息。一生一息,相因相倚,相反相成,无有止极,便是天地所以化之不已的原因。东原便是把这种化之不已的现象,叫做"道"。他认为这种现象是自然的现象。于是处处用"自然"以解释"道"兼解释"化"。他说:

知其自然,斯通乎天地之化。(《原善上》)

所谓"天地之化",即是自然现象。我们只要认识自然现象,就能通晓天地之化。但是所谓自然现象,究竟是怎样的现象呢?东原仍旧提出"生生"两字。他说:

气化之于品物,可以一言尽也,生生之谓欤!(《原善上》)

所谓"生生",含有生长、生动、生活、生存的意思,又含有滋长、绵延、继续不断的意思。这两层意思是分不开的。前者名之为

· 339 ·

"生"，后者名之为"生生"。譬如说，一颗麦，当我们把它种植到泥土里面以后，就慢慢地活动而生长起来，结果成为一种草本的植物，而产出了一个新的麦穗，在这个麦穗里面，却包含着千百颗新的麦粒。一个蚕子，得着了适当的温度的时候，就变成一条蚕，然后成茧、成蛹，一直到成蛾，蛾又产出千百个蚕子。麦粒从种植到泥土以后，长成为草本植物，长出了新的麦穗，都是一种"生"的作用。但是等到从麦穗里面，更产出千百颗新的麦粒来的时候，那就不仅是"生"的作用，而更含有"生生"的作用了。蚕子从成蚕、成茧、成蛹，一直到成蛾，都是一种"生"的作用。但是等到蛾又产出千百个蚕子来的时候，那也不仅是"生"的作用，而更含有"生生"的作用。一定要达到了"生生"的境地，才算完成了"生"的使命。宇宙间万事万物，所以能够滋长绵延继续不断，正由于有这"生生"的作用。这"生生"的作用，就是所谓自然现象。如果我们能够依顺着这种自然现象，就能把握住"生生"，反之，如果背逆了这种自然现象，就要失去"生生"了。东原说：

　　　言乎自然之谓顺。(《原善上》)
　　　自然者天地之顺。(《原善上》)

　　东原特别提出了一个"顺"字，以说明自然，是很有深意的。他认为"顺"就是"道"。所以说：

　　　上之见乎天道，是为顺。(《原善上》)
　　　明乎天地之顺者，可与语道。(《原善上》)
　　　言乎顺之谓道。(《原善上》)
　　　天下之道尽于顺。(《原善上》)

　　东原不但认"顺"就是"道"，同时他还认"顺"和"生生"，也有密切的关系。他说：

一阴一阳,其生生乎!其生生而条理乎!以是见天地之顺。故曰一阴一阳之谓道。(《原善上》)

总之,东原所说的"自然",所说的"顺",所说的"道",所说的"生生",所说的"化",实际是同一的东西,明白了这点,才能把握住他的全部的思想。现在更进一步看东原对"道"的说明。他把"道"分为"天道"和"人道"。他说:

道有天道人道:天道,阴阳五行是也;人道,人伦日用是也。(《绪言上》)
在天为天道。在人,咸根于性而见于日用事为,为人道。(《原善上》)
人道本于性,而性原于天道。(《疏证下》)
大致在天地则气化流行,生生不息,是谓道。在人物则人伦日用,凡生生所有事,亦如气化之不可已,是谓道。故《易》曰:"一阴一阳之谓道。"此言天道也。《中庸》曰:"率性之谓道。"此言人道也。(《绪言上》)

天道,指阴阳五行而言,是"气化流行,生生不息";人道,指人伦日用而言,是"凡生生所有事,亦如气化之不可已"。以气化流行的自然现象而言,就称之为天道。以日用事为的人物关系而言,就称之为人道。天道和人道,并不是对立的,而是连贯的。人道的发生,是以天道为根据。因为我们的日用事为的人道,都是根据我们的本性而发生的。《易经》上所说的"一阴一阳之谓道",是指的天道;《中庸》上所说的"率性之谓道",是指的人道。东原拿"体物"说明天道;拿"生养之道"说明人道;另提出一个"分"字来,以说明人道和天道的关系;又提出"实体实事"来,以说明人道和天道的所在。我们先看东原对于天道的说明。他说:

> 天道，五行阴阳而已矣。(《原善上》)
>
> 五行阴阳者，天地之事能也。(《原善上》)
>
> 言乎天地之化曰天道。(《绪言上》)

所谓天道即就天地化生而言。天地何以化生？乃由于五行阴阳。五行阴阳，东原认为是天地的事能，而称之为天道。他在说明体物的时候，用五行阴阳来说明；在说明天道的实体的时候，也用五行阴阳来说明。又在说明由天道化分为人道的时候，仍是用五行阴阳来说明。他说：

> 形而上者，阴阳鬼神胥是也，体物者也。(《原善上》)
>
> 五行之成形质者，则器也。其体物者，道也。(《原善上》)
>
> 器言乎一成而不变，道言乎体物而不可遗。(《疏证中》)

这是说明体物。他说：

> 阴阳五行，道之实体也。(《疏证中》)
>
> 人物同本于天道。阴阳五行，天道之实体也。(《绪言上》)

这是说明天道的实体。他又说：

> 由天道以有人物，五行阴阳，生杀异用，情变殊致。是以人物生生，本五行阴阳，征为形色。(《原善中》)
>
> 阴阳五行，道之实体也。血气心知，性之实体也。有实体，故可分。惟分也，故不齐。古人言性，惟本于天道如是。(《疏证中》)
>
> 天道，阴阳五行而已矣。人物之性，咸分于道，成其各殊者而已矣。(《疏证中》)

第十讲 生的哲学

这是说明由天道划分人道。惟其认天道是体物的，所以告诉我们："万物育，则天下无或不得其顺者也。"（《原善下》）惟其认天道是实体的，所以说："语道于天地，举其实体实事而道自见。"（《疏证下》）惟其认人道是由天道划分的，所以说："人道本于性，而性原于天道。"（《疏证下》）这是东原一贯的说明。我们再看他怎样说明人道，他说：

> 行于人伦庶物之谓道。（《原善上》）
> 人道，人伦日用、身之所行，皆是也。（《疏证下》）
> 语道于人，人伦日用，咸道之实事。（《疏证下》）
> 然智愚贤不肖，岂能越人伦日用之外者哉？故曰："人莫不饮食也，鲜能知味也。"饮食喻人伦日用，知味喻行之无失。使舍人伦日用以为道，是求知味于饮食之外矣。（《疏证下》）

东原从人伦日用说明人道。以为"道"只宜从人伦日用上去求，如果离开人伦日用以求"道"，正和离开饮食以求知味一样。颜习斋说：

> 孔子则只教人习事，迨见理于事，则已彻上彻下矣。（《存学编》）

习斋那种"见理于事"的主张，和东原求道于人伦日用的主张，用意是相同的。所以东原说：

> 出于身者，无非道也。（《疏证下》）
> 道者，居处饮食言动，自身而周于身之所亲，无不该焉也。（《疏证下》）
> 极言乎道之大如是，岂出人伦日用之外哉？（《疏证下》）

人道赅括人伦日用，既已说明，但人伦日用又怎样解释呢？东原

· 343 ·

便提出"生养之道"来。他说：

> 饮食男女，生养之道也，天地之所以生生也。(《原善下》)
> 圣人顺其血气之欲，则为相生养之道。(《疏证上》)

生养之道，就是天地所以生生的大道，实际上是饮食男女的"大欲"。东原很坦白地告诉我们，这种饮食男女的大欲，正是所谓的生养之道。我们只要能够依顺着这种饮食男女的血气之欲，就可以完成生养之道，也就可以完成"天地之所以生生"的大道。所以东原说：

> 生养之道，存乎欲者也；感通之道，存乎情者也。(《原善上》)
> 合声色臭味之欲，喜怒哀乐之情而人道备。(《疏证中》)
> 耳目百体之欲，求其故，本天道以成性者也。人道之有生，则有养也。(《原善上》)

又说：

> 耳目百体之所欲，血气之资以养者，所谓性之欲也，原于天地之化者也。故在天为道，在人为性，而见于日用事为人道。(《绪言上》)

欲本乎天道以成性，是"原于天地之化"的，又怎样可以去呢？主张去欲的人，无异于主张去生养之道。东原对这点特别看重，所以说：

> 是故去生养之道者，贼道者也。(《原善下》)

然则我们对于这种生养之道的欲，就可以漫无节制地放纵了吗？

是又不然。东原说:

> 夫耳目百体之所欲,血气之资以养者,生道也。纵欲而不知制之,其不趋于死也,几希!(《绪言上》)

"制之"这两个字,东原看得非常重要,这就包含在他所说的"条理"里面。所以东原说:

> 惟条理是以生生,条理苟失,则生生之道绝。(《疏证下》)

"生生",是指自然的关系而言;"条理",是指必然的关系而言。那种显现必然关系的"条理",正含着完成自然关系的"生生"之道的作用。假使失去了那必然关系的"条理",则所谓自然关系的"生生",亦将不能成立。东原以"道"之一字,来说明自然关系的"生生";以"善"之一字,来说明必然关系的"条理",是一个很有组织的说明。现在我们说明"善"。

(二) 善

东原对于"善"之一字,看得非常重要。可以说这是他的全部思想的主眼。他下"善"之一字的定义,说:

> 善,言乎知常、体信、达顺也。(《原善上》)

怎样叫做"常"?怎样叫做"信"?怎样叫做"顺"?他曾逐一加以说明:

> 上之见乎天道,是谓顺。(《原善上》)
> 实之昭为明德,是谓信。(《原善上》)
> 循之而得其分理,是谓常。(《原善上》)

但所谓"道",所谓"德",所谓"理",又是怎样的呢?他说:

> 道,言乎化之不已也。德,言乎不可渝也。理,言乎其详致也。(《原善上》)

对于"顺"和"道"的关系,我们上面已有说明。对于"信"和"德"的关系,我们在后面就要讨论到。在这里我们单提出"常"和"理"的关系来解说。东原说:

> 察乎天地之常者,可与语善。(《原善上》)

东原说明"善",虽然提到了"信",提到了"顺",可是他特别看重的,还在一个"常"字。我们只要对"常"之一字,详加阐明,就可以了解东原所说的"善"了。东原说:

> 生生,仁也。未有生生而不条理者。条理之秩然,礼至著也。条理之截然,义至著也。以是见天地之常。三者咸得,天下之懿德也,人物之常也。故曰"继之者,善也"。(《原善上》)
> 善,曰仁,曰礼,曰义:斯三者,天下之大衡也。(《原善上》)

东原把仁、义、礼三者,称之为善,又称之为常。他以"生生"说"仁",以"条理"说"礼"和"义"。而对于"礼"和"义",又分开解释。谓"礼"为属于"条理之秩然"的,"义"属于"条理之截然"的。东原对于"生生"和"条理"这两个名词,曾反复阐明,不厌其详。有时拿"生生"解释"条理",有时又拿"条理"来解释"生生"。一方面告诉我们,在"生生"的作用里面,才能发生"条理"。另一方面又告诉我们,在"条理"的关系里面,才能显现"生生"。生生和条理的关系,究竟怎样?为什么东原对于这两个名词这样不惮烦地解释?正是我们在这里所要讨论的中心问题。何谓条理?东原说:

得其分，则有条而不紊，谓之条理。(《疏证上》)

条理，是指"有条而不紊"的现象而言。"有条而不紊"的现象，怎样发生？东原以为是由于"得其分"。东原说：

凡分形气于父母，即为分于阴阳五行。人物以类滋生，皆气化之自然。(《疏证中》)
天道，阴阳五行而已矣。人物之性，分于道而有之，成其各殊者而已矣。其不同类者，各殊也；其同类者，相似也。(《绪言上》)

宇宙间的万事万物，就表面看来，好像是千头万绪，杂乱无章，有的相似，有的各殊。我们对于这许多头绪纷繁杂乱无章的事物，有什么方法加以整理，加以分别呢？当我们有了一个"类"的观念以后，于是我们知道凡是同类的，都是相似的；凡是不同类的，都是各殊的。当我们有了一个"分"的观念以后，于是我们知道在那种纷繁杂乱的事物当中，都含有着一种有条不紊的条理。就是所谓"分于道"、"分于阴阳五行"。这种"分"的作用，正是"气化之自然"，所以人物能够"以类滋生"。"分"，是"生生"的作用；"得其分"，是"条理"的作用。"类"，是"条理"的作用；"以类滋生"，却又是"生生"的作用。更正确地说来，所谓"得其分"者，是由"生生"而成其"条理"；所谓"以类滋生"者，是由"条理"更发为"生生"。"条理"和"生生"，实际上是一件东西的两种不同的作用。不过"条理"更为重要。因为"条理"不仅显现"生生"的作用，条理本身即含着"生生"的作用，并且完成"生生"的作用。所以东原说：

孟子称孔子之谓集大成曰："始条理者，智之事也；终条理者，圣之事也。"圣智至孔子而极其盛，不过举条理以言之而已矣。(《疏证上》)

· 347 ·

东原更进一步地说：

> 生生者，仁乎！生生而条理者，礼与义乎！何谓礼？条理之秩然有序，其著也。何谓义？条理之截然不可乱，其著也。（《原善上》）

> 《易》有之曰："天地之大德曰生。"一阴一阳，流行不已，生生不息。观于生生，可以言仁矣。在天为气化之生生，在人为其生生之心，是乃仁之为德也。由其生生有自然之条理，惟条理所以生生，观于条理之秩然有序，可以言礼矣。失条理则生生之道绝，观于条理之截然不可乱，可以言义矣。生生，诚也；条理，明也。故行道在体仁，知道在达礼，在精义。（《绪言上》）

> 自人道溯之天道，自人之德性溯之天德，则气化流行，生生不息，仁也；由其生生有自然之条理，观于条理之秩然有序，可以知礼矣。观于条理之截然不可乱，可以知义矣。在天为气化之生生，在人为其生生之心，是乃仁之为德也。在天为气化推行之条理，在人为其心知之通乎条理而不紊，是乃智之为德也。惟条理是以生生，条理苟失，则生生之道绝。（《疏证下》）

"由其生生有自然之条理"，"惟条理所以生生"，"失条理则生生之道绝"，这三句话都是说明"生生"和"条理"是互相关联的。就天道说，则为"气化之生生"；就物理说，则为"以类滋生"；就人事说，则为"生生之心"。但是"气化之生生"，何以"推行而不乱"？"以类滋生"，何以"各依其类"？"生生之心"，何以"心知之通乎条理而不紊"？这是因为"由其生生有自然之条理"的道理。这就叫做"礼"，这就叫做"义"。所以说："生生者，仁乎！生生而条理者，礼与义乎！"礼和义，虽然都是条理的作用，却是大有分别。礼，是"条理之秩然有序"的；义，是"条理之截然不可乱"的。在这里，东原便提出一个"理"字来，以说明"秩然"；提出一个"权"字来，以说明"截然"。他解释"理"字道："循而分之，端绪不乱，曰理。"

(《绪言上》)"端绪不乱",当然是指的"秩然"。他解释"权"字道:"权,所以别轻重。谓心之明至于辨察事情而准,故曰权。"(《疏证下》)"别轻重","辨察事情而准",当然是指的"截然"。他在《孟子字义疏证》卷上,曾对于"理"和"义"发过一段最精彩的议论。他说:

> 举理以见心能区分,举义以见心能裁断。分之各有其不易之则,名曰理。如斯而宜,名曰义。是故明理者,明其区分也。精义者,精其裁断也。

"区分",是指的"秩然"。"裁断",是指的"截然"。"分之各有其不易之则",当然是"有序"。"如斯而宜",当然是"不可乱"。所以他说:

> 条理之秩然,礼至著也。条理之截然,义至著也。(《原善上》)

礼和义,虽然有"秩然"和"截然"的分别,但是同属于"条理"。由"生生"而有"条理","条理"即包含于"生生"之中,故举"仁"即可以该"礼",即可以该"义"。他说:

> 礼也,义也,胥仁之显乎!(《原善上》)

"条理"虽然包含于"生生"之中,然而"条理"却有显现"生生",完成"生生"的作用。东原因此提出一个"智"字来,他说:

> 若夫条理得于心,其心渊然而条理,是为智。智也者,其仁之藏乎!(《原善上》)

东原把"仁"和"智"这两个字,看得非常重要。他拿"仁"说明"生生",拿"智"字说明"条理"。他所说的"体仁",是就"仁"说,他所说的"达礼""精义",是就"智"说。他所说的"行道",是一种"生生"的作用;他所说的"知道",是一种"条理"的作用。所以他说:"生生,诚也;条理,明也。"诚的显现则为仁,明的显现则为智,原是一贯的看法。达到了"仁"和"智"的境地,就可以达到必然的境地了。东原说:

> 得乎生生者谓之仁,得乎条理者谓之智。至仁必易,大智必简。仁智而道义出于斯矣。(《原善上》)
> 天下事情,条分缕析,以仁且智当之,岂或爽失几微哉?(《疏证上》)

这就是东原所谓"天下之懿德",也就是东原所说的"人物之常"。"懿德"与"常",就成为"必然"。东原说:

> 以秉持为经常曰则,以各如其区分曰理,以实之于言行曰懿德。(《疏证上》)
> 言乎必然之谓常。(《原善上》)
> 必然者,天地之常。(《原善上》)
> 呈其自然之符,可以知始;极于神明之德,可以知终。(《原善上》)
> 人之神明出于心,纯懿中正,其明德与天地合矣。(《原善中》)
> 纯懿中正,道之则也。(《原善下》)
> 物者,指其实体实事之名;则者,称其纯粹中正之名。实体实事罔非自然,而归于必然,天地人物事为之理得矣。(《疏证上》)

宇宙当中充满着实体实事的物,有了物,就有一种纯懿中正的不可易的法则。实体实事的物,是自然的,纯懿中正的则,是必然的。由必然的纯懿中正的则,才能把握住"天地人物事为之理"。东原说:

是故就事物言，非事物之外别有理义也。有物必有则，以其则正其物，如是而已矣。(《疏证上》)

就人心说，东原提出"神明"两个字来。他曾告诉我们："呈其自然之符，可以知始；极于神明之德，可以知终。"他拿神明和自然来作对比的说明，可见神明两字，东原极为重视。他说：

理义非他，所照所察者之不谬也。何以不谬？心之神明也。人之异于禽兽者，虽同有精爽，而人能进于神明也。(《疏证上》)

就人心言，非别有理以予之而具于心也。心之神明，于事物咸足以知其不易之则，譬有光皆能照，而中理者，乃其光盛，其照不谬也。(《疏证上》)

天下惟一本，无所外。有血气则有心知，有心知则学以进于神明。一本然也。(《疏证上》)

人则能书，充其知，至于神明，仁义礼智无不全也。仁义礼智非他，心之明之所止也，知之极其量也。(《疏证中》)

又说：

故人莫大乎智足以择善也。择善则心之精爽进于神明，于是乎在。(《原善中》)

"精爽"就自然说，"神明"就必然说。"以类滋生"，"饮食男女"，都是属于自然的，是人类禽兽之所同。但知道"以类滋生"的不易之则，知道对"饮食男女"之欲所以制之，那是属于必然的，是人与禽兽之所异。前者属于"精爽"，后者属于"神明"。一个人的心，如果能从"精爽"而进于"神明"，那就可以达到"择善"的地步，所谓"择善"，就是能从自然中求出必然。一个人如果能够"择善"，就不难"进于圣智"。东原所谓"所照所察者之不谬也""知其不易之则""心之明之所止""知之极其量",都是指"择善"而言。但是我们要怎样才知道"择善"呢？东原叫我们去"学",叫我们由"学"以"扩充其知"。他说：

> 失理者，限于质之昧，所谓愚也。惟学可以增益其不足而进于智。益之不已，至乎其极，如日月有明，容光必照，则圣人矣。(《疏证上》)

> 试以人之形体与人之德性比而论之。形体始乎幼小，终乎长大；德性始乎蒙昧，终乎圣智。其形体之长大也，资于饮食之养，乃长日加益，非复其初；德性资于学问，进而圣智，非复其初，明矣。(《疏证上》)

> 学则就其昧焉者牖之明而已矣。(《疏证中》)

怎样叫做学？学是由无知到有知，由蒙昧到圣智，由长于自然而明于必然。所以东原说：

> 圣人之学，使人明于必然。(《绪言上》)

但自然和必然非孤立的，而是联系的。所以说：

> 自然之与必然，非二事也。就其自然，明之尽而无几微之失焉，是其必然也。如是而后无憾，如是而后安，是乃自然之极则。若任其自然而流于失，转丧其自然而非自然也。……故归于必然，适完其自然。(《疏证上》)

> 善者，称其纯粹中正之名；性者，指其实体实事之名。一事之善，则一事合于天。成性虽殊，而其善也则一。善，其必然也；性，其自然也。归于必然，适完其自然。此之谓自然之极致。(《疏证下》)

> 夫人之异于物者，人能明于必然；百物之生，各遂其自然也。(《疏证上》)

> 孟子之言乎自然，异于告子之言乎自然，盖自然而归于必然。必然者，不易之则也，非制其自然使之强而相从也。天下自然而无失者，其惟圣人乎！（《绪言上》）

"归于必然，适完其自然，此之谓自然之极致"，这段文句是东原全部思想的神髓。他认为人与万物所以不同，就在于人能够知道必然，而物只各遂其自然。因为这样，所以万物只能在自然条件限制下求生存，而没有超出自然限制的力量。人是明于必然的，所以人有超出自然限制的力量。人能够在自然条件的限制之外，造出许多工具，以求达到必然的目的。因此人类不仅能够利用自然，并且能够驾御自然，征服自然。这便是"归于必然，适完其自然"的意思，这就叫做"自然之极致"。必然和自然，并非二事。必然由自然而来，自然向必然而去。必然既不是"制其自然使之强而相从"的作用，更与那种"任其自然而流于失，转丧其自然"的情况不同，乃是"就其自然，明之尽而无几微之失"之意。东原对于生生和条理的看法，与此正同。所谓生生，即指自然而言；所谓条理，即指必然而言。他的那种"惟条理是以生生，条理苟失，则生生之道绝"的主张，与这里"归于必然，适完其自然"的思想，正相吻合。东原认为：孔、孟的思想，与各家思想的分野，就在孔、孟能够看到"归于必然，适完其自然"这一点。他说：

> 孔、孟之异于老聃、庄周、告子、释氏者，自志学以至从心所欲不逾矩，皆见乎天地人物事为有不易之则之为必然，而博文约礼以渐致其功。彼谓致虚极，守静笃，为道日损，损之又损，以至于无，至于道法自然无以复加矣。孟子而后惟荀子见于礼义为必然，见于不可徒任自然，而不知礼义即自然之极则。宋儒亦见于理为必然，而以理为太极，为生阳生阴之本，为不离阴阳，仍不杂于阴阳。指其在人物为性，为不离气质，仍不杂乎气质，盖以必然非自然之极则而已。（《绪言下》）

可见东原对必然和自然的说明，是费了一番苦心，然而这点也正是他的识解过人之处。

(三) 性

东原以道和顺的关系，说明自然；以善和常的关系，说明必然；现在又以性和德的关系，说明本然。他说：

> 实之昭为明德，是谓信。(《原善上》)
> 言乎信之谓德。(《原善上》)
> 名其不渝谓之信。(《原善上》)
> 德，言乎不可渝也。(《原善上》)

他拿"信"之一字来解释"德"，又拿"不渝"来确定德的含义。所谓"不渝"即是指"本然"而言。他说：

> 言乎本然之谓德。(《原善上》)
> 通乎天地之德者，可与语性。(《原善上》)

德和性，都是就本然而言。不过，德，是指天地之本然；性，是指人物之本然。人物之性，却又是本于天地之德。现在我们只要就性加以研究，那么，对于德也就可以了然了。东原说：

> 性，言乎本天地之化，分而为品物者也。限于所分曰命，成其气类曰性。各如其性以有形质，而秀发于心，征于貌色声，曰才。资以养者存乎事，节于内者存乎能。事能殊致存乎才，才以类别存乎性。有血气，斯有心知，天下之事能于是乎出。君子是以知人道之全于性也。(《原善上》)

这一段话，是东原性论的中心。他告诉我们"性""命""才"的分别,"事"和"能"的作用,以及"血气"和"心知"的关系。我们必定要能够把这许多关系,认识清楚,然后才能把握住东原的性论。东原说:

> 气化生人生物,据其限于所分而言谓之命,据其为人物之本始而言谓之性,据其体质而言谓之才。(《疏证下》)

命,是就"限于所分"而言;性,是就"人物之本始"而言;才,是就"体质"而言。人物之生,是各依其类,而分于天地之气化。分于天地之气化,是"分",各依其类,是"限于所分"。这种有所限制,人力无从增减于其间的,叫做"命"。其未感于外物时的那种本然的状态,叫做"性"。人物各如其性而成其形质,以显现出性的本然的,叫做"才"。我们现在拿金锡为譬。当我们熔冶金锡的时候,就它们的本然之质来说,是性。既已熔冶,则冶金必成金器,冶锡必成锡器,这是命。既已成器,则有形体可见,可以辨别出孰为金器,孰为锡器,这是才。我们再拿桃树和杏树作譬。当桃核和杏核,尚未生根发芽的时候,无法辨别它们生长的力量及其形色臭味的不同,这是性。后来种入泥土之后,株成叶茂,华繁果熟,桃自桃,杏自杏,各不相同,这是才。可是桃和杏的不同,并非是到了长成桃树和杏树以后,才能看出,它们的不同,早潜藏于桃核和杏核之中。在桃核里面,只能长成桃树,绝不能长出一棵杏树;在杏核里面,也只能长成杏树,绝不能长出一棵桃树。这便是命。所以东原说:"限于所分曰命,成其气类曰性。各如其性以有形质,而秀发于心,征于貌色声,曰才。"不过这命、性、才三者,都是由气化而生,称之为"天性"。东原说:

> 成是性,斯为是才。别而言之,曰命,曰性,曰才;合而言之,是谓天性。(《疏证下》)

这是说明性、命、才的分别。我们再看东原对"事"和"能"的说明。他说：

> 生养之道，存乎欲者也。感通之道，存乎情者也。二者自然之符，天下之事举矣。尽美恶之极致，存乎巧者也。宰御之权，由斯而出。尽是非之极致，存乎智者也。贤圣之德，由斯而备。二者亦自然之符，精之以底于必然，天下之能举矣。（《原善上》）

> 五行阴阳者，天地之事能也。是以人之事能，与天地之德协。事与天地之德协，而其见于动也亦易。与天地之德违，则遂己之欲，伤于仁而为之；从己之欲，伤于礼义而为。能与天地之德协，而其有所倚而动也亦易。远于天地之德，则以为仁，害礼义而有不觉；以为礼义，害仁而有不觉。皆道之出乎身，失其中正也。（《原善上》）

> 人与物同有欲。欲也者，性之事也。人与物同有觉。觉也者，性之能也。欲不失之私则仁，觉不失之蔽则智。仁且智，非有加于事能也，性之德也。（《原善上》）

> 耳目百体之所欲，血气资之以养，所谓性之欲也，原于天地之化者也。是故在天为天道，在人咸根于性而见于日用事为为人道。仁义之心，原于天地之德者也。是故在人为性之德。斯二者，一也。由天道而语于无憾，是谓天德。由性之欲而语于无失，是谓性之德。性之欲，其自然之符也。性之德，其归于必然也。归于必然，适全其自然。此之谓自然之极致。（《原善上》）

"事"，是就"自然"的方面而言。所谓欲，所谓情，都属于"事"。东原提出这个"事"字来，是在说明"仁"的作用。所谓仁，实即"生生"之意。故说："得乎生生者谓之仁。""能"，是就"必然"的方面而言。所谓巧，所谓智，所谓觉，都属于"能"。东原提出这个"能"字来，是在说明"智"的作用。所谓智，实即"条理"之意。故说："得乎条理者谓之智。""事"，既就生生而言，所以看重一个养字。"能"，既就条理而言，所以看重一个节字。他说："资以养者存乎事，节于内者存乎能。"他认为天地的事能，就是五行阴阳，他称为天地之德。人的事能，就是仁智，他称为性之德。人的事能，和天地的事能，是本来一致的。不过表现在行动的时候，如果违背了天地之德，就不免陷于"私"与"蔽"，而有伤于仁智。事之失，由于私；能之失，由于蔽。私，是仁的反面；蔽，是智的反面。前者是欲望之失，后者是感觉之失。要两无所失，才能进于神明。东原说：

> 由心知而底于神明，以言乎事，则天下归之仁；以言乎能，则天下归之智。（《原善上》）

但"事"和"能"之相互间之关系，又怎样呢？我们知道：事，是指生养之道的"欲"和感通之道的"情"而言，这叫做"性之欲"；能，是指知道美恶的"巧"和辨别是非的"智"而言，这叫做"性之德"。欲和情，是属于自然的，但是巧和智，却是属于必然的。性之欲，即就自然说；性之德，即就必然说。性之德，不过是性之欲之"不失其中正"的东西。质言之，性之德，不过是一种完成性之欲的作用。事和能的关系，也正是如此。所以东原要说：

> 性之欲，其自然之符也。性之德，其归于必然也。归于必然，适全其自然。此之谓自然之极致。（《原善上》）

以上是说明事和能的作用。现在我们要进一步讨论性、命、才和事、能的关系，先就命和性的关系来说。东原说：

> 《中庸》曰："天命之谓性。"以生而限于天，故曰天命。《大戴礼记》曰："分于道谓之命，形于一谓之性。"分于道者，分于阴阳五行也。一言乎分，则其限之于始，有偏全厚薄清浊昏明之不齐，各随所分而形于一，各成其性也。然性虽不同，大致以类为之区别。（《疏证中》）

性形于一，性所以有偏全厚薄、清浊昏明之不齐，乃由于命。命是限于所分的，即限于天，所以称为"天命"，所以《中庸》说："天命之谓性。"东原以为凡是有一种限制的，都可叫做命。所以说：

> 凡言命者，受以为限制之称，如命之东则不得而西。故理义以为之限制而不敢逾，谓之命；气数以为之限制而不能逾，亦谓之命。古人言天之所定，或曰"天明"，或曰"天显"，或曰"明命"。《国语》叔向之言曰："命，信也。"盖言乎昭示明信曰命，言乎经常不易曰理，一也。天命不于此见乎！（《绪言上》）

又说：

> 命即人心同然之理义，所以限制此者也。古人多言命，后人多言理，异名而同实。耳目百体之所欲，由于性之自然。明于其必然，斯协乎天地之中。以奉为限制而不敢逾，是故谓之命。命者非他，就性之自然，察之精，明之尽，归于必然，为一定之限制，是乃自然之极则。若任其自然而流于失，转丧其自然，而非自然也。故归于必然，适完其自然。（《绪言上》）

命和理有相同处，都是就限制而言，这点是可以注意的。东原又根据孟子性命相关之理，来补实己说。他以为性虽是自然的，但我们不能因此就放纵欲望。命虽是限制的，但我们也不能因此就不加努力。因为人们往往借口于性，以求遂其欲；借口于命，而不尽其材。所以东原严重地说：

> 性者，有于己者也；命者，听于限制也。谓性犹云借口于性耳。君子不借口于性之自然，以求遂其欲；不借口于命之限之，而不尽其材。（《绪言上》）
>
> 存乎才质所自为谓之性，如或限之谓之命。存乎才质所自为也者，

性则固性也，有命焉，君子不以性而求逞其欲也。如或限之也者，命则固命也，有性焉，君子不以命而自委弃也。(《原善上》)

其次，就性和才的关系来说。东原说：

人有天德之知，有耳目百体之欲，皆生而见乎才者也，天也，是故谓之性。(《原善中》)

由成性各殊，故才质亦殊。才质者，性之所呈也。舍才质，安睹所谓性哉？(《疏证下》)

孟子所谓性，所谓才，皆言乎气禀而已矣。其禀受之全，则性也。其体质之全，则才也。禀受之全无可据以为言……皆据才见之耳。(《疏证下》)

言才则性见，言性则才见。才于性无所增损，故也。人之性善，故才亦美。其往往不美，未有非陷溺其心使然。(《疏证下》)

才可以始美而终于不美，由才失其才也，不可谓性始善而终于不善。性以本始言，才以体质言也。体质戕坏，究非体质之罪，又安可咎其本始哉？(《疏证下》)

性就本始言，就禀受之全言；才就体质言，就体质之全言。我们对于本始的性，虽无法可以观察，但可由才质的显现看出来。才好比是生，性好比是息。我们可以从"卉木之株叶华实"看出生的作用来，这是就才说；我们更可以从"果实之白"看出息的作用来，这是就性说。东原说："人道举配乎生，性配乎息。"正是说明才与性的不同。至于才与性的关系，一、才有显现"性"的作用，性却不能显现"才"。二、性就本始说，我们不能说"性始善而终于不善"。才就体质说，假使才失其养，也许会"始美而终于不美"。在性、命、才三者之中，才的作用最为重要。现在说明才和事能的关系。东原说：

才者，人与百物各如其性以为形质，而知能遂区以别焉。(《疏证下》)

· 359 ·

> 才质者，性之所呈也。(《疏证下》)

才，有一种显现"性"的作用，然而怎样去显现呢？就自然方面说，可显现而为仁，就必然方面说，可显现而为智。仁与智，正是才所表现的最高的目标。仁之失为私，智之失为蔽。私且蔽，则人不能尽其才。所以东原说：

> 人之不尽其才，患二：曰私，曰蔽。(《原善下》)
> 私者之安若固然为自暴，蔽者之不求牖于明为自弃。自暴自弃，夫然后难与言善。是以卒之为不善，非才之罪也。(《原善下》)

上面已经说明才和性的关系，现在也可以了解才和事能的关系了。东原说：

> 资以养者存乎事，节于内者存乎能，事能殊致存乎才。

第三句"事能殊致存乎才"，已经把事能和才的关系说透了。事属于仁，能属于智，与上面所说仁智力才所表现的目标，意正相合。

我们现在要讨论到血气和心知的问题了。东原认人类是分于天地之气化，而为血气所形成的一种肉体。在这种肉体里面，发生心知作用。血气产生"欲"，是自然的；心知产生"理"，就成为必然，但二者是同一的。我们只有在自然的欲望当中，求到必然的理法。这就叫做自然之极则。东原便用这种立场批评往古的思想。他说：

> 老、庄、释氏见常人任其血气之自然之不可，而静以养其心知之自然。于心知之自然谓之性，血气之自然谓之欲。说虽巧变，要不过分血气心知为二本。(《疏证上》)
> 荀子见常人之心知，而以礼义为圣心。见常人任其血气心知之自然之不可，而进以礼义之必然。于血气心知之自然谓之性，

于礼义之必然谓之教。合血气心知为一本矣，而不得礼义之本。(《疏证上》)

程子、朱子见常人任其血气心知之自然之不可，而进以理之必然。于血气心知之自然谓之气质，于理之必然谓之性。亦合血气心知为一本矣，而更增一本。分血气心知为二本者，程子斥之曰异端本心。而其增一本也，则曰吾儒本天。如其说，是心之为心，人也，非天也。性之为性，天也，非人也。以天别于人，实以性为别于人也。人之为人，性之为性，判若彼此，自程子、朱子始。(《疏证上》)

盖程子、朱子之学借阶于老、庄、释氏，故仅以理之一字易其所谓真宰真空者，而余无所易。其学非出于荀子，而偶与荀子合。故彼以为恶者，此亦咎之。彼以为出于圣人者，此以为出于天。出于天与出于圣人，岂有异乎？(《疏证上》)

然则东原自己的主张，是怎样呢？他说：

天下惟一本，无所外。有血气则有心知，有心知则学以进于神明，一本然也。有血气心知，则发乎血气心知之自然者，明之尽使无几微之失，斯无往非仁义。一本然也。苟歧而二之，未有不外其一者。(《疏证上》)

欲者，血气之自然；其好是懿德也，心知之自然。此孟子所以言性善。心知之自然，未有不悦理义者，未能尽得理合义耳。由血气之自然而审察之，以知其必然，是之谓理义。自然之与必然，非二事也。就其自然，明之尽而无几微之失焉，是其必然也。如是而后无憾，如是而后安。是乃自然之极则，若任其自然而流于失，转丧其自然，而非自然也。故归于必然，适完其自然。(《疏证上》)

"有血气则有心知，有心知则学以进于神明，一本然也。""归于必然，适完其自然，是乃自然之极则。"这两段话，是东原全部思想的立脚点。惟其如此，所以他很肯定地主张"自然之与必然，非二事也"。无怪他要说：

> 有血气斯有心知，天下之事能于是乎出，君子是以知人道之全于性也。（《原善上》）

这是说明血气和心知的关系。关于东原的性论，我们业已说明一个大概。现在可以进而研究东原对于理和欲的看法。东原对于这个问题，指示了三点：一、我们不可过分地放纵欲望；二、不可拿个人的意见，视之为理；三、欲和理实际上是一件东西，我们不必去绝欲，也无法可以绝欲。我们就根据这三点作一个简单的说明。东原说：

> 性，譬则水也。欲，譬则水之流也。节而不过则为依乎天理，为相生养之道，譬则水由地中行也。穷人欲而至于有悖逆诈伪之心，有淫佚作乱之事，譬则洪水横流，泛滥于中国也。（《疏证上》）
> 命者，限制之名。为命之东，则不得而西。言性之欲之不可无节也。节而不过则依乎天理，非以天理为正，人欲为邪也。天理者，节其欲而不穷人欲也。是故欲不可穷，非不可有。有而节之，使无过情，无不及情，可谓之非天理乎？（《疏证上》）
> 孟子言养心莫善于寡欲，明乎欲不可无也，寡之而已。人之生也，莫病于无以遂其生。欲遂其生，亦遂人之生，仁也。欲遂其生，至于戕人之生而不顾者，不仁也。不仁实始于欲遂其生之心。使其无此欲，必无不仁矣。然使其无此欲，则于天下之人生道穷蹙，亦将漠然视之。己不必遂其生，而遂人之生，无是情也。然则谓不出于正则出于邪，不出于邪则出于正，可也。谓不出于理则出于欲，不出于欲则出于理，不可也。欲，其物；理，其则也。（《疏证上》）

"欲不可无，寡之而已"；"欲不可穷，非不可有"，这两句话，正是东原对于"欲"之一字所抱的态度。他以为对治"欲"的方法，便是"有而节之"，这种态度是很光明的。关于"理"，东原有一种新的批判的见解。东原说：

> 人莫患乎蔽而自智，任其意见，执之为理义。吾惧求理义者以意见当之，孰知民受其祸之所终极也哉？（《疏证下》）
>
> 曰"所不欲"，曰"所恶"，不过人之常情。不言理而理尽于此。惟以情絜情，故其于事也，非心出一意见以处之。苟舍情求理，其所谓理无非意见也，未有任其意见而不祸斯民者。（《疏证下》）
>
> 六经孔、孟之言，以及传记群籍，理字不多见。今虽至愚之人，悖戾恣睢，其处断一事，责诘一人，莫不辄曰理者。自宋以来始相习成俗，则以理为如有物焉，得于天而具于心，因以心之意见当之也。于是负其气，挟其势位，加以口给者，理伸；力弱气慑，口不能道辞者，理屈。呜呼，其孰谓以此制事以此制人之非理哉？即其人廉洁自持，心无私慝，而至于处断一事，责诘一人，凭在己之意见，是其所是，而非其所非，方自信严气正性，嫉恶如仇，而不知事情之难得，是非之易失于偏，往往人受其祸，已且终身不寤，或事后乃明，悔已无及。呜呼，其孰谓以此制事，以此治人之非理哉？（《疏证下》）

一个人其所以要"任其意见"，是由于"蔽而自智"，是由于"舍情求理"，是由于"以理为如有物"；再加上了势位权力的关系，于是站在支配的地位的，都是合理的，站在被支配的地位的，都是不合理的。东原这番议论，实是精义入神。他并且说过这样一段极沉痛的话：

> 今之治人者，视古贤圣体民之情，遂民之欲，多出于鄙细隐曲，不措诸意，不足为怪。而及其责以理也，不难举旷世之高节，著于义而罪之。尊者以理责卑，长者以理责幼，贵者以理责贱，虽失，谓之顺。卑者幼者贱者以理争之，虽得，谓之逆。于是下

之人不能以天下之同情，天下所同欲，达之于上。上以理责其下，而在下之罪，人人不胜指数。人死于法，犹有怜之者；死于理，其谁怜之！（《疏证上》）

"人死于法，犹有怜之者；死于理，其谁怜之！"这是何等沉痛透骨的话哟！东原不仅替许多卑者幼者贱者发出一种可怜的哀音，而且替他们造出一种反抗的口号。惟其如此，所以他提出"以情絜情"四个字来。他认为所谓理者，不过是"人之常情"，"不言理而理尽于此"。东原一方面以"有而节之"说明"欲"，另一方面又用"以情絜情"说明"理"。"欲"，就自然说，"理"，就必然说；"欲"，指血气，"理"，指心知。他对理和欲的看法是一元的，在下面几段话里可以看得很分明：

人生而后有欲，有情，有知，三者血气心知之自然也。给于欲者，声色臭味也，而因有爱畏。发乎情者，喜怒哀乐也，而因有惨舒。辨于知者，美丑是非也，而因有好恶。声色臭味之欲，资以养其生。喜怒哀乐之情，感而接于物。美丑是非之知，极而通于天地鬼神。声色臭味之爱畏以分，五行生克为之也。喜怒哀乐之惨舒以分，时遇顺逆为之也。美丑是非之好恶以分，志虑从违为之也。是皆成性然也。（《疏证下》）

有是身，故有声色臭味之欲。有是身，而君臣、父子、夫妇、昆弟、朋友之伦具，故有喜怒哀乐之情。惟有欲有情而又有知，然后欲得遂也，情得达也。天下之事，使欲之得遂，情之得达，斯已矣。惟人之知，小之能尽美丑之极致，大之能尽是非之极致。然后遂己之欲者，广之能遂人之欲；达己之情者，广之能达人之情。道德之盛，使人之欲无不遂，人之情无不达，斯已矣。（《疏证下》）

凡有血气心知，于是乎有欲。性之征于欲，声色臭味而爱畏分。既有欲矣，于是乎有情。性之征于情，喜怒哀乐而惨舒分。既有欲有情矣，于是乎有巧与智。性之征于巧智，美恶是非而好

恶分。(《原善上》)

欲、情、知三者，是人类血气心知的一种自然现象。人类既然有了耳目鼻舌等器官，就含有声色臭味等欲望。欲，生于血气心知；有欲，然后有情；有欲，有情，然后有知。三者备，然后欲遂情达。可见东原对心理学上的三分法和二分法，都是不赞成的。他只牢守着一元的观点。东原说：

> 人徒知耳之于声，目之于色，鼻之于臭，口之于味之为性，而不知心之于理义，亦犹耳目鼻口之于声色臭味也。(《疏证上》)
> 明理义之悦心，犹味之悦口，声之悦耳，色之悦目之为性。味也，声也，色也，在物而接于我之血气；理义在事而接于我之心知。血气心知有自具之能：口能辨味，耳能辨声，目能辨色，心能辨夫理义。味与声色在物不在我，接于我之血气，能辨之而悦之；其悦者，必其尤美者也。理义在事情之条分缕析，接于我之心知，能辨之而悦之；其悦者，必其至是者也。(《疏证上》)

"味与声色在物不在我，接于我之血气，能辨之而悦之"，这是说明欲；"理义在事情之条分缕析，接于我之心知，能辨之而悦之"，这是说明理。东原以为：欲不可绝，绝欲之害，甚于防川。理非意见，所谓理者，仅不过是情得其平，求其不易之则。譬如他说：

> 禹之行水也，使水由地中行；君子之于欲也，使一于道义。治水者徒恃防遏，将塞于东而逆行于西；其甚也决防四出，泛滥不可救。自治治人，徒恃遏御其欲，亦然。能苟焉以求静，而欲之翦抑窜绝，君子不取也。君子一于道义，使人勿悖于道义，如斯而已矣。(《原善中》)

以上说明"欲不可绝，绝欲之害，甚于防川"，是对欲说。下面便对理说：

> 理也者，情之不爽失也。未有情不得而理得者也。（《疏证上》）
> 在己与人，皆谓之情。无过情无不及情之谓理。（《疏证上》）
> 心之所同然，始谓之理，谓之义。则未至于同然，存乎其人之意见，非理也，非义也。凡一人以为然，天下万世皆曰是不可易也，此之谓同然。（《疏证上》）

"情之不爽失"，"心之所同然"，以及"无过情无不及情"，都叫做理。这正是所谓不可易之则。东原对于理和欲的看法，我们已经理解了一个大概，但理和欲相互的关系是怎样呢？东原说：

> 欲，其物；理，其则也。（《疏证上》）
> 理者，存乎欲者也。（《疏证上》）

理在欲中，理并不在欲外。有物必有则，所以有欲方有理，这是何等显明的主张。一言蔽之，东原的理欲观是"见理于事"。他说：

> 物者，事也。语其事不出乎日用饮食而已矣。舍是而言理，非古贤圣所谓理也。（《疏证上》）
> 理义非他，可否之而当，是谓理义。然又非心出一意以可否之也。若心出一意以可否之，何异强制之乎？是故就事物言，非事物之外别有理义也。有物必有则，以其则正其物。如是而已矣。就人心言，非别有理以予之而具于心也。心之神明，于事物咸足以知其不易之则，譬有光皆能照，而中理者，乃其光盛，其照不谬也。（《疏证上》）
> 由血气心知而语于智仁勇，非血气心知之外别有智有仁有勇以予之也。就人伦日用而语于仁，语于礼义。舍人伦日用，无所谓仁，所谓义，所谓礼也。（《疏证上》）

东原这种"非事物之外别有理义",和颜习斋的"见理于事",是一样的看法。不过东原说得更透彻些。东原并用这种观点,以决定理和欲的地位,一反宋儒以来因袭的说明,以完成并坚实理欲一元论的壁垒。

最后讨论东原对于"知和行"一问题的看法,以作结论。东原说:

> 凡异说皆主于无欲,不求无蔽,重行不先重知。人见其笃行也,无欲也,故莫不尊信之。圣贤之学,由博学、审问、慎思、明辨而后笃行。则行者,行其人伦日用之不蔽者也。非如彼之舍人伦日用,以无欲为能笃行也。(《疏证下》)
>
> 圣人之言,无非使人求其至当以见之行。求其至当,即先务于知也。凡去私不求去蔽,重行不先重知,非圣学也。(《疏证下》)

又说:

> 然如其质而见之行事,苟学不足,则失在知,而行因之谬。虽其心无弗忠弗信,而害道多矣。行之差谬不能知之,徒自期于心无愧者,其人忠信而不好学,往往出于此。此可以见学与礼之重矣。(《疏证下》)

我们已经知道东原的思想,是重"条理",重"必然",那么,他的重学重知的思想,是一个当然的结论。不过东原的思想受王船山思想的影响极大。船山对于知行的看法,是偏于重行的一方面。船山说:"故知先行后之说,非所敢信也。"(《思问录》)现在东原重知,岂不正和船山的看法相反?然则船山和东原二人所持的观点,是否冲突,是我们应该注意的第一点。东原反对宋儒甚力,以为宋儒的思想,是借道于老、庄、释氏。但是宋儒大概是重知的,然则东原重知,和宋儒重知,是否相同,是我们应该注意的第二点。这两点不能说明,那么,我们对东原思想体系的研究,不免留着一个很大的破绽。

二程以下的宋儒,大都看重"读书穷理",这种思想,到朱晦庵遂达于顶点。不用说，他们的思想是重知，是偏于求知，与晦庵同时在思想上别树一帜的是陆象山。象山反对读书穷理，主张"明心见性"。这种思想，到王阳明遂达于顶点。阳明虽主张"知行合一"，实际上还是站在重知的立场上，不过程、朱从读书入，陆、王从心性入而已。这种重"知"的思想，到清初便发生极大的反动。王船山出，便直截了当地主张重"行"而不重"知"。清初诸大师，都是民族反抗运动的实际行动者，他们深感到知识的空谈误世，所以欲从"行"以矫正之。这种重"行"的精神，到颜习斋遂达于顶点。故习斋之及门弟子李塨，一方面继承其师之实践的精神，另一方面即有"知先行后"的主张，以补充师说之不及。至戴东原时，则对于知行的看法已渐进于圆满成熟的地步。东原重"知"，船山、习斋重"行"，表面上看似冲突，实际上并不冲突。船山处于宋、明以来那种重"知"的氛围之中，要想打破大家重"知"的成见，非简截地标榜一个"行"不可。习斋便极力说明所以重"行"之意。因为在行动中，才能证实理论，所以他主张"见理于事"。这正是习斋对船山思想一个补充。东原则比习斋又进一步。他认为在行动之先，须有一番正确的认识，才可免于冲动、盲动。这样看来，船山的"知先行后之说，非所敢信也"，和习斋的"见理于事"，以及东原的"重行不先重知，非圣学也"，实际上是一贯的思想，是一步一步地补充发展的。我们应该先有了很正确的理论，然后去行动，在行动里面，来证实我们的理论，来运用我们的理论，来发展我们的理论。所以我们一方面要知道：理论只有在行动中，才能证实，离开行动，则无理论之可言。另一方面我们更应当知道：若无理论的准备，则所谓行动，仅为冲动盲动。"知行"的问题，到了清儒手里，才算相当地解决。我们可以肯定地说，这个问题，是船山开其始，习斋扩大之，而完成之者则为东原。东原和船山，对此问题的解说，不但没有冲突，而且正相发明。至宋、明诸儒重"知"，则与东原迥然大异。因为宋、明诸儒是站在"静"的观点上，清儒则站在"动"的观点上，这是不可以相提并论的。不过清儒所谓知，所谓行，换句话说，所谓实践，仍只是个人的实践，谈不上社会的实践，这也许是历史的车轮决定了他们吧！